二級建築士設計製図試験
最端エスキース・コード

神無修二＋最端製図.com 著

学芸出版社

「エスキース・コード」とは、設計製図試験に関する仕組み、ルール（からくり）、問題文の読み方、エスキースの方法を意味します。
設計製図試験に隠された暗号（コード）を紐解くことで、合格を勝ち取ります。

とりあえず、この道具をそろえよう！

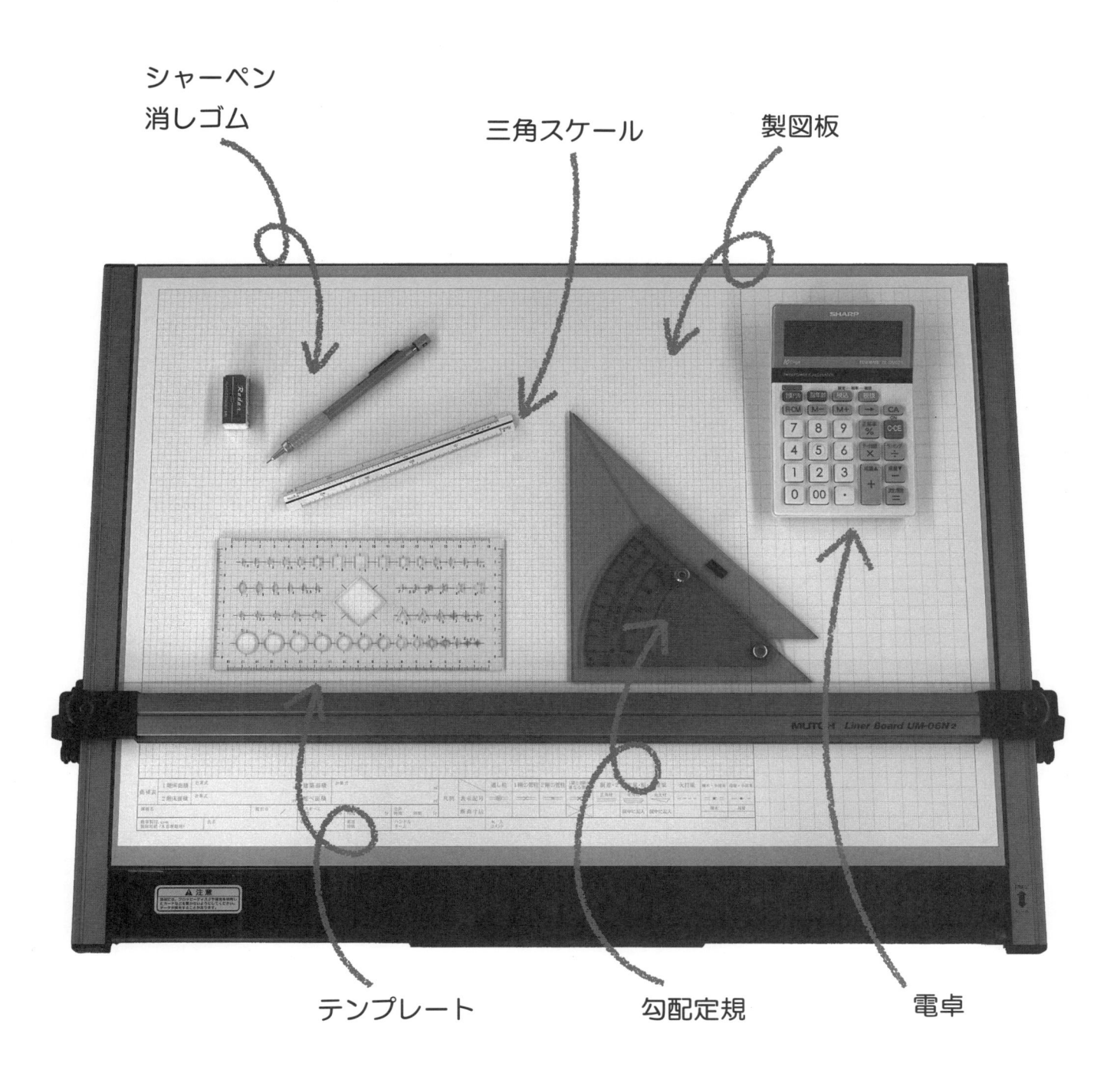

シャーペン
消しゴム

三角スケール

製図板

テンプレート

勾配定規

電卓

―――― 目　次 ――――

はじめに　7
本書の構成と使い方　8

第 1 章　試験について知っておこう　　9
　　　　　（ルールを知らないと効率の良い戦いはできません）

二級建築士設計製図試験（二次試験）とは　10
合格までの道のり（建築士になるまでに行なうこと）　11
製図道具（揃えるもの、使い方、注意点）　12
試験会場では　16
図面を汚さないために（汚い図面は印象が悪い？）　17
要求図書と本試験の流れ（試験時間と時間配分）　18
問題用紙の構成　19
採点方法（これを知って、戦いをより有利に）　20
採点のポイント（知らないと確実に損をする）　21
失格項目　23
問題用紙でみる採点上の注意点　25
過去に出題された設計課題　26

第 2 章　木造課題 ― 設計条件の読み方　　27
　　　　　（読解でエスキースの方向が決まる）

■ 設計課題「吹抜けのある居間をもつ専用住宅（木造 2 階建）」　28
設計条件（クライアントの強い要望）　29
　　　■ 他にはこんな条件が
敷地条件　32
　　　■ 特殊な敷地条件
構造及び階数・延べ面積・家族構成　34
要求室　35
　　　■ 特記事項の読み取り方
　　　■ 要求室に関する暗黙の決まり事
屋外施設　41

第3章　木造課題 ── エスキースの方法 ……… 43
（ルールを知るほど、考える必要はなくなる）

木造課題は尺貫法　44

木造課題の基本ゾーニング　46

計画可能範囲とアプローチの想定　47

機能図を描く　48

要求室の大きさを確認する　49

プランニング　50

プランニング完成　52

第4章　木造課題 ── 要求図書の読み方 ……… 53
（減点を受けない作図の方法）

要求図書　54

平面図　55

2階床伏図兼1階小屋伏図　62

矩計図　67

立面図　71

断面図　77

　■ 立面図の練習

面積表・計画の要点等　80

第5章　RC造課題 ── 設計条件の読み方 ……… 81
（ただ問題文を読むだけでは、プランはできません）

■ 設計課題「コミュニティ施設〔鉄筋コンクリート造（ラーメン構造）2階建〕」　82

設計条件（クライアントの強い要望）　83

　■ 他にはこんな条件が

敷地条件　86

構造及び階数・延べ面積・人員構成　87

要求室　88

　■ 特記事項の読み取り方

　■ 要求室に関する暗黙の決まり事

階段、エレベーター及びスロープ　91

屋外施設など　92

第6章　RC造課題 ― エスキースの方法 93
（エスキースはシステマチックに）

まずはRCラーメン構造について理解しよう　94
- ■ RC造ラーメン構造：基本部材

柱の配列例　96

計画可能範囲とアプローチの想定　97

柱スパンの検討　98

機能図を描く　99

プランニング　100

第7章　RC造課題 ― 要求図書の読み方 101
（構造を理解することが重要）

要求図書　102

平面図　103

断面図　111

立面図　115
- ■ 断面図・立面図の練習

面積表・仕上表・主要構造部材表・計画の要点等　119

第8章　その他の設計課題 121

二世帯住宅課題　121

併用住宅課題　123

第9章　試験対策とFAQ 125
（やるからには合格するために）

試験対策　125

ＦＡＱ（よくある質問）　129
- エスキース編　129
- 製図編（木造課題）　131
- 製図編（木造・RC造共通）　133
- 試験当日編　135

合格のおたより　136

おわりに　138

はじめに

設計製図試験に合格するために必要な力とは、何でしょうか？

　　プランニングの才能　　優れたデザイン力　　設計の実務経験

いろいろ考えられます。
　過去の試験を見る限りでは、また、私の受験指導経験のなかにおいては、経験や才能はあまり関係がありません。学校を卒業したばかりの人が合格する反面、十数年という実務経験をもった人が不合格になることもあります。

　　では、合格するためには、いったい何が必要？

　この試験は、たった 5 時間という限られた時間の中で、一棟の建築計画を行ない、ひととおりの図面を作図するという、実務では考えられないような作業を行ないます。そのプロセスには、才能や経験とは一種違った、この試験特有の考え方や方法が存在します。そして、合格するためには、この特有な考え方に、頭の中を切り替える必要があります。建築雑誌に載るような素晴らしい設計をする力や、実務経験は必要ありません。この試験に合格するために必要な知識や考え方を身に付けることこそが、単純に必要なのです

　最端製図.com が考える、合格に必要なものは、次の 5 つです。

- 設計製図試験のシステムを、正しく把握すること。
- 出題者が要求した条件に、正しく対応すること。
- 正しい図面を、時間内に完成させる作図力を身に付けること。
- 効率の良い学習方法で、試験対策を行なうこと。
- そして何より、「必ず合格する」「絶対に建築士になる」という強い気持ちを持つこと。

"正しい" という言葉が 3 回でてきました。実は、ここに大きなポイントがあります。
　何となく試験のシステムを知り、何がいいともわからずにプランニングをし、採点基準や優先順位を考えずに作図をする……。これでは、効率よく合格を勝ち取ることはできません。
　本書では、あなたがこれから挑む〈見えない敵（＝試験）〉に対して、その全貌を明らかにし、試験の準備から対策の方法、本番での心構えなどを詳しく解説しています。読むに従って、この試験の対策には、合格するために必要な知識、また、考え方やコツ、そして効率の良い学習方法などが大切であることを理解していただけると思います。

　このテキストを効果的に利用して、設計製図試験という戦いに勝利することを、心よりお祈りしています。

最端製図.com　神無　修二

◆本書の構成と使い方

製図試験においては、主に次の3つの作業を行ないます。
① 問題を読む
② エスキースを行なう
③ 作図を行なう

本書では、少しでも試験のイメージがしやすいように、この順番で解説を行なっています。また、エスキースのプロセスにおけるスケッチや作図例なども、本試験と同じように、手描きによるものを掲載しています。

これにより、試験の様子や、試験で行なうことが、より具体的にわかると思います。

また、一歩でも合格に近づくための解答方法や、効率を考えた学習方法などを、ふんだんに盛り込んでいます。そのなかには、すぐに理解できるものから、1度読んだだけでは漠然としか頭に入らないものまであります。学習がある程度進んだり、問題を何問か解いたりすることによって、はじめて理解できる内容もあります。

ですから、このテキストは、本試験までに何回も読み直すようにしてください。

そうすることによって、学習効率は飛躍的に向上します。

▶2つの構成 ── 木造課題とRC造課題

大きくは、木造課題とRC造課題におけるエスキース方法や作図における注意点などを掲載しています。重要な事柄については、重複しますが、両方の章に掲載しています。

学習する時には、その年の課題だけでなく、できるだけ両方の章に目を通すようにしてください。参考になることをたくさん書いています。特に、RC造課題を学習する場合は、木造課題の部分にもしっかりと目を通しておいてください。

▶減点を受ける図面になっていないかどうか

本書では参考として、過去の受験生による練習図面を分析して、特に犯しやすいミスについての事例を掲載しています。作図の練習を行なう時は、こうした過去にあったのと同じミスをしないように注意してください。さらに作図終了後、同じミスを行なっていないかどうか、必ず確認するようにしてください。

＊作図例で取り上げている図面は、必ずしも例題課題と同じものではありません。

本書を有効に活用し、少しでも試験対策に役立ててください。

第1章　試験について知っておこう

（ルールを知らないと効率の良い戦いはできません）

　ルールを知らずして野球はできません。
　また、ある程度知っているより、少しでも詳しく知っているほうが、より有利に試合を展開することができます。

　この試験も同じです。
　試験の仕組みを知れば知るほど、効率よく試験対策ができ、また合格に近づくことができると言えます。

　その情報を、知るか知らないか⁉
　エスキース力や作図力とは関係のないところで、試験の有利不利が生じることを知ってください。

> 何事も
> ルールを正しく知るところから
> 始ります。

◎二級建築士設計製図試験（二次試験）とは

　設計製図試験とは、文字どおり「設計」と「製図」を行なう実技試験(制限時間5時間)で、学科試験（一次試験）をパスした人が受験することができます。

　一度、学科試験に合格すると、今後行なわれる5回の製図試験のうち3回を選んで受験することができます。

　合否の判定は、一次試験の結果とは関係なく、二次試験の結果のみで決定されます。また、1年目の人も3年目の人も、同じように採点されます。

【過去の合格率】

平成16年度	55.9%	平成26年度	55.3%
平成17年度	54.5%	平成27年度	54.0%
平成18年度	55.8%	平成28年度	53.1%
平成19年度	50.9%	平成29年度	53.2%
平成20年度	52.0%	平成30年度	54.9%
平成21年度	53.0%	令和元年度	46.3%
平成22年度	52.1%	令和2年度	53.1%
平成23年度	52.6%	令和3年度	48.6%
平成24年度	52.5%	令和4年度	52.5%
平成25年度	53.0%	令和5年度	49.9%

　さて、この数字は何を語っているのでしょうか？
　受験生の2人に1人が合格する試験。
　そのように言えますね。
　では、この半分というレベルは、いったいどれくらいなのか？

　このことは、試験を受けるにあたって重要なポイントの1つだと言えます。
　「合格できるレベル」というのは、特別な才能や高度な技術を要するレベルでは決してありません。試験における基本的な知識と考え方を身につければ、十分に到達することができるレベルなのです。
　大切なのは、必要な知識や技術をきちんと習得することと、必ず合格するという強い気持ちを持つことです。

ポイント
試験のしくみについて、知れば知るほど、有利な戦いをすることができます。

ポイント
3回チャンスがあると思うと、気持ちに甘えが生じます。絶対に今年で合格する、という気持ちで取り組んでください。

ポイント
やれば必ずできる試験。
学科試験をパスした人なら、必ず合格できる力は身につけることができます。問題は、やるか、やらないか。

豆知識
角番：相撲において、勝ち越さなければ番付が下がるという局面。この試験においては、後がない3回目のチャレンジのことをいいます。

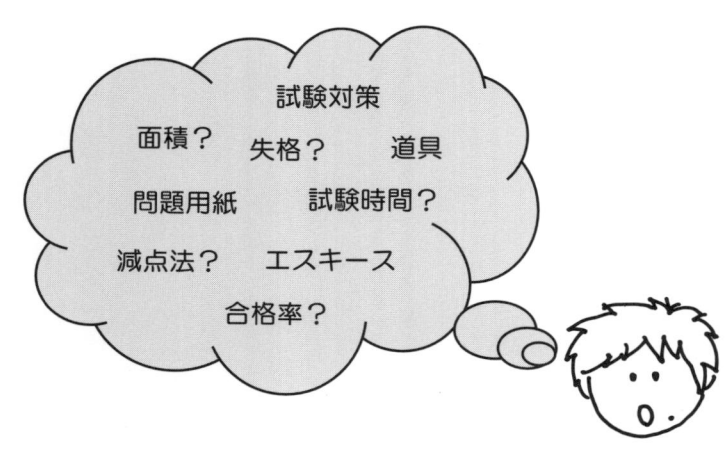

試験対策
面積？　失格？　道具
問題用紙　試験時間？
減点法？　エスキース
合格率？

◎合格までの道のり（建築士になるまでに行なうこと）

◆ 3月上旬　試験日程の発表
▼
◆ 3月〜4月　受験申し込み受付
　初受験の人は必要な書類があるので、早めに準備をしておくこと。
　初受験の方を含め受験者の方は全てインターネットから申し込みを行ないます。
▼
◆ 5月
▼
◆ 6月　製図試験の設計課題発表（設計課題、構造、階数）
　発表されるのは、設計課題（建物用途）、構造（木造・RC造など）、この2つ※です。それ以外の情報（面積や要求室など）はわかりません。
　ここからの試験対策は、いくつかのパターンを想定して行なう必要があります。
▼
◆ 7月上旬　一次試験（学科）
　一次試験が終われば一息つきたいところですが、二次試験まで3か月も残されていません。自己採点を行ない、合格圏にあれば、すぐに二次試験の対策にとりかかりましょう！

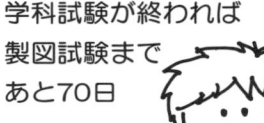

　　　　学科試験が終われば
　　　　製図試験まで
　　　　あと70日
▼
◆ 8月下旬　一次試験　合格発表
　二次試験まであと少し!!
▼
◆ 9月上旬　二次試験（設計製図）
　今までの学習の成果を発揮しよう!!
▼
◆ 10月
▼
◆ 11月
▼
◆ 12月上旬　二次試験　合格発表
　合格おめでとう！
　合格者の受験番号は、発表当日、建築技術教育普及センターのホームページで公表されます。また、すべての受験生に対して、結果が郵送されます。

　　　　　　　　　　　　やったー！
▼
◆ 建築士登録
　登録が完了して、晴れて建築士です。

※過去には、階数や設計図書が発表された年度もありました。

📝 申込みに必要なもの
・写真（2枚）
・昨年度の受験票
・卒業証明書
・実務経歴証明書
・建築設備士試験合格証書
・学科試験合格通知書……など

人によって必要なものは違います。詳しくは、建築技術教育普及センターのホームページで確認してください。

🏆 ポイント
設計課題が発表される前でも、試験対策は行なうことができます。特に学科試験が免除の人は、できるだけ早く試験対策に取り掛かりましょう。
また、最近では、学科試験の勉強と並行して製図の練習を行なっている人も多いですよ。

〈建築技術教育普及センター〉
建築士試験の運営を行なう機関。試験日程や概要などを、ホームページ上で確認することができます。
（以下「センター」と略します。）

◎製図道具（揃えるもの、使い方、注意点）

　道具が汚れていると、作図しながら図面も汚れてきます。作図をする前に、道具を常にきれいな状態にしておいてください。また、本番では使い慣れた道具を使用しましょう。そして、トラブルや紛失に備えて、必ず予備を用意しておくようにしましょう。

準備はお早めに

❖製図板（平行定規）

　答案用紙の大きさにあわせて、A2サイズのものを使用します。
　製図板は、水平線を引くための定規がついているものだけに限られています。垂直線、または角度線を引くための定規が装着されているものは、禁止されています。
　幾つかのメーカーがありますが、描きやすさについては、それほど大きくは変わりません。一般的には、「マックス」か「ムトー」の製品がよく使われています。
　購入する時は、性能（調整機能など）や、重さ、持ち運び（キャリングケース）なども考慮するといいでしょう。
　作図する時は、必ずしも製図板を使用する必要はありません。ただし、製図板を使ったほうが、速くきれいに作図することができます。

製図板
ほとんどの受験生が使用しています。

❖シャーペンと芯

　製図用のシャーペンを用います。重さや持ちやすさ、描き心地などを基準に購入してください。
　芯の太さはいろいろありますが、作図時間の短縮のためにも、あまり使い分けないほうがいいです。0.5ミリのシャーペン1本で、下書き線から強い線まで引けるようになることがベストです。
　硬さ（濃さ）はHBか、筆圧が弱い人はBを使うといいでしょう。作図中に、たびたび芯が折れる人は、三菱鉛筆の「ハイユニ」を試してみてください。
　文字を書く時は、一定の細さで書くことができる「クルトガ」（三菱鉛筆）が人気があります。
　シャーペンは、予備として必ず複数本を持参するようにしてください。

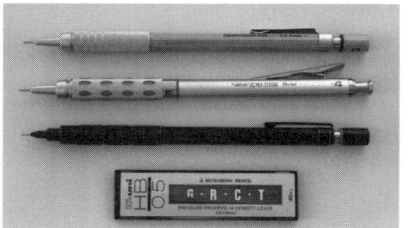

―――― 下書線
―――― 細　線
―――― 中　線
―――― 太い線

1本のシャーペンで、線の引分けができるようになろう。

❖赤ペン、蛍光ペンなど

　問題条件にマーキングする時などに使用します。また、プランニングでも使用することができます。
　色鉛筆やペンなどの筆記具に関しては、特に規制がありません。いろいろ工夫したいところですが、たくさん使いすぎると、かえってややこしくなる場合があるので注意してください。
　最近は、消せるタイプのペンもあります。ボールペンは、用紙に線の跡が残るので、使わないようにしましょう。

❖ 消しゴムと字消し板

紛失に備えて、必ず、複数個を用意してください。

また、消しゴムは、作図中に見当たらなくなることが多いので、置く場所を決めておきましょう。

ペン型のノック式消しゴムは、細かいところが消しやすいので、最近は人気があります。電動消しゴムは、使用が認められていません。

字消し板は、細かいところなどを消す時に便利です。

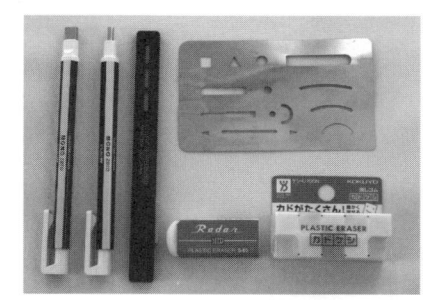

ペン型の消しゴム・字消し板・消しゴム

❖ 電卓

面積計算などを行なう時に使用します。

小さいものよりも、操作しやすい大きさのものが適当でしょう。音がでるものや、プログラム機能が付いているものは、使用が禁止されています。

裏に磁石が付いているものは、製図板が傾斜していても、ずり落ちることがありません。シート状の磁石を貼ってもいいでしょう（磁石の貼り付けは、消しゴムにも有効です）。

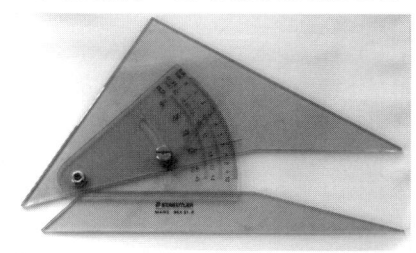

勾配定規

❖ 定規とテンプレート

寸法を測るための三角スケール、縦線や傾斜のついた線を引くための勾配定規を購入するようにしてください。勾配定規があれば、三角定規は不要です。（定規類は、尺貫法に基づいた目盛が付いているものは、使用が禁止されています。）

テンプレートは、丸、だ円、正三角形、正方形の記号および文字を書くためのものは、認められています。家具や設備などを書くためのものは、認められていません。

また、定規とテンプレートが一体となったものもあります（持ち替える動作がなくなるので、そのぶん時間短縮になります）。

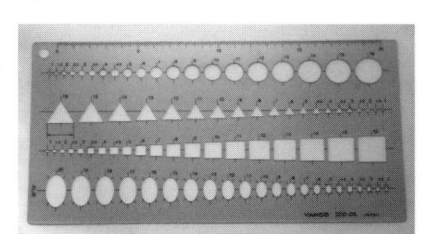

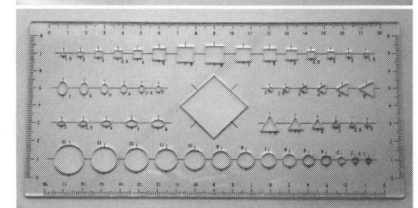

テンプレートとテンプレート定規
下のテンプレート定規は最端製図.comのオリジナル商品。

❖ ドラフティングテープまたはマスキングテープ

製図用紙を製図板に貼るためのテープです。最近の製図板は、マグネット式のものが多いですが、しっかりと固定したい人は、ドラフティングテープを利用しています。

ドラフティングテープは少し厚みがあるため、定規が引っ掛かる場合があります。その場合は、厚みの薄いマスキングテープやメンディングテープを使用するといいでしょう。

ドラフティングテープ

❖ フローティングディスク

定規がこすれて図面が汚れないように、定規の裏に貼って定規を浮かせるものです。ただし、用紙の端に引っ掛かったりするので、慣れるまではかえって描きにくくなる可能性があります。

これは、ドラフティングテープなどでも代用ができます。

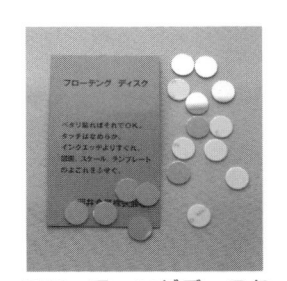

フローティングディスク

第1章 試験について知っておこう

❖ 製図板用枕

製図板に傾斜をつけて作図しやすくするために、製図板の下に敷きます。

通常、製図板の裏側には備え付けの足がありますが、試験会場の机の大きさが小さい場合は、これが使えないことがあります（大学の講義室の机などは、どこでも奥行きが狭いのです）。

作り方は、段ボールを三角に折って、大きめの輪ゴムで留めるのが一般的です。薄くて軽い板でも作ることができます（この場合は、薄いゴムを貼ると滑りません）。

作製する場合は、製図板の傾斜角度が 30° を超えないようにしてください。それ以上の角度は禁止されています。

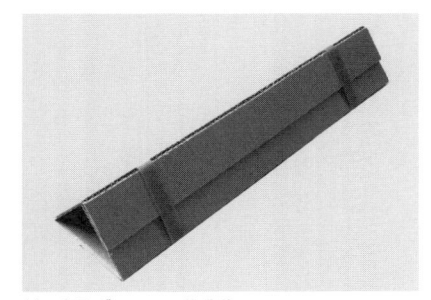

枕（段ボールで作製）

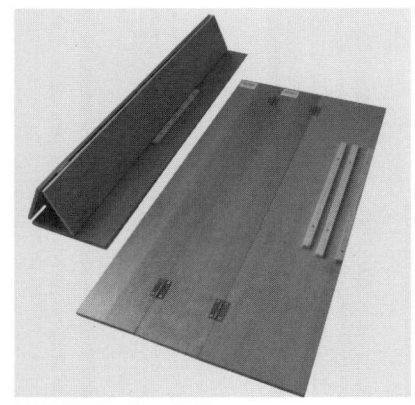

板と蝶番で作った枕
（卒業生が作製：通称ぱたぱた）

❖ 時計・タイマー

試験会場には時計がないところがほとんどです。各自で、必ず用意しておいてください。

また、時計・タイマーは、練習時に作図時間を計測するためにも使います。11 時に時計をあわせて練習する方法は、有効です。

音がでるタイマーは、本試験では使用できません。

（本番では終了時間を勘違いする人がいますよ。注意してください。）

❖ 刷毛（ブラシ）

消しゴムのかすやシャーペンの芯の粉などを払います。

シャーペンの芯の粉は、目に見えにくいですが、道具や定規、また図面についてこすれたりすると、図面が汚れるので、まめに刷毛で払うようにしてください。

また、本試験で図面を提出する時は、図面を刷毛できれいに払ってから提出するようにしましょう。

刷毛（ブラシ）

❖ 養生テープ

最近では、製図板を机に固定するために使っている人が多いです。

ガムテープは、試験終了後にきれいに剥がれるものを使用してください。

（会場によっては、使用が禁止される場合があります。）

令和5年より筆記用具等を収納できるものが使用できなくなりました。
ペンや定規を立てるものなども使用できません。

❖ その他（コンパス、ディバイダー、雲型定規、分度器）

　試験で認められている道具です。あれば便利ですが、必ずしも準備する必要はありません。

　ちなみに、試験での作図は、定規を用いなくても構わないことになっています。フリーハンドでも作図が可能です。ただし、一般的には、定規を用いたほうが、速くきれいに描くことができます。

❖ 製図用紙、エスキース用紙

　製図道具ではありませんが、試験対策としては必要なものです。

　本試験の用紙は、あらかじめ、木造課題の場合は 4.55mm、RC 造課題の場合は 5mm の方眼が印刷されています。練習においても、これと同じものを使用するようにしてください。

　また、ケント紙の方眼紙を用いることもお勧めします。普段の練習で普通紙を使用していると、本番では違和感があって描きにくく感じるかもしれません（製図用紙は、最端製図.com でも取扱っています）。

+..:* ○ o。 +..:* ○ o。 +..:* ○ o。 +..:* ○ o。 +..:* ○ o。 +..:* ○ o。 +

❖ 携行できないもの

　ドラフター、問題用紙つり器具、認められる図形および文字用以外の型板（テンプレート）、点線・破線等を引くことができる型板（点線スケール）、ソロバン、メモ用紙、トレーシングペーパー、電動消しゴム、携帯電話等無線通信機器

メモ用紙もだめなのか。

タオルやウエットティッシュなども、持っておくと安心です。

▶事例

「直径 4.5m の円を記入する」
平成 23 年度に実際にあった作図条件です。ほとんどの受験生はテンプレートもコンパスも持っておらず、どうしようか悩んだようです。
でも、フリーハンドが OK の試験です。大きさえ間違っていなければ、多少歪んでも、減点を受けることはありません。

▶メモ

使用が認められていない記号が付いたテンプレートでも、その部分にテープなどを貼れば、使用が可能になる場合があります。
ただし、試験官の指示には従ってください。
紛らわしいものは、できるだけ使用しないほうが、無難と言えます。

◎試験会場では

❖作図環境
　本試験では、普段描き慣れている自宅よりも、環境（机の大きさや椅子の形状、まわりのスペースなど）は、悪くなることが予測されます。あらかじめ、その心積もりでいることが必要です。特に、大学で行なわれる場合は、机が狭く、製図板や道具のセットなどを思うようにできないことがあります。
（会場の環境は、都道府県や場所によって変わります。）

❖道具のチェック
　試験中に、使用している道具が認められているものかどうか、試験官による確認が行なわれます。使用が認められない道具を使っていた場合は、試験が終了するまで試験官が預かることになります。
　特に、定規やテンプレートに関しては、事前の判断が難しい場合があるので、万が一預かられても作図ができるように、確実に大丈夫だといえるものも、別に用意しておいてください。
　また、製図板の角度も確認されます。30°に近い人は注意してください。

❖飲食やトイレについて
　試験中は、水などを飲むことは許されています（ペットボトルがベター）。
　食べ物は、軽いものなら大丈夫だと思いますが、試験官が案内する注意事項に従うようにしてください。
　トイレも認められています。静かに手を挙げて、試験官の指示に従うようにしてください。

❖問題用紙について
　問題用紙とエスキース用紙は、試験終了まで在席していた人に限り、持ち帰ることが可能です。できるだけ最後まで在席するようにしてください。
　また、問題用紙とエスキース用紙は、1枚の用紙（A2）になっており、切り離しは、基本的には禁止されています。

❖携帯電話その他の通信機器について
　もちろん使用は認められていません。
　試験中は電源を切って、所定の袋に入れて封をしておきます。
　たとえ試験中に使用しなくても、電話機から音が鳴ると不正行為と見なされる可能性があります。必ず、電源を切っておいてください。

▶ **本当に狭い大学の講義机**
製図板がすべて乗るだけの、奥行きがありません。また、前後に受験生がいる場合は、作図中に定規などが当たってしまうことも。

▶ **大学の講義机 その2**
一般的に、3人掛けや5人掛けといった長い机が多いです。相席になると、消しゴムを使う時にも、机を揺らさないように気を使います。

▶ **大学の講義机 その3**
自分の椅子が、後ろの机に固定されている場合があります。座る時は、揺れないように静かに座りましょう。

▶ **作図の姿勢**
図面の上のほうを作図する場合など、腰を浮かして（立った状態で）することは構いません。
ただし、長時間続けると腰が痛くなってくるので、製図板を傾斜させたりクッションを敷いたりして、なるべく立たなくてもよいような対策をするといいでしょう。

試験は長丁場です
疲れない工夫も必要

◎図面を汚さないために （汚い図面は印象が悪い？）

❖道具は常にきれいにしておく
主には定規になりますが、作図前にはきれいにしておいてください。
練習の際は、1枚作図するごとに、必ず拭くようにしましょう。

❖線の引き方
基本的に、横の線は左から右、縦の線は下から上に引きます。
ただし、必ずしもそのとおりに引く必要はありません。時間短縮のために、反対になっても構いません。

❖シャーペンの当て方
シャーペンは、先の金具部分を定規に当てるようにします。
芯を直接定規に当てると、定規が汚れたり、芯の粉が図面に残ったりします。それを定規でこすることによって図面が汚れるので、芯はできるだけ定規に直接当てないようにしてください。

❖刷毛を使う
消しゴムのかすやシャーペンの芯の粉が図面に残り、それを定規などでこすると図面が汚れたり、線がかすれたりします。こまめに刷毛で払うようにしてください。
手で払うのは図面が汚れる原因になるので、やめておきましょう（エスキース時も同じです）。

❖フローティングディスク
定規が用紙にこすれて汚れないようにするために、定規の裏に貼って少し浮かせるようにします。これはドラフティングテープでも代用ができます。ただし、用紙の端の部分で引っかかることがあるので、注意してください。
きれいな定規を用い、刷毛で時々払うようにすれば、定規を浮かさなくてもそれほど汚れることはありません。

❖作図中に図面には手を触れない
線を引く時に、手が図面に触れると汚れやすくなります。手を浮かせて引くか、定規を下敷きにすれば、直接、図面に触れずに済むので、なるべく触れないようにしてください。
文字を書くときは、どうしても触れてしまいますが、ティッシュなどを敷くといいでしょう。図面が汚れる人は、作図が終わった後に手が真っ黒になっていませんか？
文字は、一番最後に、まとめて書くという方法もあります。

縦線の引き方（下から上に）
弱い線を引くときはシャーペンを寝かせ、強い線を引くときは立てるといいでしょう。

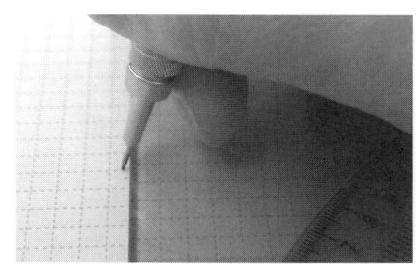

芯を直接定規に当てないようにします。線の位置の微妙な調整は、シャーペンの傾きによって行なうことができます。

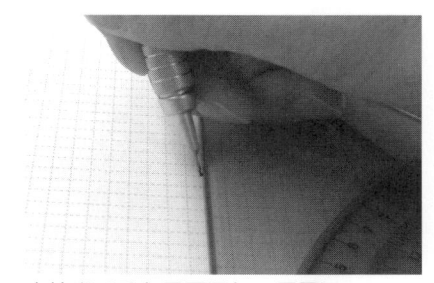

直接当てると図面汚れの原因に

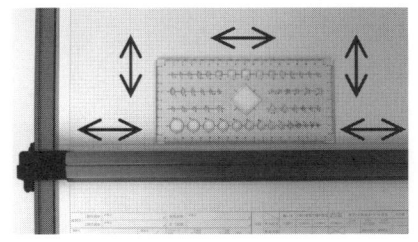

テンプレート定規を使うとどこでも線を引けるので、定規の移動が最小限になります。また、定規の持ち替え回数が少なくなり、作図時間の短縮につながります。

◎要求図書と本試験の流れ（試験時間と時間配分）

試験は 11：00 から 16：00 までの 5 時間です。

この 5 時間の間に、問題を読み、エスキースと作図を行ないます。決して余裕がある時間とは言えません。きちんと練習を積んでいないと、終了時間になっても図面が完成できていないという事態を招く可能性があります。

本試験までにしっかり練習しておくことが必要です。

要求される図面と時間配分はおおむね次のとおりです。

木造課題

▼ エスキース	60 分
▼ 計画の要点	20 分
▼ 平　面　図	90 分
▼ 床　伏　図	40 分
▼ 立　面　図	20 分
▼ 矩　計　図	50 分
▼ 面　積　表	5 分
▼ 見　直　し	15 分

RC 造課題

▼ エスキース	70 分
▼ 計画の要点	20 分
▼ 平　面　図	110 分
▼ 断　面　図	30 分
▼ 立　面　図	20 分
▼ 部分詳細図	25 分
▼ 面積表など	10 分
▼ 見　直　し	15 分

要求図面は、確実に要求される平面図と面積表以外は、どの図面が要求されるかはわかりません。

近年では上のような出題となっていますが、その年によって変更になる可能性があります。

❖作図する順番

決まっていませんが、概ね上の順番どおりに行なうと、スムーズに作図することができます。

特に木造課題では、平面図→伏図→部分詳細図、RC 造課題においては、平面図→断面図→立面図の順番を崩さないようにしたほうがいいでしょう。

❖作図手順の確立

各図面における作図手順を確立させておきましょう。

はじめは試行錯誤で、いろんな描き方をしてみるのもいいのですが、徐々に、練習しながら速くなる描き方や描き順を見つけてください。

作図手順が確立すると時間短縮につながり、作図ミス（抜け）も少なくなります。

ポイント
自分の作図時間を知っておこう！
なるべく速く描けるようになることも大事ですが、自分の作図時間を知っておくことも大切です。練習を行なう時には、必ず時間を計測するようにしてください。

ポイント
練習不足は悪循環を引き起こす！
作図に時間がかかる人は、エスキースを急いで行なおうとします。でも、エスキースは、急げば急ぐほどうまくまとまりません。
作図時間に余裕を持っている人ほど、落ち着いてエスキースに取り組むことができ、結果、短時間でプランを完成することができます。

ポイント
エスキース時間は
5 時間－作図時間 です。
エスキースに費やすことができる時間を、把握しておきましょう。

自信をもって
本番に臨もう！

◎問題用紙の構成

問題は、A2の用紙で配付されます。左側が問題用紙になっていて、右側がエスキース用紙（方眼）になっています。左側の問題用紙には、真ん中上に設計課題（タイトル）があり、概ね左側には設計条件、右側には要求図書が記載されています。

用紙はA2の大きさ

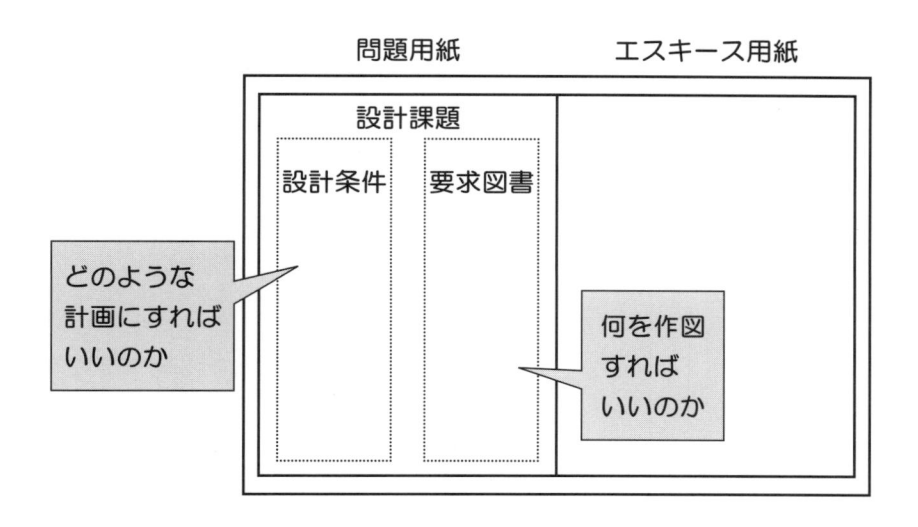

```
問題用紙          エスキース用紙
   設計課題
設計条件 │ 要求図書
```

どのような計画にすればいいのか

何を作図すればいいのか

❏問題用紙の左側：設計条件

計画する建物に関する様々な条件が記載されています。すべての設計条件は、採点の対象になっています。

減点される具体的な点数は明らかにされていませんが、重要な条件ほど点数は大きいと思われます。

❏問題用紙の右側：要求図書

右側には、要求図書が記載されています。作図する必要のある図面と、それに対する特記事項です。

この要求図書の記載に対しても、当然、採点の対象となっています。設計条件が満たされていても、正しく図面に表現できていなければ減点を受けます。この部分もしっかり読んでください。

❏エスキース用紙

エスキース用紙には、4.55mm（RC造課題の場合は5.00mm）の方眼が印刷されています。エスキーススペースは、A3の用紙1枚分のみです。工夫して使うようにしたいです。

エスキースは、できるだけ1：200のスケールで行なうことができるように練習しておいてください。1：100では、1回分しかエスキースをするスペースがありません。

💡**ポイント**

問題用紙とエスキース用紙は、試験終了時間まで在席していた場合に限り、持ち帰ることが可能です。
エスキース用紙には、自分が作ったプランが残っていますので、できるだけ持ち帰るようにしてください。

💡**ポイント**

問題用紙とエスキース用紙の切り離しについて
練習では、それぞれA3の用紙で行なうことが多いので、分かれているほうがやりやすいかもしれません。
ただし、最近は切り離すことを禁止する会場が増えてきました。切り離しについては、試験官の指示に従うようにしてください。

➡ 答案用紙の構成

答案用紙には、作図する図面ごとに枠が設けられており、図面タイトルが印刷されています。また配置図のところには、敷地図が印刷されています。作図する場所を確認し、間違えないようにしてください。普段、練習しているものとは違う可能性があるので、注意が必要です。
また、作図をする際には、その枠内に入るかどうか、レイアウトを確認しましょう。作図している途中で、枠の中に入らないことに気がつくと、描き直しが大変です（特に2階平面図）。

◎採点方法（これを知って、戦いをより有利に）

　試験対策において採点方法を知ることは、ある意味、練習課題をこなすより大切なことかもしれません。明らかな正解のある学科試験でしたら話は早いです。少しでも多く正解すればいいだけですから…。

　しかし、この設計製図試験は、そんな単純な仕組みではありません。正解の図面なんて存在しません。受験生が1万人いれば、1万通りの解答があります。それだけ異なるたくさんの解答に対して、試験元は甲乙を付けなければならない。これがこの設計製図試験の実態です。

いいプラン、優れたプランは点数がいいのか？

　優れたデザイン、機能的なプラン、きれいな図面などは、確かに見る人の印象は良いでしょう。でも点数を付けるとすれば、何点を付けますか？　基準になるものがありませんし、人によっても裁量は違います。

　したがって、加点法で点数を付けることは、この試験においては難しいと言えます。

❖この試験の採点方法は減点法

　問題文の中には、いろいろな設計条件や作図条件が記載されています。それらに対しては、一つ一つ点数が決められており、できていない項目があればその分だけ減点されます。そして、減点量を比較して、合否が決定されます。

　減点される点数は、問題条件の重要さによって違います。重要な条件に対しては、それだけで即不合格というようなケースもあります。

　ですから、ある程度の減点の度合いを知っておくことは必要でしょう。

> 問題条件を守ること！
> （独自のアイデアは不要、プランはシンプルに）
> （作図で要求されていることは、すべて表現すること）
> ▼
> 減点されることはありません
> ▼
> 不合格にならない、つまり合格

🏆ポイント
建築士という職能は、快適な空間を演出したり、優れたデザインを考えたりすることも大事です。でも、この試験においは、そのような創造力はあまり求められていません。
必要なことは、問題条件に対してきちんと応えること、そして時間内に正しくアウトプット（作図）することです。

🏆ポイント
いいプランを考えても、点数がプラスされることはありません。特に、複雑なプランを考えると、ミスを犯す可能性が大きくなります。
プランは、シンプルなほうが作図も楽です。時間短縮やミスの減少のためにも、プランはシンプルに。

➡図面の印象
下手くそな図面、汚い図面は、採点にどれだけ不利でしょうか？
結論から言うと、それほど不利ではありません。確かに印象は良くないかもしれませんが、下手くそだからと言って減点にはならないです。
ただし、間違いや適切でない表現に対しては、減点の対象になります。上手に描くことも大切ですが、まずは正しく描くことを意識してください。
それでも、雑な図面、乱暴な描き方をしている図面は好ましいとは言えません。下手でもいいので、丁寧に描くようにしましょう。

◎採点のポイント（知らないと確実に損をする）

答案用紙は、採点によってランクⅠからランクⅣに分けられ、その結果が受験者に通知されます。
ランクⅠが合格で、ランクⅡからランクⅣが不合格となります。

❖ **センターが公表しているランク分け**

> ランクⅠ：「知識及び技能」を有するもの
> ランクⅡ：「知識及び技能」が不足しているもの
> ランクⅢ：「知識及び技能」が著しく不足しているもの
> ランクⅣ：設計条件・要求図書に対する重大な不適合に該当するもの

※「知識及び技能」とは、二級建築士として備えるべき「建築物の設計に必要な基本的かつ総括的な知識及び技能」をいう。

》採点のポイント《

(1) 設計課題の特色に応じた計画
(2) 計画一般（敷地の有効利用、配置計画、動線計画、各室の計画等）
(3) 構造に対する理解
　　安全な構造計画ができているかどうか。
　　木造課題の場合は、通し柱や筋かいの入れ方、伏図の理解など。
　　RC造課題の場合は、ラーメン構造が理解できているかどうか。
(4) 架構計画（平面計画に対応した柱、横架材、小屋組等の構成）
　　木造課題における2階床伏図兼1階小屋伏図
(5) 矩計に関する知識（木造課題）
(6) 断面構成に関する知識（断面図）
(7) 要求図書の表現
　　各要求図書に対して表現が適切かどうか
(8) 設計条件・要求図書に対する重大な不適合
　　失格事項に該当します。
　　（→ 23ページ参照）

(2) 計画一般の配置計画や動線計画、また (3) 構造に対する理解などは、建築計画の基本がわかっていないと、たとえ問題条件を守っていたとしても、大きな減点を受ける可能性があります。

覚えておかないと

ポイント
採点のポイントは、毎年合格発表時にセンターより発表されます。年度によって大きくは変わりませんので、普段の練習から、この採点ポイントについて意識しておいてください。

ポイント
1時間以内に、一棟の建物計画を行なうということを忘れずに。
特に実務で設計をする方に多いのが、いろいろ細かいところまで気になってしまうところです。また、自分自身の設計観などが入ってしまうと、かえってプランニングの妨げになることもあります。
時間内に完成させるためには、多少とも割り切ってプランニングをすることが必要かもしれません。

ポイント
製図の練習は、枚数をこなすことよりも、その1枚をいかにきちんとこなすかのほうが大切です。
1つの課題から吸収できることは、無限にあります。終わった後も復習をきちんと行なうことが、上達への近道です。
10枚描いて合格する人もいますし、100枚描いても合格できない人がいます。
合格できる図面を描けるようになること…、これが大切です。

第1章　試験について知っておこう　21

❖ 敷地の有効利用って

敷地に無駄なスペースを作ってはいけない？
もちろんそうですが、単純にそうとも言えない部分もあります。
特に、住宅課題のセオリーとして考えてほしいのです。日当りのよい南側に空きができるのは、庭として利用できるとみなされ、問題はありません。でも、北側にできた何も使わない広いスペースは、敷地を有効に利用していない、とみなされます。
したがって、北側は必要なスペースだけ確保するようにし、建物はできるだけ北側に寄せ、南側が広くなるように計画してください。
（施設や店舗などの計画の場合は、必ずしも南側を広くする必要はありません。）

❖ 配置計画

建物や各要求室が、適切な位置に計画されているかどうかが、採点のポイントとなります。
隣地境界線や道路境界線と建物の距離（空き寸法）が適切であるかどうか。玄関（出入口）が、道路からわかりやすい位置にあるかどうか。居間などの居室が、日当たりのよい南側に計画されているかどうか。これらを意識します。

❖ 動線計画

アプローチ計画や建物内部の動線に、問題がないかがポイントです。
問題（減点）になるのは、曲がりくねった複雑なアプローチ、歩行者と車の動線が交差している、駐車・駐輪スペースから玄関までの通路が確保されていない、などです。建物内部に関しては、通過動線（他の部屋を経由する動線計画）などが、減点の対象となります。

❖ 住宅計画の基本的な考え方

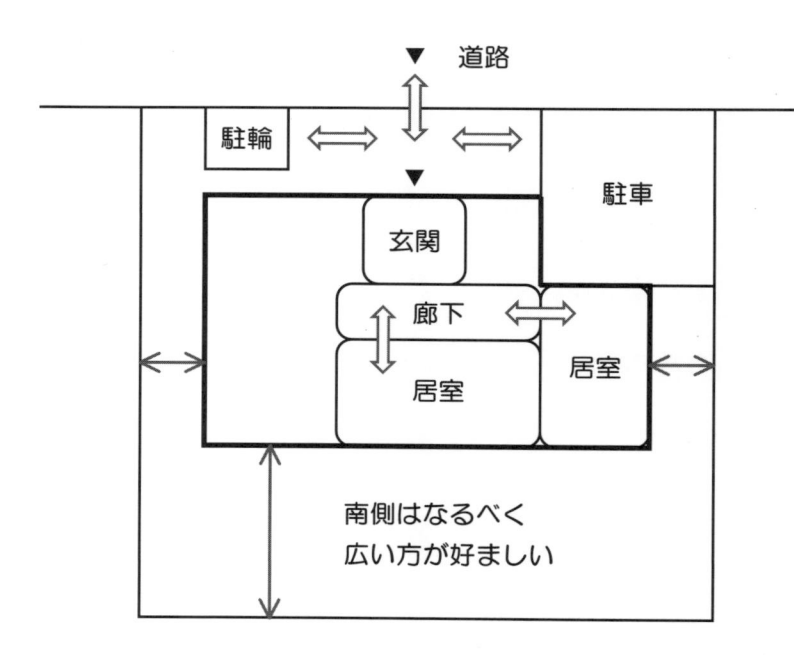

> **💡ポイント**
> なぜ南側を広く!?
> 南側隣地に建物が建つことを考えると、空きが広いほうが、日当たりが良くなります。
> また、寝室などの居室を南側に計画した場合、プライバシーの面においても南側は広いほうが好ましいと言えます。
> ただし、できるだけ広いほうが好ましいということであって、何mを空けなければいけないということではありません。
> プランニング時には注意してください。

問題条件にはなくても注意が必要か

- 道路から玄関までは、単純でスムーズなアプローチ
- 駐車・駐輪スペースから玄関までの動線を確保
- 南側以外は、不必要なスペースを設けない
- 居室は、なるべく南側に設け、原則廊下から出入りする

◎失格項目

　この設計製図試験では、採点されるまでもなく不合格になる答案図面があります。これを一般に『失格』と呼んでいます（21ページ採点のポイント（8）設計条件・要求図書に対する重大な不適合に該当します）。

　試験本番でこの失格に該当しないように、普段から気を付けて練習を行なってください。

　失格項目は、以下のとおりです。

1. 未完成図面

　要求図面のうち、1つでも図面として完成されていないものがあれば、未完成として扱われ、失格になります。

　記入不足と未完成の区別は難しいところがありますが、建物として成立していなければ、未完成と扱われても仕方がないでしょう。

　面積表の書き忘れなどにも注意しましょう。

　立面図の窓が描いていない場合などは、未完成ではなく、記入不足の扱いになります。

2. 構造及び階数違反

　木造課題の場合は、木造以外の構造で計画すると失格になります（2×4の計画は構いません）。RC造課題の場合も同じ。別の構造で計画すると、失格です。

　階数や高さに関する条件違反も、同じく失格です。

　また、建物が成立しないような重大な構造違反に対しても、失格の対象になる可能性があります。

3. 重大な設計条件違反

　設計課題の趣旨（コンセプト）から大きく外れた計画は、失格となります。

　問題条件のなかには、その計画の大きな方向性を導く重要な条件があります（27ページの条件など）。

　程度にもよりますが、これらの条件を守らないと失格の可能性があります。

4. 延べ面積違反

　設計条件では、計画する建物の延べ面積の下限値と上限値が指定されています。

　たとえば、「延べ面積は200㎡以上、240㎡以下とする。」などです。この指定された範囲から少しでも外れると、即不合格になってしまいます。

　特に、上限値を超える人が多いです。注意してください。

　0.1㎡でも、過不足は失格になります。

ポイント
2時間を過ぎても、まだプランニングをしている人がいます。難しい課題なら、それくらいかかるかも知れません。でも、未完成では失格です。
減点と失格
どちらを選びますか？

ポイント
構造や階数を間違えた人は、さすがにお目にかかったことがありません。
間違えることのほうが難しいですよね。

ポイント
細かい条件を必死に守ろうと考え、大事なことをすっかり見失ってしまうことがあります。
「木を見て森を見ず」
なんてことにならないように。

ポイント
面積はシビアに調整しなくても、普通にプランニングすれば範囲内に納まるはずです。
不足している場合は、欠落している部屋がないか、超過している場合は、無駄な空間がないか、確認してください。

5．主要室の欠落又は設置階違反

　要求される所要室のなかには、主要な部屋（主に居室）とそうでない部屋（便所や納戸など）があります。そのなかで、主要な部屋が欠落（未計画）していると、失格の対象になります。

　設置する階が指定されている場合は、その階に計画されていなければ失格です。その他の部屋の欠落は、失格にはなりませんが、減点はとても大きくなります。

> **ポイント**
> うっかり室名を書き忘れたり、書き間違えたりしても、部屋が欠落していると見なされる恐れがあります。
> 注意したいですね。

6．階段、エレベーターの欠落

　エレベーターに関しては、課題によって要求される場合とされない場合があります。

　要求された場合は、欠落すると失格になります。
　反対に要求されていない場合は、設けてはいけません。
　エレベーターに関する条件は、重要と言えます。
　階段に関しては、原則、問題文のなかに要求の記述はありません。でも、階段は計画しない訳にはいきません。2階建ての場合は、必ず必要です。
　エレベーター・階段ともに、1階平面図と2階平面図とで平面位置がずれている答案も、失格の対象になります。

> **ポイント**
> 高齢者が住む住宅には、エレベーターを計画してあげたいですね。
> でも、問題文のなかに要求の記述が無ければ、決して設けてはいけません。

> **ポイント**
> 文章の頭に"必ず"と書いてある条件文は要注意！！
> 条件違反は、即不合格になります。

❖一発失格は時間差地雷？

　この失格項目を踏んでしまった人の大部分は、試験が終了してから、自分が失格項目を踏んでいることに気がつきます。試験中はまったく気がついていません。

　それはそうですよね。

　気がついていたら、そのままにしておかないはずです。ほとんどの人は、試験終了後に友達から聞いたり、解答例を見て気がつくのです。

　「後悔先に立たず」

　試験終了の合図までに、きちんと確認・チェックをしておきたいですね。

❖今回のクライアントはどんな人？

　いくつも課題をこなしていると、いま行なっている課題と、以前に行なった課題の条件を、混同してしまったりします。

　小さな減点で済むものならいいですが、失格項目に該当するようなことでも、なぜか勘違いしている人がいます。

　もし、プランニングがなかなかできなかったら、もう一度、問題文を確認してみてください。大きなミスや勘違いをしているかも知れません。

　問題が変わるということは、クライアントが変わるということです。条件は当然違います。

やっちゃったよー

◎問題用紙でみる採点上の注意点

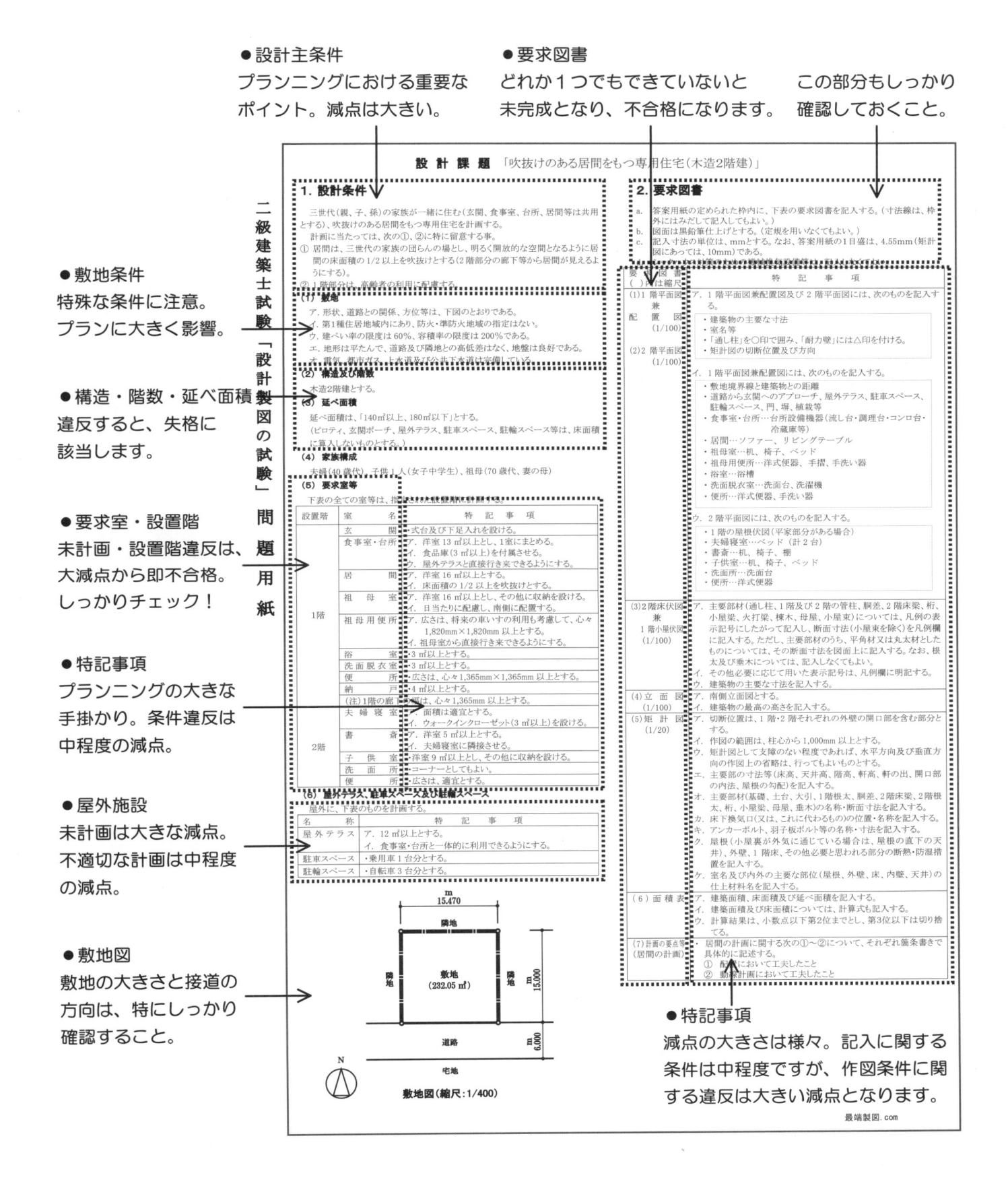

- **設計主条件**
プランニングにおける重要なポイント。減点は大きい。

- **要求図書**
どれか1つでもできていないと未完成となり、不合格になります。

この部分もしっかり確認しておくこと。

- **敷地条件**
特殊な条件に注意。プランに大きく影響。

- **構造・階数・延べ面積**
違反すると、失格に該当します。

- **要求室・設置階**
未計画・設置階違反は、大減点から即不合格。しっかりチェック！

- **特記事項**
プランニングの大きな手掛かり。条件違反は中程度の減点。

- **屋外施設**
未計画は大きな減点。不適切な計画は中程度の減点。

- **敷地図**
敷地の大きさと接道の方向は、特にしっかり確認すること。

- **特記事項**
減点の大きさは様々。記入に関する条件は中程度ですが、作図条件に関する違反は大きい減点となります。

（二級建築士試験「設計製図の試験」問題用紙）

設計課題「吹抜けのある居間をもつ専用住宅（木造2階建）」

第1章 試験について知っておこう

◎過去に出題された設計課題

設計課題は6月にセンターから発表されます。この設計課題以外、設計条件に関する情報は、本番になるまでわかりません。

同じ年に課題が複数あるのは、地域によって違う課題になる場合があるためですが、平成16年度以降は全国統一課題が続いています。

令和5年　「**保育所**」木造
令和4年　「**専用住宅**」木造
令和3年　「**歯科診療所併用住宅**」RC造
令和2年　「**シェアハウスを併設した高齢者夫婦の住まい**」木造2階建
令和元年　「**夫婦で営む建築設計事務所を併設した住宅**」木造2階建
平成30年　「**地域住民が交流できるカフェを併設する二世帯住宅**」RC造3階建
平成29年　「**家族のライフステージの変化に対応できる三世代住宅**」木造2階建
平成28年　「**景勝地に建つ土間スペースのある週末住宅**」木造2階建
平成27年　「**3階に住宅のある貸店舗（乳幼児用雑貨店）**」RC造3階建
平成26年　「**介護が必要な親（車椅子使用者）と同居する専用住宅**」　木造2階建
平成25年　「**レストラン併用住宅**」　木造2階建
平成24年　「**多目的スペースのあるコミュニティ施設**」　RC造2階建
平成23年　「**趣味（自転車）室のある専用住宅**」　木造2階建
平成22年　「**兄弟の二世帯と母が暮らす専用住宅**」　木造2階建
平成21年　「**商店街に建つ陶芸作家のための工房のある店舗併用住宅**」
　　　　　　　　　　　　　　　　　　　　　　　　　　　　RC造3階建
平成20年　「**高齢者の集う趣味（絵手紙）室のある二世帯住宅**」　木造2階建
平成19年　「**住宅地に建つ喫茶店併用住宅**」　木造2階建
平成18年　「**地域に開かれた絵本作家の記念館**」　RC造2階建
平成17年　「**近隣に配慮した車庫付二世帯住宅**」　木造2階建
平成16年　「**趣味室（フラワーアレンジメント）のある専用住宅**」　木造2階建
平成15年　「**吹き抜けのある居間をもつ専用住宅**」　木造2階建
　　　　　「**住宅地に建つ動物病院併用住宅**」　RC造2階建
平成14年　「**工房のある工芸品店併用住宅**」　木造2階建
　　　　　「**商店街に建つコミュニティ施設**」　鉄骨造2階建
平成13年　「**英会話教室併用住宅**」　木造2階建
　　　　　「**ルーフガーデンのある親子二世帯住宅**」　壁式RC造2階建
平成12年　「**趣味（音楽）室のある親子二世帯住宅**」　木造2階建
　　　　　「**高原に建つペンション**」　RC造2階建
平成11年　「**家庭菜園のある専用住宅**」　木造2階建
平成10年　「**将来の高齢化に配慮した専用住宅**」　木造2階建
　　　　　「**健康づくりのための小規模な屋内運動施設**」　RC造平家建
平成9年　「**歯科診療所併用住宅**」　木造2階建

💡ポイント
近年においては、3年に1度の割合でRC造課題となっています。
3回受験できるということと、何か関係があるかもしれませんね。

💡ポイント
設計課題が発表されたら、なるべく実物の建物を見に行くようにしましょう。イメージが湧きやすくなります。

💡ポイント
問題の難易度は毎年変わる！
合格率はそれほど変わらない試験ですが、問題の難易度（プランニングの難しさ）は毎年変わります。難しい年もあれば易しい年もあります。
これは何を意味しているのでしょうか？
易しい問題を期待する受験生は多いですが、問題が易しければ、他の受験生も同じように良くできるはずです。
反対に、難しいと感じた場合は、他の受験生も同じように難しく感じています。
できたからと言って油断は禁物ですし、できなかったからと言って、必要以上に嘆くことはありません。

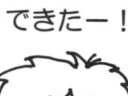

できたー！　　できんかった

第2章　木造課題 ─ 設計条件の読み方

(読解でエスキースの方向が決まる)

　ここからは、実際の問題を見ながら、具体的にエスキースのプロセスやプランニングにおける考え方をお伝えしていきます。

　問題を解くうえでとても重要な部分です。独学ではなかなか知りえない部分でもあるので、1つ1つ理解しながら、しっかりと読み進めてください。

　また、ある程度学習が進んだり、問題を数問解いたりして、はじめて理解できる部分もあります。

　試験本番までに、繰り返し確認するようにしましょう。

> まずは次のページの問題文をしっかり読んでください。
> 受験の経験がある人は、よかったら先に問題を解いてみてもいいでしょう。

■設計課題「吹抜けのある居間をもつ専用住宅（木造2階建）」

設 計 課 題 「吹抜けのある居間をもつ専用住宅（木造2階建）」

二級建築士試験「設計製図の試験」問題用紙

1. 設計条件

三世代（親、子、孫）の家族が一緒に住む（玄関、食事室、台所、居間等は共用とする）、吹抜けのある居間をもつ専用住宅を計画する。
計画に当たっては、次の①、②に特に留意する事。

① 居間は、三世代の家族の団らんの場とし、明るく開放的な空間となるように居間の床面積の1/2以上を吹抜けとする（2階部分の廊下等から居間が見えるようにする）。
② 1階部分は、高齢者の利用に配慮する。

(1) 敷地
ア．形状、道路との関係、方位等は、下図のとおりである。
イ．第1種住居地域内にあり、防火・準防火地域の指定はない。
ウ．建ぺい率の限度は60%、容積率の限度は200%である。
エ．地形は平たんで、道路及び隣地との高低差はなく、地盤は良好である。
オ．電気、都市ガス、上水道及び公共下水道は完備している。

(2) 構造及び階数
木造2階建とする。

(3) 延べ面積
延べ面積は、「140㎡以上、180㎡以下」とする。
（ピロティ、玄関ポーチ、屋外テラス、駐車スペース、駐輪スペースは、床面積に算入しないものとする。）

(4) 家族構成
夫婦（40歳代）、子供1人（女子中学生）、祖母（70歳代、妻の母）

(5) 要求室等
下表の全ての室等は、指定された設置階に計画する。

設置階	室名	特記事項
1階	玄関	・式台及び下足入れを設ける。
	食事室・台所	ア．洋室13㎡以上とし、1室にまとめる。 イ．食品庫（3㎡以上）を付属させる。 ウ．屋外テラスと直接行き来できるようにする。
	居間	ア．洋室16㎡以上とする。 イ．床面積の1/2以上を吹抜とする。
	祖母室	ア．洋室16㎡以上とし、その他に収納を設ける。 イ．日当たりに配慮し、南側に配置する。
	祖母用便所	ア．広さは、将来の車いすの利用も考慮して、心々1,820mm×1,820mm以上とする。 イ．祖母室から直接行き来できるようにする。
	浴室	・3㎡以上とする。
	洗面脱衣室	・3㎡以上とする。
	便所	・広さは、心々1,365mm×1,365mm以上とする。
	納戸	・4㎡以上とする。
	（注）1階の廊下の幅は、心々1,365mm以上とする。	
2階	夫婦寝室	ア．面積は適宜とする。 イ．ウォークインクローゼット（3㎡以上）を設ける。
	書斎	ア．洋室5㎡以上とする。 イ．夫婦寝室に隣接させる。
	子供室	・洋室9㎡以上とし、その他に収納を設ける。
	洗面所	・コーナーとしてもよい。
	便所	・広さは適宜とする。

(6) 屋外テラス、駐車スペース及び駐輪スペース
屋外に、下表のものを計画する。

名称	特記事項
屋外テラス	ア．12㎡以上とする。 イ．食事室・台所と一体的に利用できるようにする。
駐車スペース	・乗用車1台分とする。
駐輪スペース	・自転車3台分とする。

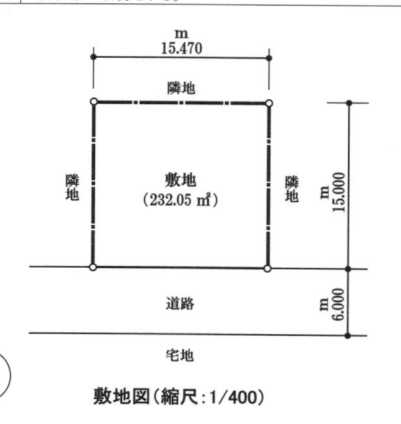

2. 要求図書

a. 答案用紙の定められた枠内に、下表の要求図書を記入する。（寸法線は、枠外にはみだして記入してもよい。）
b. 図面は黒鉛筆仕上げとする。（定規を用いなくてもよい。）
c. 記入寸法の単位は、mmとする。なお、答案用紙の1目盛は、4.55mm（矩計図にあっては、10mm）である。
d. シックハウス対策のための機械換気設備等は、記入しなくてよい。

要求図書 （ ）内は縮尺	特記事項
(1) 1階平面図兼配置図 （1/100） (2) 2階平面図 （1/100）	ア．1階平面図兼配置図及び2階平面図には、次のものを記入する。 ・建築物の主要な寸法 ・室名等 ・「通し柱」を○印で囲み、「耐力壁」には△印を付ける。 ・矩計図の切断位置及び方向 イ．1階平面図兼配置図には、次のものを記入する。 ・敷地境界線と建築物との距離 ・道路から玄関へのアプローチ、屋外テラス、駐車スペース、駐輪スペース、門、塀、植栽等 ・食事室・台所…台所設備機器（流し台・調理台・コンロ台・冷蔵庫等） ・居間…ソファー、リビングテーブル ・祖母室…机、椅子、ベッド ・祖母用便所…洋式便器、手摺、手洗い器 ・浴室…浴槽 ・洗面脱衣室…洗面台、洗濯機 ・便所…洋式便器、手洗い器 ウ．2階平面図には、次のものを記入する。 ・1階の屋根伏図（平家部分がある場合） ・夫婦寝室…ベッド（計2台） ・書斎…机、椅子、棚 ・子供室…机、椅子、ベッド ・洗面所…洗面台 ・便所…洋式便器
(3) 2階床伏図兼1階小屋伏図 （1/100）	ア．主要部材（通し柱、1階及び2階の管柱、胴差、2階床梁、桁、小屋梁、火打梁、棟木、母屋、小屋束）については、凡例の表示記号にしたがって記入し、断面寸法（小屋束を除く）を凡例欄に記入する。ただし、主要部材のうち、平角材又は丸太材としたものについては、その断面寸法を図面上に記入する。なお、根太及び垂木については、記入しなくてもよい。 イ．その他必要に応じて用いた表示記号は、凡例欄に明記する。 ウ．建築物の主要な寸法を記入する。
(4) 立面図 （1/100）	ア．南側立面図とする。 イ．建築物の最高の高さを記入する。
(5) 矩計図 （1/20）	ア．切断位置は、1階・2階それぞれの外壁の開口部を含む部分とする。 イ．作図の範囲は、柱心から1,000mm以上とする。 ウ．矩計図として支障のない程度であれば、水平方向及び垂直方向の作図上の省略は、行ってもよいものとする。 エ．主要部の寸法等（床高、天井高、階高、軒高、軒の出、開口部の内法、屋根の勾配）を記入する。 オ．主要部材（基礎、土台、大引、1階床根太、胴差、2階床根太、桁、小屋梁、母屋、垂木）の名称・断面寸法を記入する。 カ．床下換気口（又は、これに代わるもの）の位置・名称を記入する。 キ．アンカーボルト、羽子板ボルト等の名称・寸法を記入する。 ク．屋根（小屋裏が外気に通じている場合は、屋根の直下の天井）、外壁、1階床、その他必要と思われる部分の断熱・防湿措置を記入する。 ケ．室名及び内外の主要な部位（屋根、外壁、床、内壁、天井）の仕上材料名を記入する。
(6) 面積表	ア．建築面積、床面積及び延べ面積を記入する。 イ．建築面積及び床面積については、計算式も記入する。 ウ．計算結果は、小数点以下第2位までとし、第3位以下は切り捨てる。
(7) 計画の要点等 （居間の計画）	・居間の計画に関する次の①〜②について、それぞれ箇条書きで具体的に記述する。 ① 配置において工夫したこと ② 動線計画において工夫したこと

敷地図（縮尺：1/400）
- 敷地面積：232.05㎡
- 間口（道路側）：15.470m
- 奥行：15.000m
- 道路幅員：6.000m

◎設計条件（クライアントの強い要望）

1. 設計条件

　三世代（親、子、孫）の家族が一緒に住む（玄関、食事室、台所、居間等は共用とする）、吹抜けのある居間をもつ専用住宅を計画する。
　計画に当たっては、次の①、②に特に留意する事。
① 居間は、三世代の家族の団らんの場とし、明るく開放的な空間となるように居間の床面積の1/2以上を吹抜けとする2階部分の廊下等から居間が見えるようにする）。
② 1階部分は、高齢者の利用に配慮する。

　問題用紙の左側には、主に設計条件が書かれています。
　その冒頭には、このように特に留意することが書かれてあります。守らなければ即失格ということにはなりませんが、計画の方向性を決定する大切な条件となっています。守らなかった場合の減点は大きいと考えられるので、しっかりと読むようにしてください。
　この「特に留意する条件」には、具体的な条件と抽象的な条件があります。

◇具体的な条件

「居間の床面積の1/2以上を吹抜けとする。」
「2階部分の廊下等から居間が見えるようにする。」

　この2つの条件は、出来上がった解答図面を見れば、守られているかどうか、一目瞭然です。守られていなければ確実に減点されます。きちんと守るようにしてください。
　どうしても守ることができい場合は、他の条件を違反してでもプランを作るべきです。それくらい、ここの条件は大切です。

◇抽象的な条件

「1階部分は、高齢者の利用に配慮する。」

　この条件に対しては、具体的に何をどうすればいいのかわかりません。
　このような場合は、後からでてくる、この条件に関連した記述に注意してください。
　この問題の場合は、
・（注）1階の廊下の幅は、心々1,365mm以上とする。
・祖母室から直接利用できる祖母室用便所の設置
などがあります。

♀ポイント
問題条件は何度も確認！
1つの問題に設計条件はたくさんでてきます。また、作図に関する条件もたくさん記載されています。一度読んだだけでは、頭に入りませんし残りません。
設計条件に関しては、プランが完成するまで何度も確認してください。また、重要と思われるところには、マーキングをしておく方法もあります。後からチェックを行なう時にも役立ちます。

♀ポイント
問題条件は課題によって違う！
課題が変わればクライアントが変わると考えてください。当然、要求される条件も違ってきます。
すべての課題において共通した考え方もありますが、その課題独自の条件やポイントもあります。
混同してしまうと、プランニングは間違った方向に進みます。

♀ポイント
本試験は一発勝負！
当たり前のことですが、本試験にやり直しはありません。
ですから、エスキースに慣れてきても、常に本番のつもりで緊張感を持って練習を行なってください。
初見で解く練習は、1つの課題で1度しかできません。
1つの課題を大切に。

■他にはこんな条件が

◆「祖母室は趣味室に隣接し、直接行き来できるようにする。」
　（平成20年度）

　具体的でわかりやすい条件ですが、この条件には落とし穴があります。
　この年は、祖母室を経由しないと趣味室に行けない計画になっている人が何人かいました。廊下からも出入りできるように計画してください。

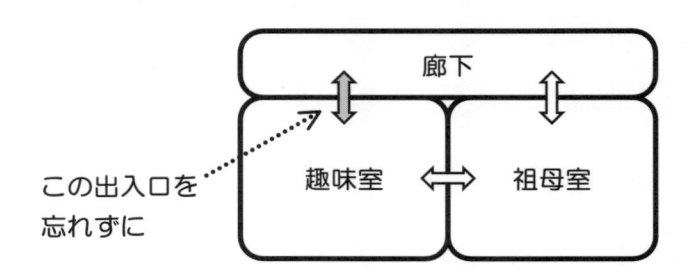

```
         廊下
    ↕         ↕
  趣味室  ↔  祖母室
```
この出入口を忘れずに

◆「多目的室は、玄関とは別に屋外から専用の出入口を設ける。」
　（令和5年度）

　具体的な条件です。多目的室へは屋外から直接出入りができるように計画します。この条件のみの場合、道路から敷地への出入口（門）は、玄関へのアプローチ部分と分けてもいいですし、共有しても構いません。

◆「自然換気及び採光に配慮し、南側に広がる公園の良好な景観を眺望できる計画とする。」
　（令和5年度）

　換気については複数の開口部を設けることが有効ですが、全ての室に対して開口部を複数設ける必要はありません。採光については、南面に窓を設けることが好ましいですが、南面以外でも採光を確保することはできますので、どうしてもできない場合は、南面以外で考えてください。

◆「建築物の環境負荷低減（省エネルギー等）に配慮する。」
　（令和4年度）

　環境負荷の低減については、基本的にはパッシブデザイン（太陽の光や熱、風などの自然のエネルギーを活かした手法）を取り入れた計画となるように意識をします。窓の配置を工夫したり断熱性能を高くしたりすることなどが考えられます。

◆「シェアハウス部分のLDK（B）は、高齢者夫婦が居住する住宅部分から屋内で行き来できるようにする。」
　（令和2年度）

　この条件に対しては、住宅部分の廊下からシェアハウス部分のLDK（B）へ行き来ができるように考えます。住宅部分のLDKから、もしくは、シェアハウス部分の廊下から行き来をさせている人が多かったです。

ポイント

知らない条件に焦るべからず。
行なったことがない条件に対しては、どうすればいいのかわからなくて、つい焦ってしまいます。なかにはパニックに陥ってしまう人も。
そうならないために…
本試験においては、初めての条件が必ずでてくる。最初からそのつもりでいてください。そうすれば冷静に対処することができます。
他の受験生と一緒になって、焦る必要はないですよ。

今年はこの手できたか

◆「事務所部分及び住宅部分の各要求室等については、夫婦が働きながら家事をしやすい配置・動線となるように配慮する。」
　（令和元年度）

　抽象的な条件で具体的にどのように計画すればいいのか少し悩むところですが、よほど不適切な配置・動線でない限り、この条件で減点されることはありません。プランの内容よりも、自分が考えたプランに対してどのように家事がしやすいのかという理由付けができることが大切です。

◆「南側に広がる山麓の良好な環境を、眺望できる計画とする。」
　（平成28年度）

　要求される居室はできるだけ南側で計画したいと言えます。この年は、記入の条件がなかった「塀」をいつもの練習の癖で設けた人が多かったです。高い塀を設けると、眺望の妨げになりますので注意が必要です。

◆「喫茶店部分と住宅部分とは、出入口を明確に分離し、屋内の1階部分で行き来できるようにする。」　（平成19年度）

　併用住宅課題においては、必ずと言っていいほどでてくる条件です。

　併用部分（店舗など）と住宅部分の出入口を同じにしてしまうと、見ず知らずであるお客さんが、住宅部分に勝手に入ってきてしまいます。出入口はそれぞれに設け、敷地内においても容易に行き来できないように、フェンスや植栽などで仕切る必要があります。

◆「前面道路の境界線に最も近い2階壁面は、1階壁面より後退させる。」
　（平成17年度）

　街並みに配慮した条件です。

　一度でも練習で行なっていれば、何とも思いませんが、初めて見る条件に対しては、戸惑ったり動揺したりしてしまう受験生が多いようです。深呼吸でもして、落ち着いて、もう一度ゆっくり読んでみましょう。きちんと読めば、難しいことは書いていないはずですよ。

　問題条件に対しては、冷静かつ素直に読み取ることが大切です。

◆「建築物の耐震性を確保する。」
　（平成19年度以降、ほぼ毎年）

　耐震性を確保することは、建築計画において重要なことです。
　ですが、過剰に耐震補強などをする必要はありません。
　木造課題なら木造に関して、RC造課題ならRCラーメン構造に関して、基本的な構造知識を学習しておけば問題はありません。

※83ページからの「RC造課題編」も参考にしてください。

◎敷地条件

(1) 敷地
ア．形状、道路との関係、方位等は、下図のとおりである。
イ．第1種住居地域内にあり、防火・準防火地域の指定はない。
ウ．建ぺい率の限度は60%、容積率の限度は200%である。
エ．地形は平たんで、道路及び隣地との高低差はなく、地盤は良好である。
オ．電気、都市ガス、上水道及び公共下水道は完備している。

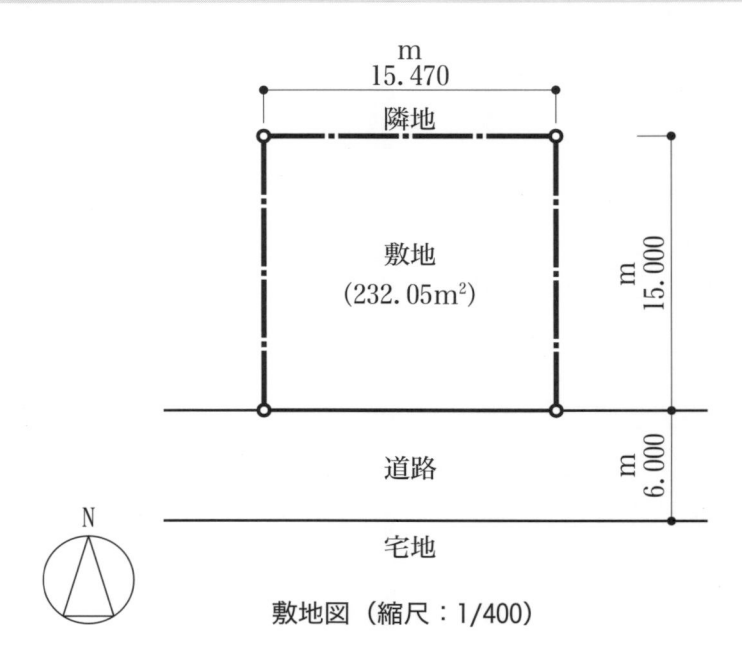

敷地図（縮尺：1/400）

敷地に関する条件が書かれてあります。
　毎年、おおむねア．〜オ．のような感じで記載されていますが、違う場合もあるので、必ず確認が必要です。
　特に敷地条件に関しては、その問題の大切なポイントとなっている可能性が高いので、その条件を見逃してしまうと大きな減点を受けることになります。

　用途地域や防火地域に関しては、それほど気にする必要はありません。
　木造課題に関しては、準防火地域が設定されたことは過去にありません。

　建ぺい率や容積率は、もちろん守る必要があります。ただ、敷地が広いので、よほどのことが無い限りはオーバーすることはないでしょう。

　エ．、オ．の地形やライフラインに関する条件に関しては、毎年ほぼ同じです。特に注意する点はありません。

💡ポイント
基準点を確認！
答案用紙の方眼は455mm間隔になっています。したがって、敷地の大きさが455mmの倍数でない場合は、境界線と方眼がずれることになります。
ただし、敷地のどこかの点を方眼の交点にあわせているので、プランニングをする時は、その一致している点の位置を確認してください。

➡事例その1
敷地の大きさを間違える！
ようやくプランニングができて、いざ作図という時に、敷地の大きさを勘違いしていることが発覚！
慌ててプランニングをやり直すことに。

➡事例その2
道路の方向が違う！
これも作図に入る時に気がついたようですが、道路の位置を、南ではなく北と勘違いしていた人がいました。

上の2つは、練習では考えられないかもしれませんが、緊張している本番ではやってしまうのです。
普段よくできている人に、意外と多い事例です。

■特殊な敷地条件

◆「敷地内における交差点付近の斜線部分には、自動車の駐車スペース及びその出入口を計画してはならない。」
　（令和2年度）
　駐車スペースと車の出入口のみ計画することができません。建物や駐輪スペース、人のアプローチを計画することは問題ありません。

◆「敷地内における網掛け部分には、建築協定により外壁の後退距離の規制があるため、建築物の外壁等を計画してはならない。」
　（令和2年度）
　網掛け部分を避けてプランニングをする必要がありますが、原則、軒の出も考慮してください。網掛け部分には屋根もかからないようにします。

◆「既存樹木（枝張り3m）は、現在の位置に保存するものとし、この部分には建築物、駐車スペース又は駐輪スペースを計画してはならない。ただし、屋外テラスについては、既存樹木の部分に計画してもよい。」
　（令和元年度）
　建物の外壁はもちろんですが、屋根やバルコニーなどにも注意が必要です。既存樹木にかからないようにしてください。枝張りとは樹木の直径のことです。半径ではありませんので注意！

◆「形状、道路との関係、方位等は、右図の通りである。この敷地のうち、住宅及び屋外施設等の建設可能な建設用地は斜線で示した部分である。」
　（平成28年度）
　広大な敷地の中に計画できる範囲が設定されていますので、その範囲内でエスキースを行なう必要があります。条件としては異例で特殊と言えますが、エスキースのプロセスは変える必要はありません。

◆「保育所の東側が公園」
　（令和4年度）
　この年の問題は、保育所を計画する敷地の東側隣地が公園となっていましたが、保育所と関連した条件（行き来をさせるなど）はありませんでした。この条件とは別で「防犯に配慮する。」という条件がありましたので、公園と行き来をさせることは考えなくてもよかったと言えます。

◆「"道路に面する植栽等スペース等"は、下図のとおりである。」
　（平成23年度）
　植栽を計画する範囲が図示されています。
　きちんと確認するようにしましょう。

💡ポイント
条件を確認しない！？
これは、特にたくさん練習問題を解く受験生に多く見られます。
「この条件はいつもと同じだろう」
このように思い込むのは危険だと言えます。違った場合には、大きな減点を受けることになります。同じ記述でも、いつもと同じであることを確認するようにしてください。

💡ポイント
斜線部分は三度確認！
敷地図に斜線部分がある場合は、その部分にはどのような条件があるのか、3回、確認してください。
読み違いや勘違いがあると、プランができなくなったり、大きな減点を受ける可能性があります。

見逃すと大変！

◎構造及び階数・延べ面積・家族構成

> **(2) 構造及び階数**
> 　木造2階建とする。
> **(3) 延べ面積**
> 　延べ面積は、「140㎡以上、180㎡以下」とする。
> 　（ピロティ、玄関ポーチ、屋外テラス、駐車スペース、駐輪スペース等は、床面積に算入しないものとする。）
> **(4) 家族構成**
> 　夫婦（40歳代）、子供1人（女子中学生）、祖母（70歳代、妻の母）

❖構造及び階数

　構造は6月に発表されたものになります。本試験で変わることはありません。階数は、事前に発表がなければ試験開始後に確認することになりますが、木造の場合は2階建てになる可能性が高いと言えます（令和5年以前に、2階建て以外で出題されたことはありません）。

❖延べ面積（床面積の合計）

　延べ面積の範囲が指定されます。
　木造課題の場合は200㎡前後、非木造課題の場合は300㎡を超えない範囲くらいで指定され、概ね40㎡の範囲があります。
　この延べ面積の条件に関しては、違反をすると減点では済まず、不合格が決定してしまいます。必ず守るようにしてください。この指定された面積を守れば、容積率を超えることはありません。
　計画に際しては、適切に計画すれば、この範囲内に納まるように問題はできています。
　面積が足りなければ、何か未計画になっている部屋がないか、確認してください。また、オーバーする場合は、余計な部屋を設けていたり、必要以上に大きなスペースもしくは無駄なスペースができていたりすると考えられます。

❖面積除外項目に注意！

　屋外施設や吹抜け、バルコニーなど、床面積に含まれない部分の記述があります。同じ部分が年度によって除外されたりされなかったりすることはありませんが、必ず確認するようにしてください。

❖家族構成

　その建物を利用する家族や人員の記述があります。
　プランニングにはあまり影響ありませんが、食事室のテーブルの席数は、家族の人数分を設けるようにしてください。

◉豆知識

木造課題で2×4工法はOK？
原則可能です。実際に合格されている人もいます。
ただし、試験対策用の資料は皆無と言えます。よほどのことがない限りは、在来工法で試験対策を行なうようにしてください。

◉豆知識

二級建築士の設計範囲…
木造の場合、延べ面積1,000㎡以下（2階建）、非木造の場合は、300㎡以下です。
高さは、木造、非木造共に、13m以下、軒高9m以下となっています。

◉ポイント

面積はできるだけ大きく考える！
延べ面積は「中間値くらいになるようにプランニングする」という考え方があります。
これは、出題者が想定している解答プランがそれくらいであることから、そのような考えが生まれました。
ですが、中間くらいで考えても、上限ぎりぎりで考えても、採点にはまったく関係ありません。
大きく考えた方がプランニングはしやすいと言えるので、なるべく大きく考えるようにしましょう。
大きい器ほど入れやすい
ということです。

◎要求室等

(5) 要求室等

下表の全ての室等は、指定された設置階に計画する。

設置階	室名	特記事項
1階	玄関	・式台及び下足入れを設ける。
	食事室・台所	ア．洋室13㎡以上とし、1室にまとめる。 イ．食品庫（3㎡以上）を付属させる。 ウ．屋外テラスと直接行き来できるようにする。
	居間	ア．洋室16㎡以上とする。 イ．床面積の1/2以上を吹抜けとする。
	祖母室	ア．洋室16㎡以上とし、その他に収納を設ける。 イ．日当たりに配慮し、南側に配置する。
	祖母用便所	ア．広さは、将来の車いすの利用も考慮して、心々1,820mm×1,820mm以上とする。 イ．祖母室から直接行き来できるようにする。
	浴室	・3㎡以上とする。
	洗面脱衣室	・3㎡以上とする。
	便所	・広さは、心々1,365mm×1,365mm以上とする。
	納戸	・4㎡以上とする。
	(注) 1階の廊下の幅は、心々1,365mm以上とする。	
2階	夫婦寝室	ア．面積は適宜とする。 イ．ウォークインクローゼット（3㎡以上）を設ける。
	書斎	ア．洋室5㎡以上とする。 イ．夫婦寝室に隣接させる。
	子供室	・洋室9㎡以上とし、その他に収納を設ける。
	洗面所	・コーナーとしてもよい。
	便所	・広さは、適宜とする。

「(5) 要求室等」では、建物の計画において必要な室と設置階、そして、その特記事項が記載されています。

要求されている室が計画されていなかったり、設置階を間違えたりすると、合格の可能性はなくなるので気をつけてください。（便所や納戸など小さい部屋に関しては、減点で済む場合もありますが、大きな減点です。）

特記事項に関しては、失格にはなりませんが、違反をすると減点を受けることになります。（直接合否には影響しない程度の減点です。）

この部分は、プランニングのポイントになるとても重要な部分です。また、考え方がきちんと身に付いていないと、自分ではできたと思っても、実は減点を受けてしまうということにもなりかねません。正しい知識を身に付け、適切に計画する必要があります。

💡ポイント

答案に記入する時の室名は、問題文の通りに！
たとえば、「便所」が要求されているのに、図面に「トイレ」と記入してはいけません。室名間違いで、減点の対象となります。
他に間違えやすい例としては、「夫婦室」と「夫婦寝室」、「収納」と「押入れ」、「駐輪スペース」と「駐輪場」などがあります。
平成23年度の試験では、「子ども室」を「子供室」と記入した人がとても多かったです。

💡ポイント

要求室は表の構成に注意！
この問題の場合は、設置階と室名、特記事項の3つで構成されていますが、これに〈部分〉という欄が加わることがあります。この場合は、ゾーニングを意識してプランニングを行なう必要があります（第8章を参照）。

💡ポイント

心々か有効か！
広さを指定する条件がある時は、心々の場合は、壁の中心から壁の中心までの寸法、有効の場合は、内法寸法（壁の内側から内側）になります。
どちらの指定もない場合は、有効と考えてください。

■特記事項の読み取り方

「20㎡以上とする。」「20㎡程度とする。」

　以上という条件の場合は、20㎡に満たない計画だと減点の対象となります。

　極端に大きすぎる場合、減点にはなりませんが、あまり印象はよくありません。また、他の部分が圧迫され、プランがまとまりにくくなる可能性があるので、注意が必要です。

　程度という条件の場合は、多少小さくなっても構いません。概ねプラスマイナス1割前後で考えてください。

「面積は適宜とする。」

　面積は自分で判断することになります。倉庫や便所、浴室などは概ね大きさが判断できますが、大きな室に関しては、その目的や利用人数などを考慮し、適切な大きさで計画する必要があると言えます。

　自分で判断できるからと言って、適切でない大きさで計画すると、減点を受ける可能性があるので、注意しましょう。

「和室6畳以上とし、押入れ及び床の間を設ける。」

　たたみ1畳の大きさは、心々で1,820mm×910mmとします。6畳の場合は、2,730mm×3,640mmの広さの部屋が必要です（以上の場合は、8畳でも構いません）。

　押入れと床の間は、原則、たたみ1畳と同じスペースを確保してください。どうしても難しい場合は、半畳分で計画します。

「隣接させる。」

　壁1枚隔てて隣り合わせに計画し、原則、行き来ができるようにします。間には廊下や他の室を挟んではいけません。

　寝室に書斎を隣接させる場合は、書斎は寝室から行き来できれば問題ありませんが、和室を居間に隣接させる場合は、和室の利用によって居間からの出入と廊下からの出入口も検討します。

　隣接させるという条件の場合は、その部屋がどのように使われるかを考える必要があると言えます。

> **ポイント**
>
> 縁側と濡れ縁の違い…
> 建物の内部に廊下のように設けるのが、縁側です。床面積に含まれます。
> 屋外に腰掛けみたいに設けるのが、濡れ縁です。床面積には含まれません。雨に濡れるので、濡れ縁と覚えてください。

個人が使うような部屋の場合は、その部屋からの出入のみでOK。

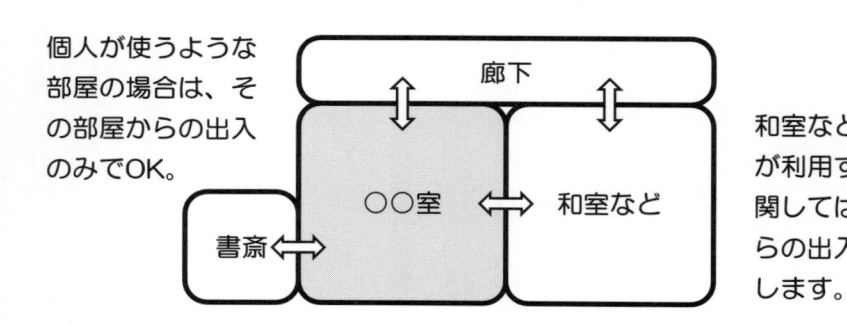

和室など、みんなが利用する部屋に関しては、廊下からの出入りも考慮します。

「直接行き来できるようにする。」

　壁で仕切るのではなく、扉を設けて行き来ができるようにしてください、という条件です。扉を設けるということが注意点です。2つの空間をオープン（間に仕切りがない状態）にしてはいけません。

　部分同士を行き来させる場合は、原則、廊下で行き来できるようにします（第8章を参照）。

「付属させる。」

　「夫婦寝室に書斎を付属させる。」もしくは、「台所に食品庫を付属させる。」などの条件がでてきます。この場合は、夫婦寝室や台所から直接出入りするように考えてください。

　その室に要求されている面積とは別に、書斎や食品庫を設ける必要があります。

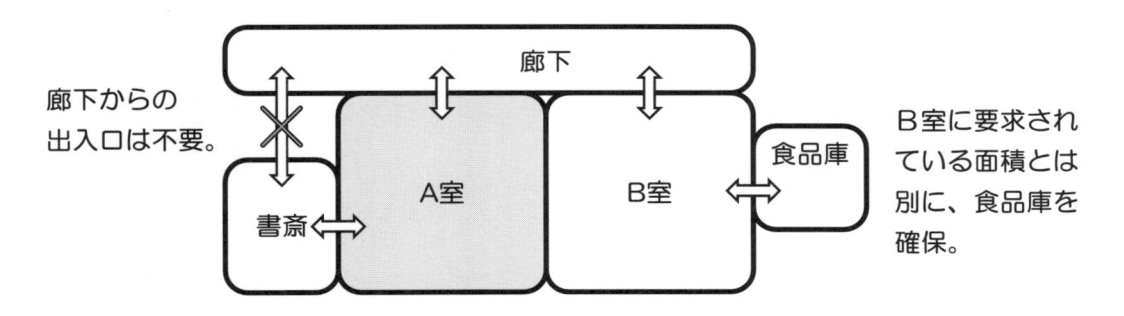

「一体的に利用できるようにする。」

　2つの空間を、同じ目的で同時に使用することができるように計画します。隣接させて直接行き来ができるように計画してください。

　間に、特別大きな開口部を設ける必要はありませんが、扉での行き来は好ましくありません。常時開けておくことができる、引違戸などを設けるようにします。

「その他に収納を設ける。」

　寝室などに多い条件です。

　その室に要求されている面積以外に、収納スペースを設けるようにしてください。

「既存樹木を眺めることができる位置とする。」

　「敷地内に植栽されている樹木が見える位置に、その部屋を計画してください。」という条件です。

　この場合は、なるべくその部屋の窓の正面に樹木が見えるように、部屋の配置を考えてください。

「可動間仕切りにより、独立した室としても使用できるようにする。」
　室ではなく、スペースもしくはコーナーに対する条件です。通常はオープンの状態で使用しますが、可動間仕切りで囲うことにより、独立した空間としても使用できるようにします。

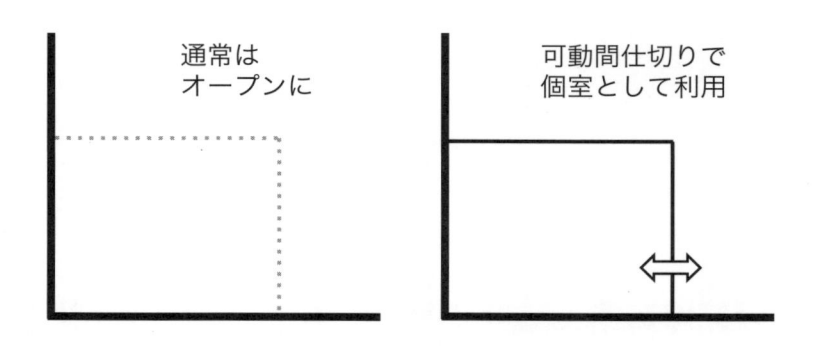

> **ポイント**
>
> 室とスペースの違い…
> 一般的には、壁と扉で囲まれた空間を室、そうでない空間をスペースと言います。
> 喫茶室の場合は、壁や扉で囲まれた空間としますが、喫茶スペースの場合は、壁や扉で囲う必要はありません。
> 休憩コーナーなどコーナーの場合も、壁や扉で囲う必要のない空間となります。

通常はオープンに

可動間仕切りで個室として利用

「可動間仕切りにより、2室に分割して使用できるようにする。」
　室の真ん中に可動間仕切りを設け、室を2分するように計画します。
　この場合、1室の状態と分けた状態、それぞれの室形状が40ページのように整形にする必要があります。分ける前や分けた後に、細長くなったり変形したりするのは好ましくありません。
　また、分けた状態でそれぞれが利用できるように、出入口を設けておく必要があります。

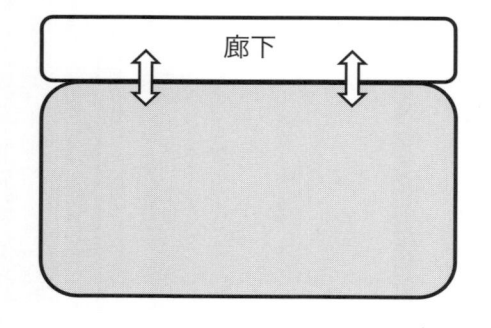

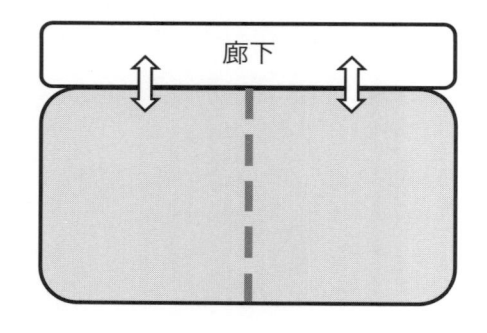

1室利用時　　　　2室利用時

それぞれの室に
出入口を設ける。

「コーナーでもよい。」「コーナーを設ける。」
　コーナーというのは、○○室と違い、壁や扉で囲われていないオープンな空間を言います。（通常の室は、壁や扉で囲まれた空間とします。）
　例えば、16㎡の要求がある室の中に書斎コーナーを設ける場合は、16㎡の中に書斎コーナーがあればよく、別に面積を確保する必要はありません。
　○○スペースを設ける。という条件の場合もコーナーと同じように考えてください。

「将来において〇〇室から利用できるようにする。」

　例えば、納戸の計画において、将来は祖母室から利用できる便所に改造することを想定する。という条件がある場合、祖母室と納戸は隣接して計画し、納戸は廊下に対して出入口を設けてください。祖母室と納戸の間は、現在は壁にしておきます。

「1室にまとめてもよい。」

　居間、台所、食事室などにでてくる条件です。
　この場合は、1室にまとめたほうがプランニングや作図は楽になると言えます。まとめない場合は、間に扉を設け、それぞれの室に対して出入口を設けることになります。

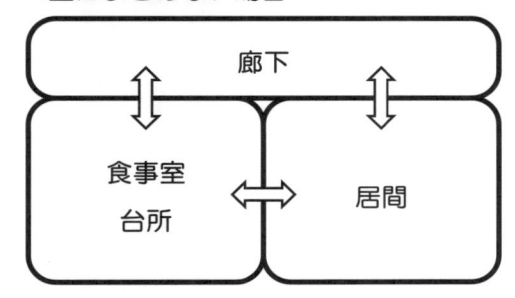

```
   1室にまとめない場合              1室にまとめた場合
   ┌──────────────┐            ┌──────────────┐
   │    廊下      │            │    廊下      │
   │ ↕        ↕  │            │       ↕      │
   ├──────┬──────┤            ├──────────────┤
   │食事室│      │            │              │
   │台所  │ 居間 │            │居間・食事室・台所│
   │   ↔  │      │            │              │
   └──────┴──────┘            └──────────────┘
```

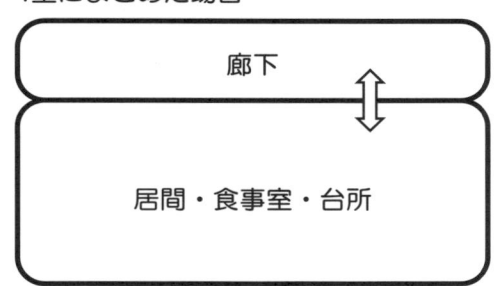

「天井高さを4m以上とする。」

　高い天井高さが要求された場合は、単純に階高を上げるのではなく、2階部分が吹抜けになるように考えます。

「上部に2階部分を設けない。」

　この部分は平家になるように考えてください。吹抜けにして対応する人がいますが、平家で考えるほうがベターです。

「引戸もしくは引違戸とする。」

　難しい条件ではありませんが、注意しないと便所や納戸など、間口が狭い室に対しては、引戸が設けられない可能性があります。

間口が狭くなった場合は、このような方法もあります。便所の扉を2枚引き戸にしています。 ⇒

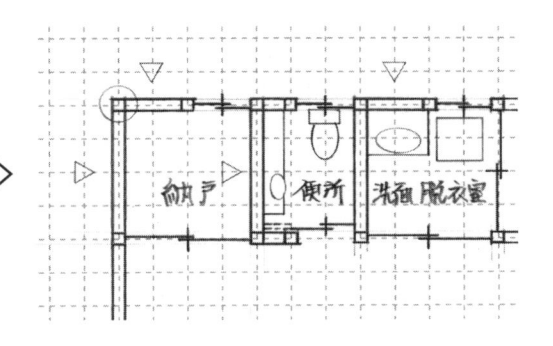

問題条件はしっかり
読み取らないと
プランニングは間違った
方向に進みます

■要求室に関する暗黙の決まり事

この試験には、問題条件にはありませんが、守ってほしいことがあります。

■住宅の居室は南面採光が理想

特に居間や高齢者の部屋に関しては、南側に設けるのが理想的です。
ただし、すべての居室を南側に設けることができない場合もあります。

■廊下を設けて各室には廊下から出入りさせる

特定の部屋から出入りさせる場合は、問題でそのような条件があるはずです。そのような条件がない場合は、原則、廊下から出入りできるように考えてください。

階段に関しても、原則、廊下部分から上り下りするようにします。

■玄関は道路から見える位置に計画

建物の出入口は、道路から見えるところに設けるのが一番好ましいと言えます。特に店舗や施設など、初めての人が訪れる可能性がある建物の場合は、わかりやすい位置に計画しましょう。

住宅の玄関に関しては、必ずしも道路から見える位置でなくても構いません。ただし、あまり奥まった位置にならないようにします。

■部屋形状は整形が好ましい（使いやすい）

要求されている面積は、整った形状で計画することが好ましいと言えます。変形した形や細長い形状は、その部屋が使いにくいという理由で減点になる可能性があります。

ただし、居間・食事室・台所や店舗の売り場など、その部屋の使用に支障がない場合は構いません。

また、矩形（四角）で要求面積を確保すれば、その部分にプラスすることによって部屋全体の形が変形しても問題ありません。

> **→事例** 平成17年度
> 居間に階段を設ける！
> 学校では、廊下に階段を設けるのがセオリーと習ってきました。でも、いきなり本番で、階段は居間に設けるという条件…。
> 冷静に考えると何でもない条件ですが、初めての条件だったので、動揺した受験生は多かったようです。
> このような、初めての条件をサプライズと呼びますが、サプライズが出てきたら一度深呼吸をしてください。
> そしてもう一度落ち着いて読み直してみましょう。意外と何でもないことが多いですよ。

> **♥ポイント**
> 実は重要　廊下形状！
> 廊下の形状でプランの良し悪しが変わります。
> 複雑な廊下形状をしたプランはあまり上手に見えません。また、プランニングにとても苦労した印象を受けます。作図も大変そうですね。

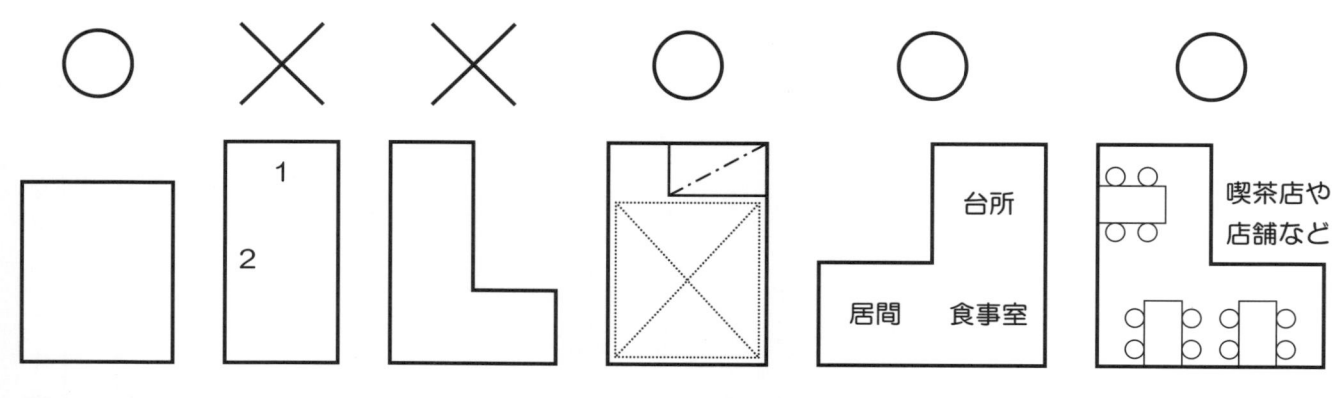

○　×　×　○　○　○

基本は矩形　｜　縦：横の比率なるべく1：2以下に　｜　不整形使いにくい　｜　収納などがある場合、整形部分で面積を確保すれば問題なし　｜　使用に支障がなければ不整形でもOK　什器などのレイアウトに注意しよう

◎屋外施設

(6) 屋外テラス、駐車スペース及び駐輪スペース
屋外に、下表のものを計画する。

名　　　称	特　記　事　項
屋 外 テ ラ ス	ア．12㎡以上とする。 イ．食事室・台所と一体的に利用できるようにする。
駐 車 ス ペ ー ス	・乗用車1台分とする。
駐 輪 ス ペ ー ス	・自転車3台分とする。

　建物以外に、敷地内に計画する必要のあるものがここで要求されます。特記事項では、条件が具体的に書かれているので、必ず守るようにしましょう。
　屋外施設に関しては、建物のプランが出来上がってから考える人がいますが、後から考えると計画できないケースがあります。その配置や大きさなどは、大まかでもいいので、はじめに考えておきたいです。
　また、「食事室・台所と一体的に利用できるようにする。」などの条件は、プランニングのヒントになっていますので、見逃さないようにしましょう。

❖駐車スペース
　車1台あたり2,500mm×5,000mm以上を確保します。
　木造課題では、方眼を利用し、2,730mm×5,460mmで計画してください。車は原則、道路に対して直角に、また、道路側に車の前が向くように表現します。
　車いす使用者用の駐車スペースは、車いすの出入りを考え、幅を3,500mm程度確保してください。
　また、車の動線と人の動線が交わる計画は、安全上好ましくありませんので、交わらないようにしましょう。

❖駐輪スペース
　1台あたり600mm×2,000mmで計画します。
　駐輪スペースに関しては、自転車を出し入れするスペースを敷地内に設けるようにしてください。道路から直接出し入れするのは、安全上好ましくありません。

❖動線計画に注意
　駐車スペースも駐輪スペースも、その位置から玄関までの動線（通路）を確保することが必要です。
　一度道路に出ないと玄関まで行くことができないという計画は好ましくありません。減点の対象にもなります。

▶ポイント

屋外施設が計画できない！
さてどうしますか？
別のプランを考える時間があればいいですが、作図がほとんど出来上がっていて時間が無い場合。
そんな場合は、面積が小さくなっても構いませんので、名称だけでも記入しておきましょう。
面積が小さいのと未計画では、面積が小さいほうが、減点が少ないからです。
でも、そうならないために、はじめにスペースを想定しておきたいですね。

なるほど…

▶駐車スペースの好ましくない例

1. 交差点から7m（5m）の範囲に設けた場合

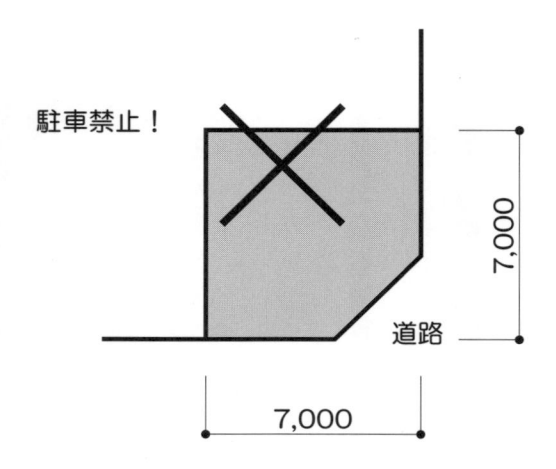

駐車禁止！

7,000

7,000

道路

2. 直列配置
（1台を出さないと、奥の車の出入りができない）

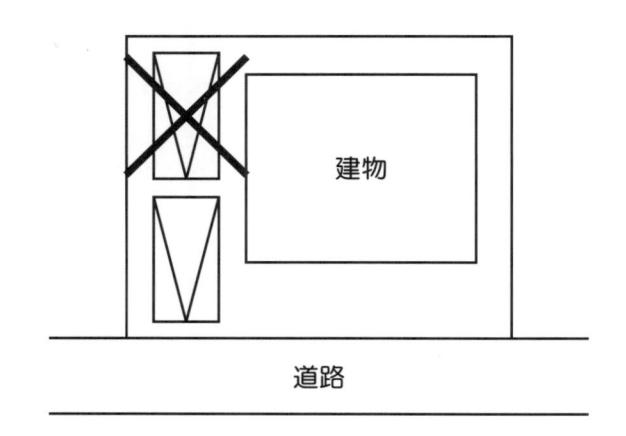

建物

道路

3. 人と車の動線が交差する場合

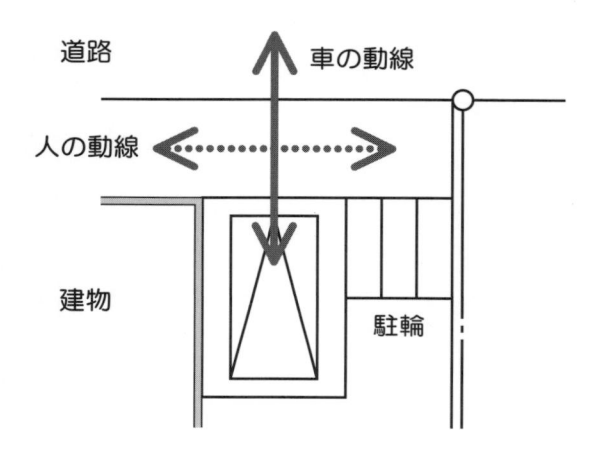

道路　　車の動線

人の動線

建物　　駐輪

4. 縦列駐車配置（スペースが余計に必要）

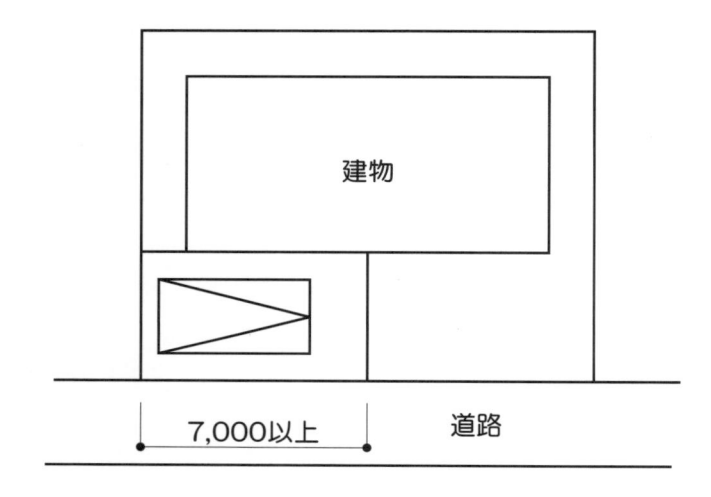

建物

7,000以上　　道路

▶駐輪スペースの好ましくない例

1. 道路から直接自転車を出し入れする場合

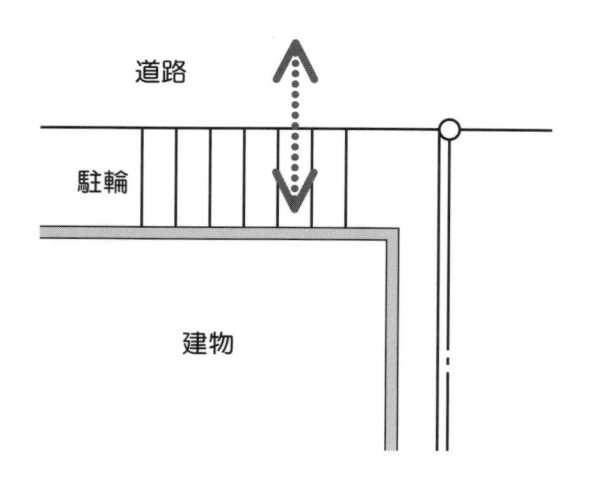

道路

駐輪

建物

2. 植栽やポーチなどで出し入れができない場合

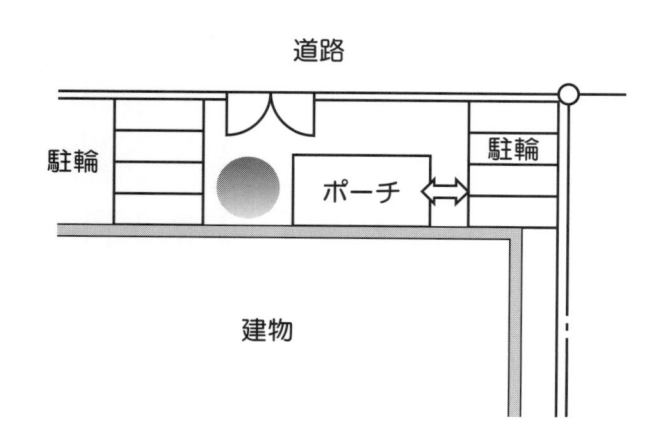

道路

駐輪　　ポーチ　　駐輪

建物

第3章　木造課題 ― エスキースの方法

（ルールを知るほど、考える必要はなくなる）

では、実際にエスキースを行なっていきましょう。

　エスキースの方法はこれが一番！　というものはありません。でも、少しでもやりやすい方法、短時間でできる方法、間違いが少なくなる方法、自分に合った方法は、必ずあるはずです。
　これから紹介する方法を参考にしながら、自分のエスキース方法を確立してください。

自分に合った
エスキースの方法をみつけよう！

◎木造課題は尺貫法

　まず最初に、木造課題のプランニングは、尺貫法に基づいて行なうことを頭に入れておいてください。3尺である910mmをモジュールとして、プランニングを行ないます。

　初めての人はとまどうかもしれませんが、練習すればすぐに慣れてくると思います。

▶尺貫法

　1寸は30.3mm、1尺（10寸）はその10倍の303mmです。

　木造の建物は、昔から3尺（910mm）を基本モジュールとして計画されてきました。二級建築士製図試験においても、3尺を基本モジュールとして計画します。

●豆知識
6尺を1間といい、1間×1間の広さを1坪（約3.3㎡）と言います。
貫は重さの単位で、1貫は1,000匁（3.75kg）。

》覚えよう！　基本寸法《

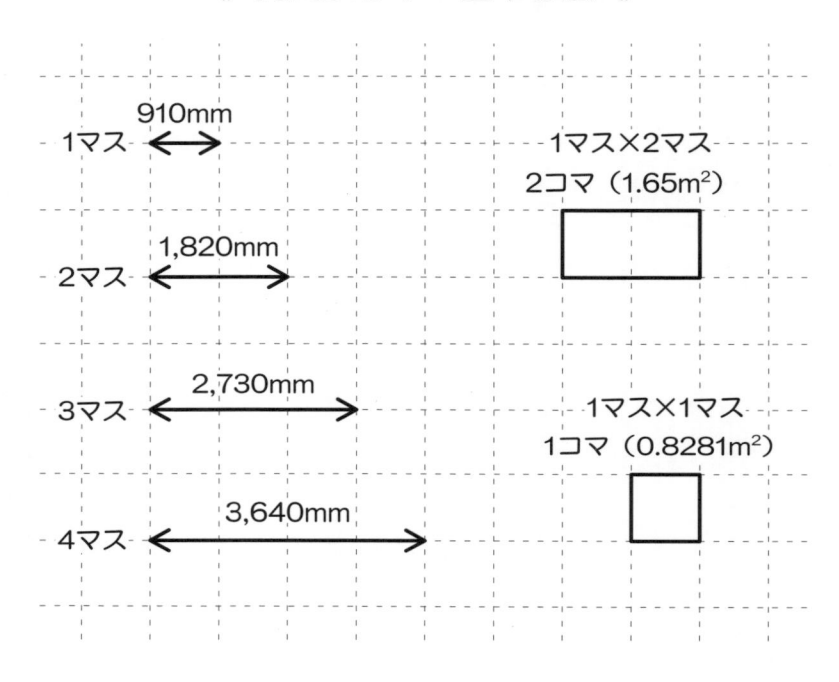

- 1マス　910mm
- 2マス　1,820mm
- 3マス　2,730mm
- 4マス　3,640mm

- 1マス×2マス　2コマ（1.65㎡）
- 1マス×1マス　1コマ（0.8281㎡）

　このテキストでは今後、910mmの長さを1マス、1マス×1マスの大きさを1コマ（0.8281㎡）と言います。

　問題では、要求室の面積は「㎡」で指定されるので、その「㎡数」を「コマ数」に換算する必要があります。

　たとえば、13㎡以上の大きさが要求されている部屋は、
13÷0.8281＝15.6となり、16以上のコマ数が必要ということになります。

木造課題は
これが大変です

【コマ数換算】

　試験によくでてくる部屋の大きさです。

　覚えておくと、その都度、計算しなくても済むので、できるだけ覚えるようにしてください。

比較的小さい部屋（便所、浴室、納戸など）

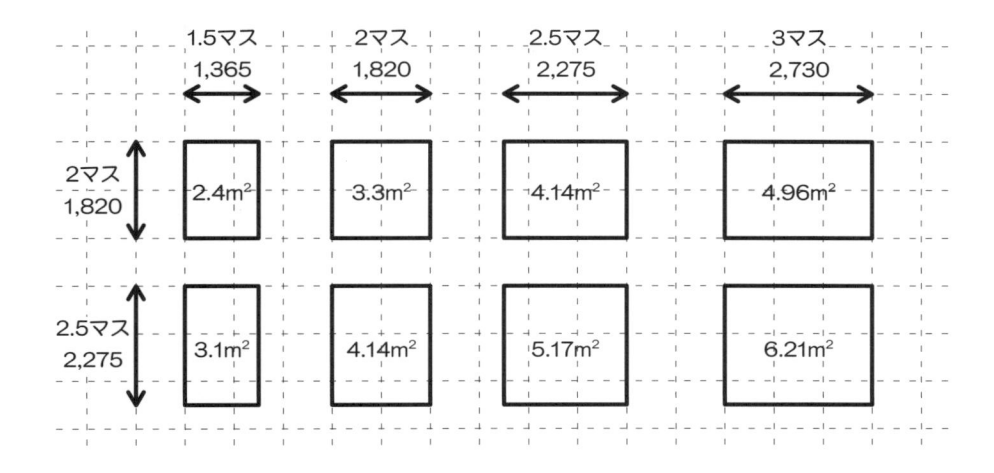

	1.5マス 1,365	2マス 1,820	2.5マス 2,275	3マス 2,730
2マス 1,820	2.4m²	3.3m²	4.14m²	4.96m²
2.5マス 2,275	3.1m²	4.14m²	5.17m²	6.21m²

大きな部屋（居間や寝室など）

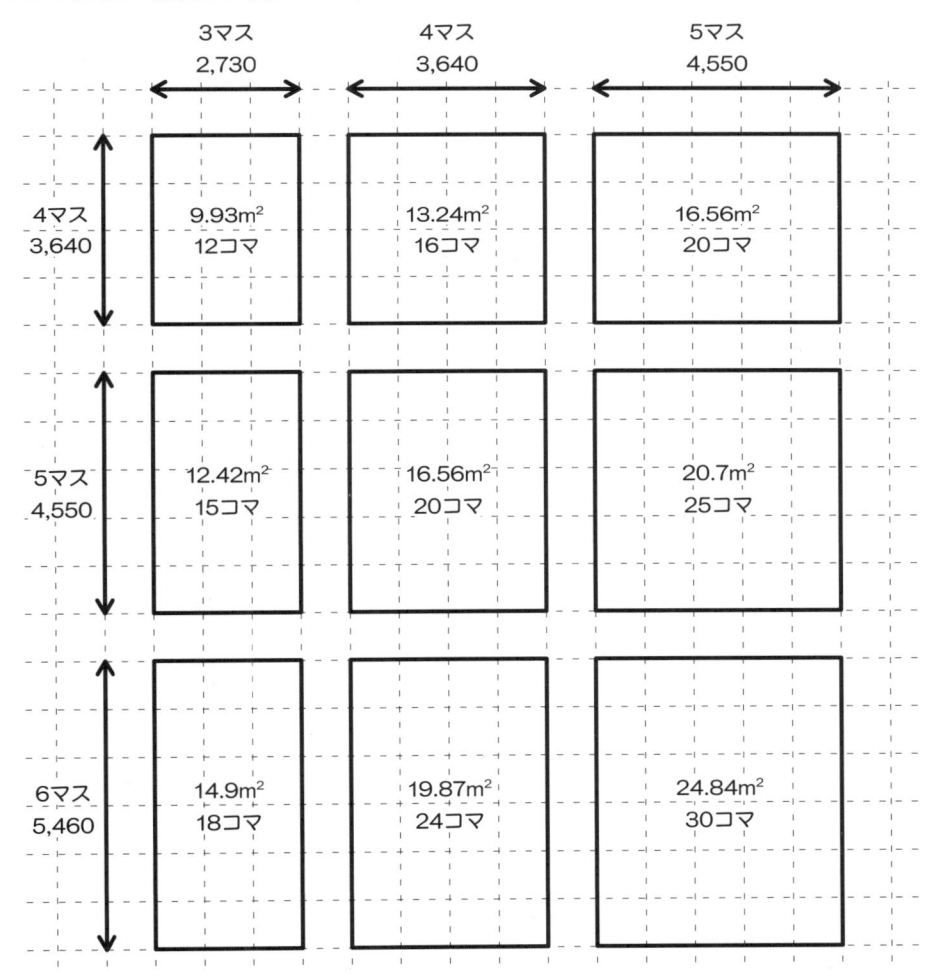

	3マス 2,730	4マス 3,640	5マス 4,550
4マス 3,640	9.93m² 12コマ	13.24m² 16コマ	16.56m² 20コマ
5マス 4,550	12.42m² 15コマ	16.56m² 20コマ	20.7m² 25コマ
6マス 5,460	14.9m² 18コマ	19.87m² 24コマ	24.84m² 30コマ

頑張って覚えよっと

◎木造課題の基本ゾーニング

第2章で、計画に関する基本事項を説明しましたが、図で表すとこのようになります。もう一度確認しておきましょう。

木造課題においては、最も減点を受けにくい理想的な形になります。

主なゾーニングですが、北側に便所や浴室など小さい部屋を配置します。
階段も、このゾーンに配置してください（小部屋ゾーン）。
そして、廊下を挟んで南側に採光を必要とする部屋を設けます（居室ゾーン）。
縦の寸法を、上から2マス、2マス、4マスに統一してプランニングを行なうことで、短時間、なお且つシンプルにプランをまとめることができます。
プランニングはこの形をベースにして、問題条件に適合するように考えていきます（居室ゾーンは、5マスもしくは6マスでもOK）。

> **ポイント**
> ✓ 居室は日当たりのよい南側
> ✓ 小部屋は北側に
> ✓ 各室へは、廊下から出入り
> ✓ 小部屋ゾーンと廊下の寸法は
>   2マス＋2マス
>   もしくは 2.5マス＋1.5マスとし、
>   合計が4マスになるようにします。

駐車スペースは4マス×6マスが理想。横幅は3マスでもOK。

敷地に出入りする部分は門扉、駐車スペースにはカーゲートなどを設けます。

出入口は原則人用と車用のみでOK。自転車用は不要です。

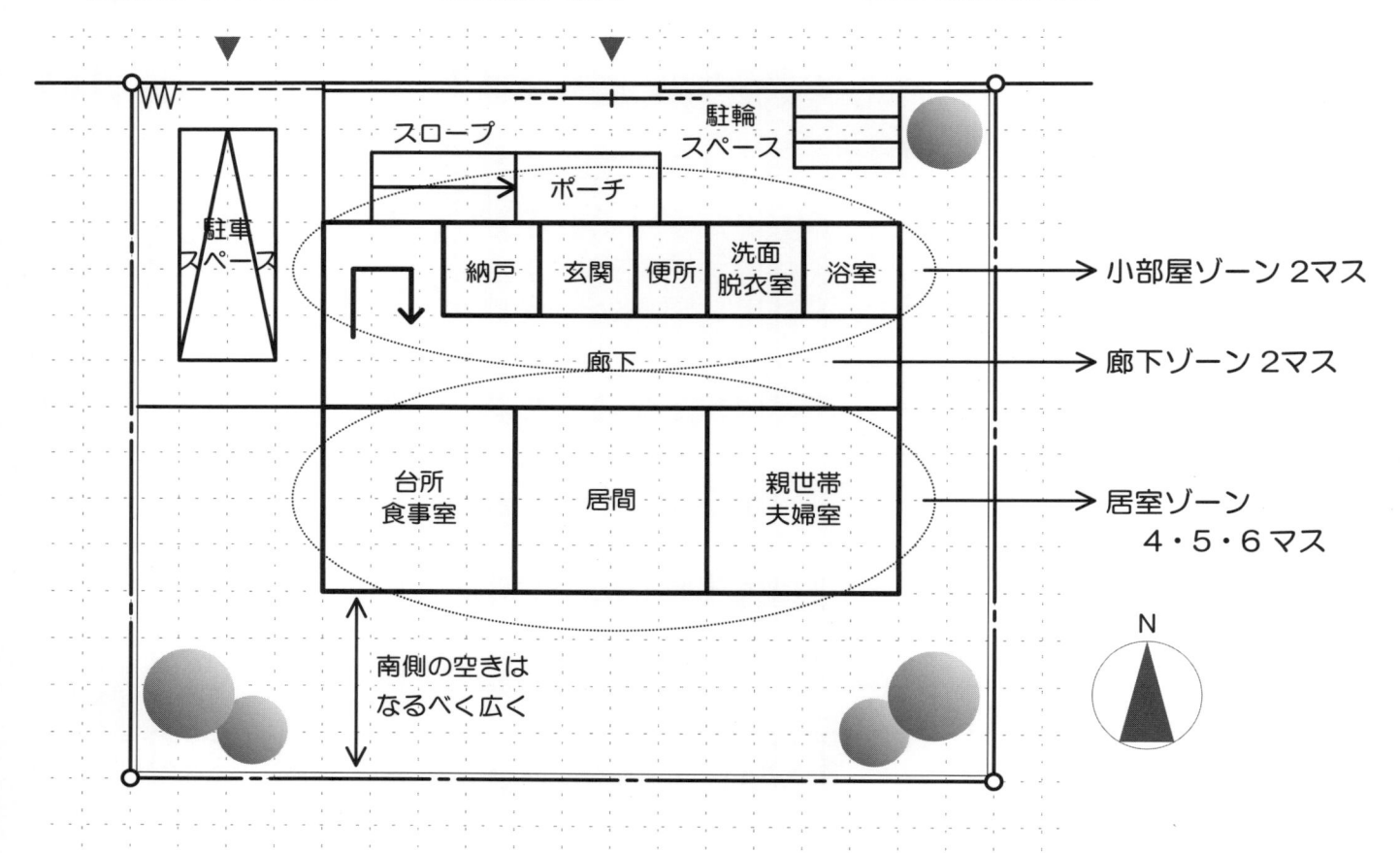

→ 小部屋ゾーン 2マス
→ 廊下ゾーン 2マス
→ 居室ゾーン 4・5・6マス

南側の空きはなるべく広く

居室はできる限り南側の居室ゾーンに計画すること。意味もなく北側に計画すると、減点の可能性もあります。

隣地境界は必ず塀、もしくはフェンスなどで囲うように。

隣地境界線と建物の距離は2マスが理想ですが、1マスになっても構いません。

◎計画可能範囲とアプローチの想定

エスキースの第一ステップとして、計画可能範囲とアプローチ位置を考えてみます。

計画可能範囲とは、建物を計画できる範囲のことを言います。境界線からの適切な空き寸法と、要求されている屋外施設のスペースを想定し、建物を建てることができる範囲を把握します。

✓ 隣地境界線からは、原則2マス離します。（1マスでも可能。）
✓ 屋外テラスは、3マス×5マス（12㎡）。
✓ 駐車スペースは、3マス×6マスを確保。
✓ 駐輪スペースは、2マス×2マス＋自転車出し入れスペース。
✓ 南側の空きは、どれだけ広くてもOK。

【計画可能範囲】

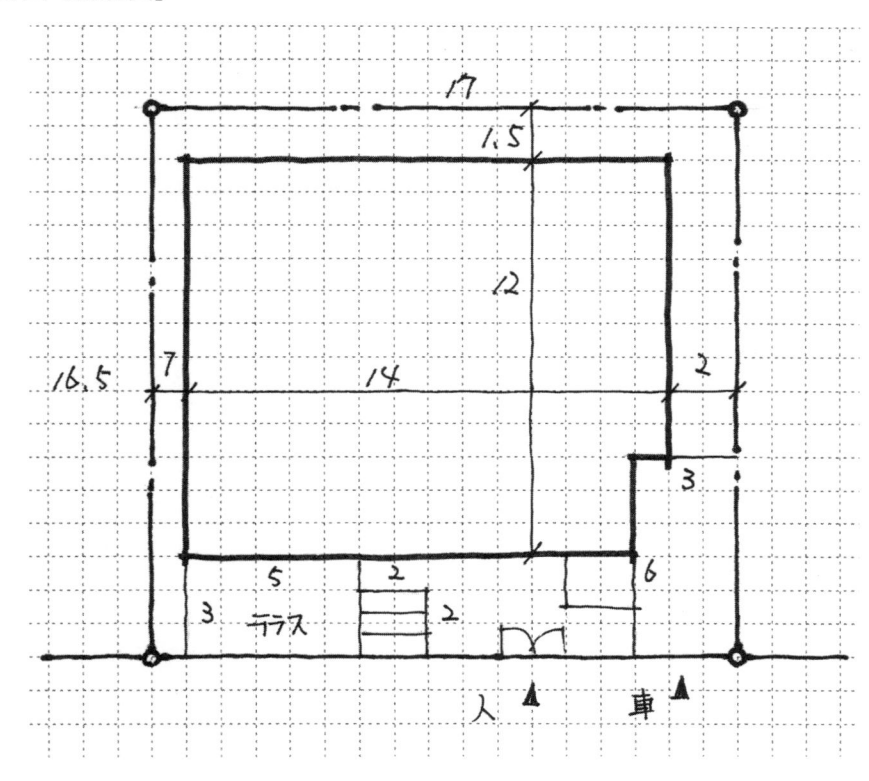

西側の空きを1マス、東側を2マスで考えた計画可能範囲です。1マスでも2マスでも、どちらでも結構です。

アプローチ（敷地への出入口）は、人用と自動車用を考えます。この課題の場合は、出入口が2か所となります。

自転車は、人用の出入口を利用します。別に設ける必要はありません。
また、人用と自動車用の出入口を同じにしてはいけません。

→事例
「非建ぺい地指定に要注意！」
敷地条件で、建築できないスペースが設定された場合、そのラインには、建物はもちろん、屋根や庇などもかからないように注意してください。
壁の位置は、1マス以上離すようにします。
既存樹木が設定された場合も、ぎりぎりにならないように、少し離したところに計画するようにします。

→事例
「駐車スペース及びその出入口は計画してはならない。」
2方向接道の場合、角地部分にこのような条件が課されることがあります。これを、建物を計画してはいけないと勘違いする人がいます。計画できないのは、あくまで駐車スペースなので、間違えないようにしてください。
また、このような条件が無い場合でも、角地部分に駐車スペースを計画するのは、安全上好ましくありません。

第3章　木造課題 ─ エスキースの方法　47

◎機能図を描く

設計条件を確認しながら、機能図（動線図）を描きます。
機能図を描くと、設計条件をより把握でき、また大きな間違いや勘違いを発見することができます。プランができてから大きなミスに気がつくことがないように、プランニングに入る前に機能図を描いておきましょう。

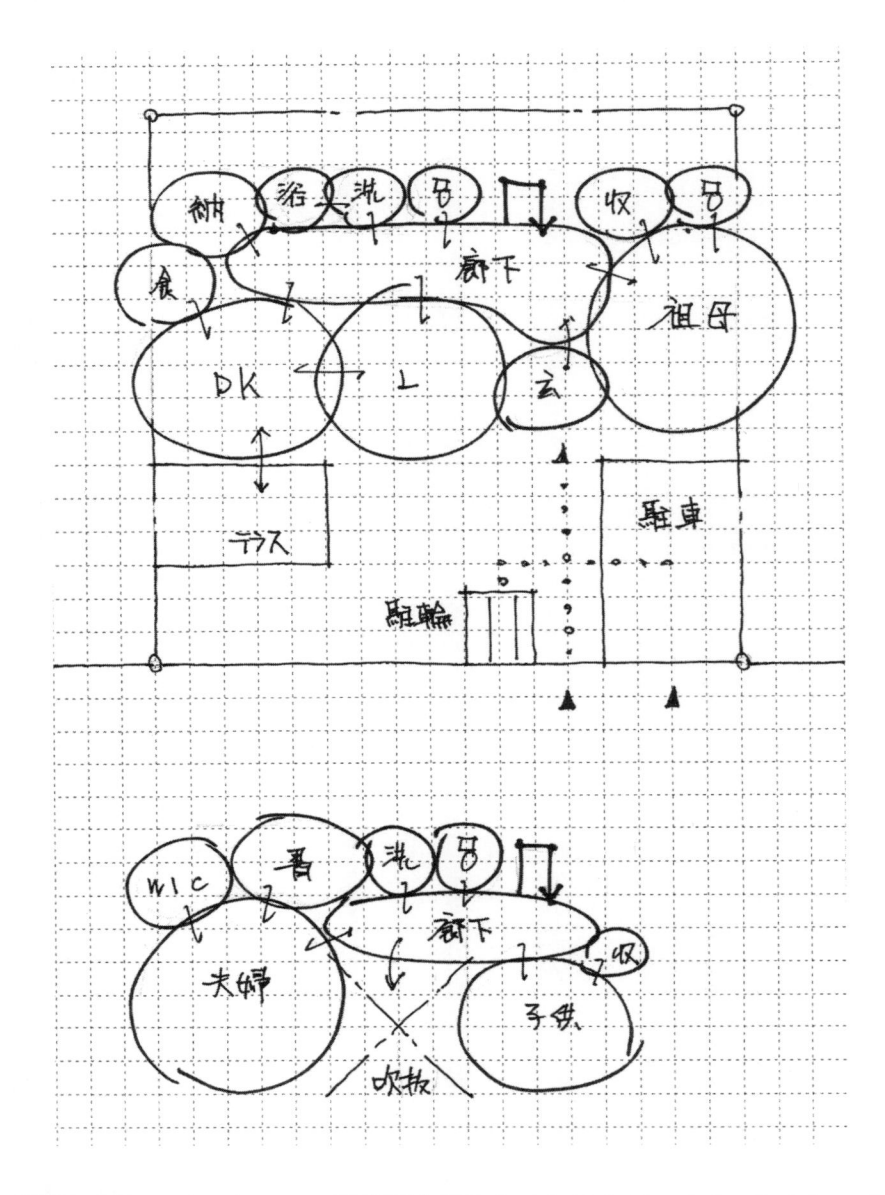

■どんな課題でも意識しておくこと
- 各部屋は廊下から出入りさせる
- 階段も廊下から利用
- 小部屋は北側、廊下を挟んで南側に居室を配置
- 食事室⇔台所⇔居間　行き来
- 玄関から駐車駐輪スペースへの動線
- 道路から敷地への出入口は、人用と車用の1ヶ所ずつでOK、自転車は人用から出入り

■この課題に対する条件
- 食事室・台所とテラスの行き来
- 食事室・台所に食品庫を付属
- 祖母室は南側に配置
- 祖母室と祖母用便所の関係
- 夫婦寝室に書斎を隣接させる
- 居間に吹抜けを設け、2階の廊下から見えるようにする（重要）

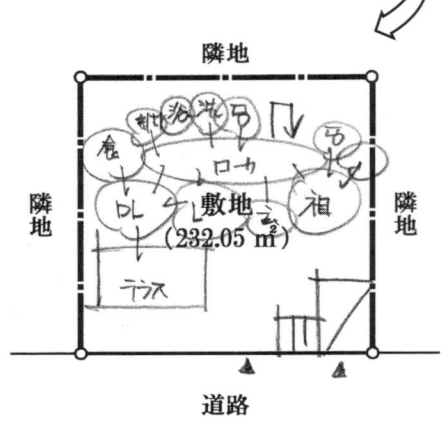

問題に慣れてくると、この機能図を描かなくなる人がいます。しかし、大きな間違いを防ぐことができますし、描いたほうがプランは早くできます。なるべく描くようにしましょう。

問題用紙の敷地図に直接描く人もいます。

…この段階で一度、設計条件を確認…

プランニングで後戻りをしないために。

◎要求室の大きさを確認する

要求された部屋の大きさを確認します。
（慣れてくればいちいち描く必要はありません）

小部屋ゾーンに位置する部屋は、縦2マスで考えます。もしくは、2.5マスでも結構です（その場合は、廊下部分を1.5マスにします）。そして、居室ゾーンに位置する部屋は、とりあえず4マスで考えてみますが、5マスで考えてみても構いません。

▶1階の要求室

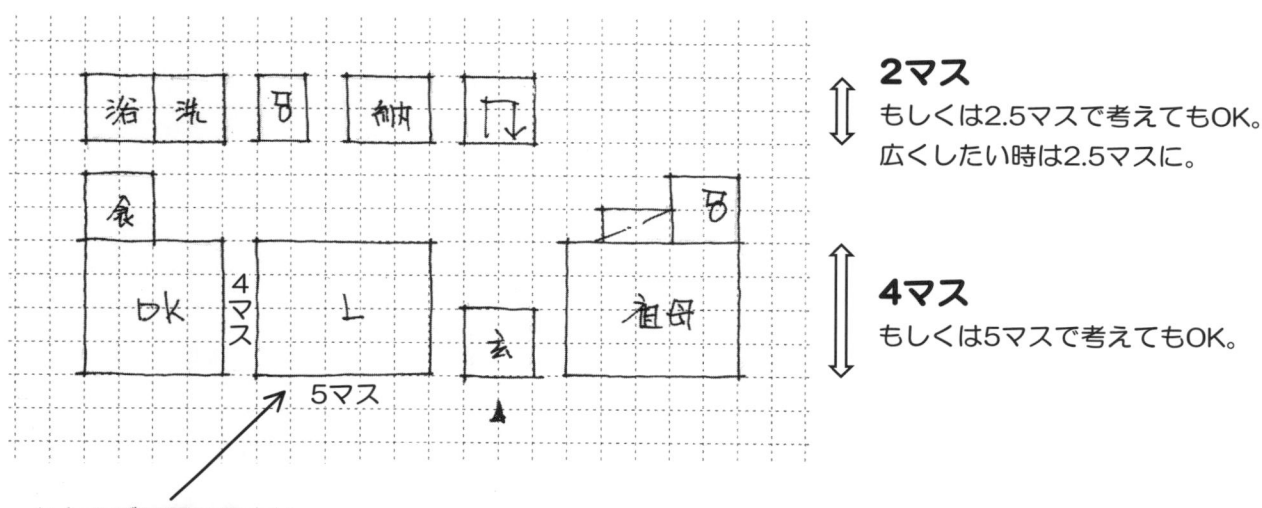

2マス
もしくは2.5マスで考えてもOK。
広くしたい時は2.5マスに。

4マス
もしくは5マスで考えてもOK。

たとえば居間の場合は、
16m²要求されていますので、16÷0.8281＝19.3　⇒20コマ必要。
縦を4マスとしますので、横幅は5マスとなります。

▶2階の要求室

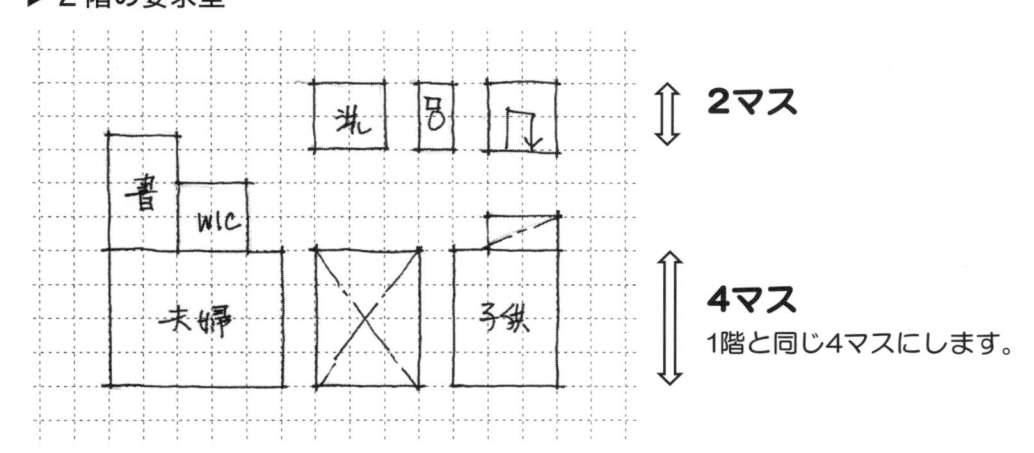

2マス

4マス
1階と同じ4マスにします。

16m²などよくでてくる部屋の大きさは、コマ数を覚えておきましょう。

◎プランニング

　所要室の大きさを確認したら、次は機能図のとおりに各部屋を並べていきます。エスキース用紙に、2マス、2マス、4マスの間隔で、線を引いてもいいでしょう。

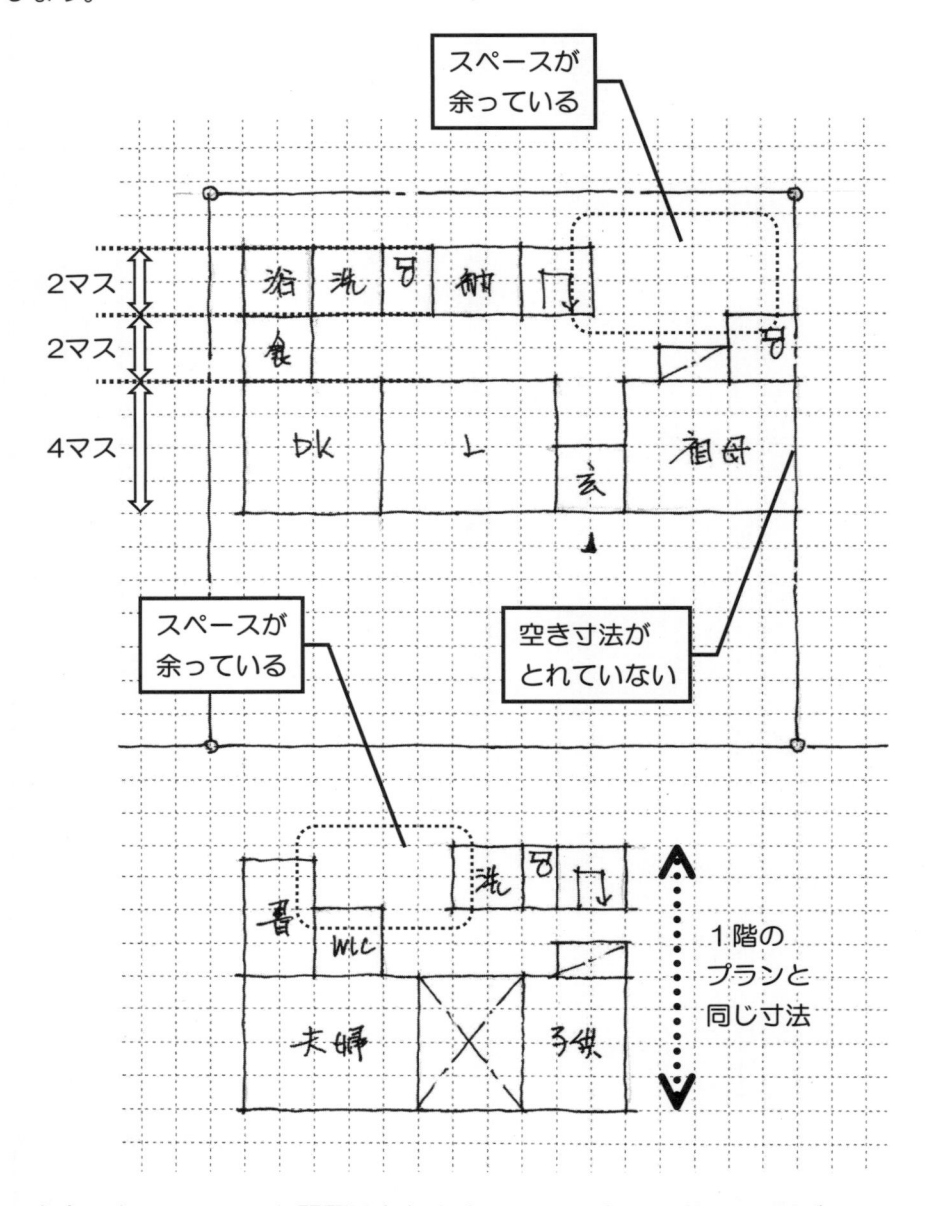

《今わかっている問題点》
・1階
✓東側の境界に対して空き寸法がとれていない。
✓小部屋ゾーンに余ったスペースができている。
・2階
✓小部屋ゾーンに余ったスペースができている。
✓階段の位置が1階とずれている。

→

《改善の方法》
・東西の空き寸法が無い場合は、いま4マスで考えている居室ゾーンの縦の寸法を、5マスにしてみる。もしくは、縦長にできる部屋があれば縦長にしてみる。また、余っている小部屋ゾーンを利用する方法もあります。

・小部屋ゾーンが余る場合は、そこに入る別の部屋がないか探したり、いずれかの部屋を大きくしたりしてください。

　もちろん、いろいろと問題はあります。これでプランができるはずありません。でも、それでOKです。はじめからうまく納めようとすると、なかなかプランニングは進みません。

　このように、とりあえず形にしてから、問題点を見つけたり、改善案を考えたりしていきます。このほうが、結局は早くプランニングができます。

　プランニングは、あれこれ考えるよりも、とりあえずやってみることが大切です。

頭ではなく、手でプランを作っていこう！

改善してみました。

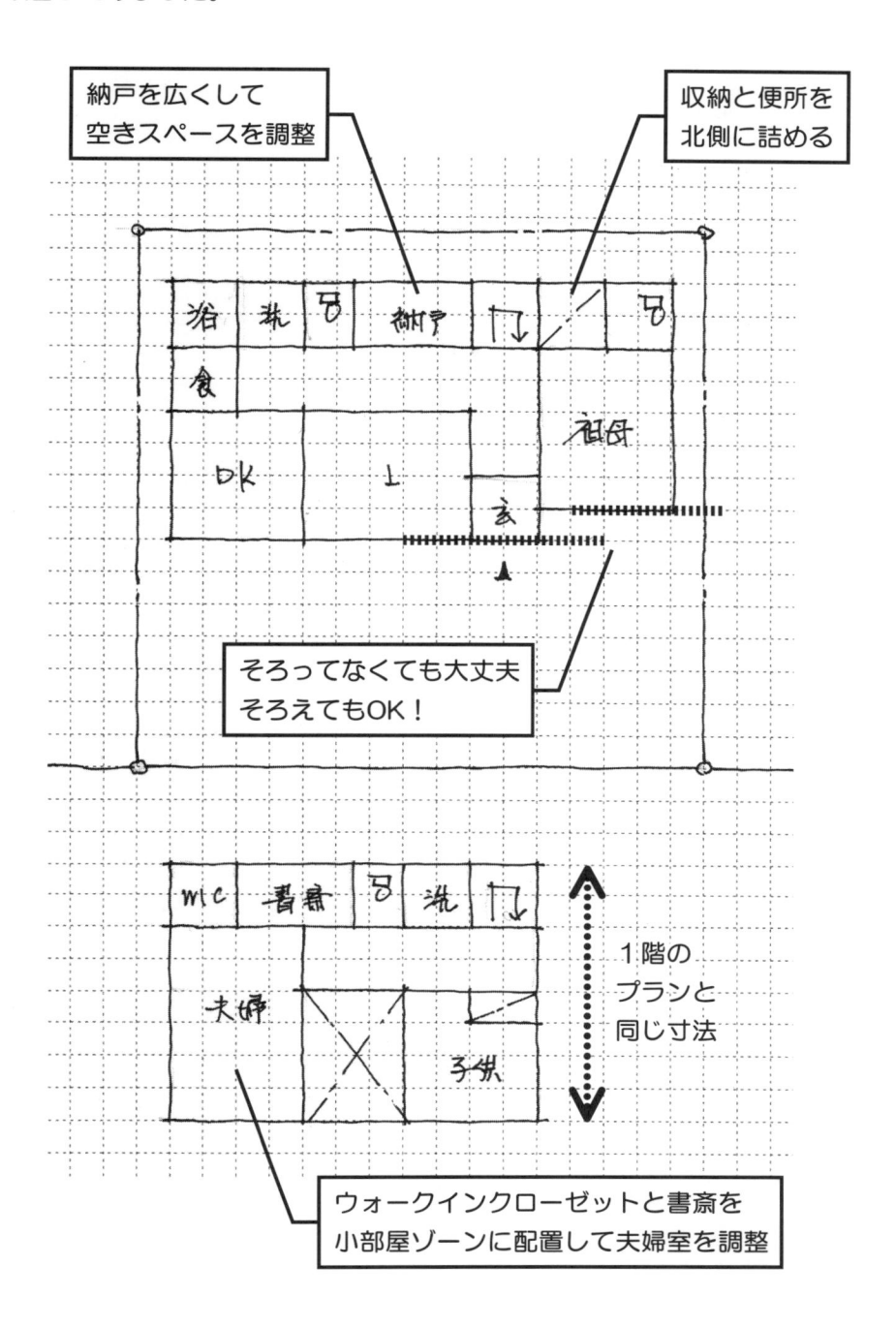

［図中の注記］
- 納戸を広くして空きスペースを調整
- 収納と便所を北側に詰める
- そろってなくても大丈夫 そろえてもOK！
- ウォークインクローゼットと書斎を小部屋ゾーンに配置して夫婦室を調整
- 1階のプランと同じ寸法

- 祖母室を縦に長くしたので、東側の空き寸法が確保できました。祖母室部分を平家とすれば、南側の外壁ラインがそろわなくても大丈夫です。（祖母室を広くして、そろえてもOK。）
- 納戸を少し大きくすることで、余ったスペースを解消。
- 2階は、書斎とウォークインクローゼットを小部屋ゾーンに配置し、夫婦寝室を縦に長くすることで調整しています（子供室も、形を調整しています）。

ポイント

「南北の寸法は1、2階そろえる！」
2階部分をセットバック（1階より狭くすること）しても構いませんが、作図量が増えたり、伏図の検討が面倒になったりします。
また、矩計図は1、2階そろっているところで切断するので、セットバックした場合は注意してください（北側など外壁がそろっているところで切断する必要があります）。
外壁ラインは、そろえたほうがプランもシンプルになりますし、図面の間違いも少なくなると言えるでしょう。

ポイント

- 平家部分は四角く！
- 2階平面もできれば四角く！

屋根形状を考える場合、四角い形が一番間違いが少なく作図も楽です。特に、平家部分の形状が複雑になると、小屋伏図の検討が難しくなります。
ただし、どうしてもL型などの形になる場合があるので、その時に備えて、練習はしておくと安心と言えます。

ポイント

2階の外壁ラインの下部にはなるべく1階の壁を設ける
プランニング上どうしても合わない場合は仕方ないですが、2階の外壁の下には1階の壁があったほうが構造的に安定します。
プランニングをする時は、1、2階を縦に並べて行なうと意識しやすくなります。

◎プランニング完成

祖母室から洗面脱衣室と浴室の距離を短くしたかったので、小部屋ゾーンの部屋の配置を少し入れ替えてみました。

階段位置の変更によって、2階のプランが変わりましたが、問題はありません。

外構部分を考えてエスキース完成です。

本試験では、右のラフスケッチ程度のプラン図で作図に入れるようにしてください。はじめのうちは、柱や窓の位置などを検討してから作図しても構いませんが、慣れてくると、作図しながら検討ができるようになってきます。また、そのほうが作図時間が短くなります。できるだけ、作図しながら検討ができるようになってください。

プランニングが終了したら、問題条件に適合しているかどうか確認しておきます。作図に入ってからミスに気付くと、修正は大変です。

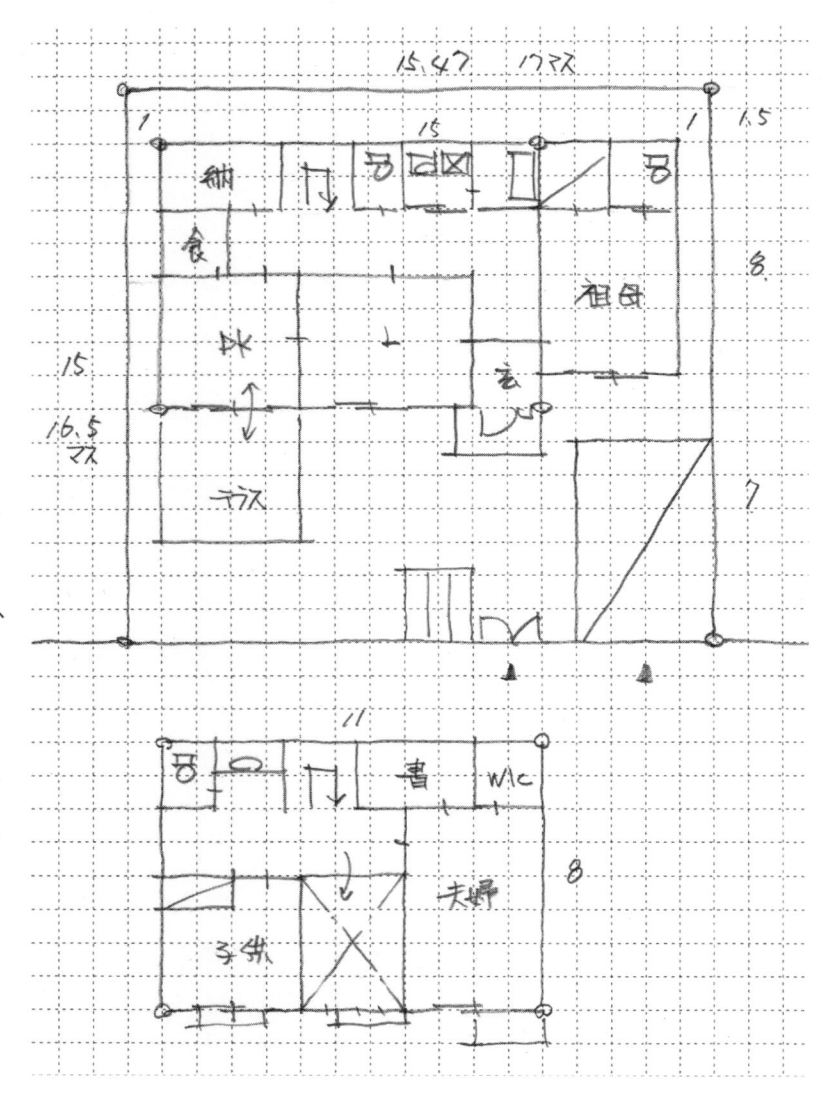

❖面積計算

延べ面積が、指定範囲内に納まっているかどうか、確認しておきます。

面積の計算は、間違いがないように、寸法計算とコマ数計算の2通りの方法で行なってください。

2つの答えが一致していれば、間違いないでしょう。面積計算は確実に行なうようにします。

また、計画の要点も、できるだけ作図に入る前に書いておくか、考えておくといいでしょう。

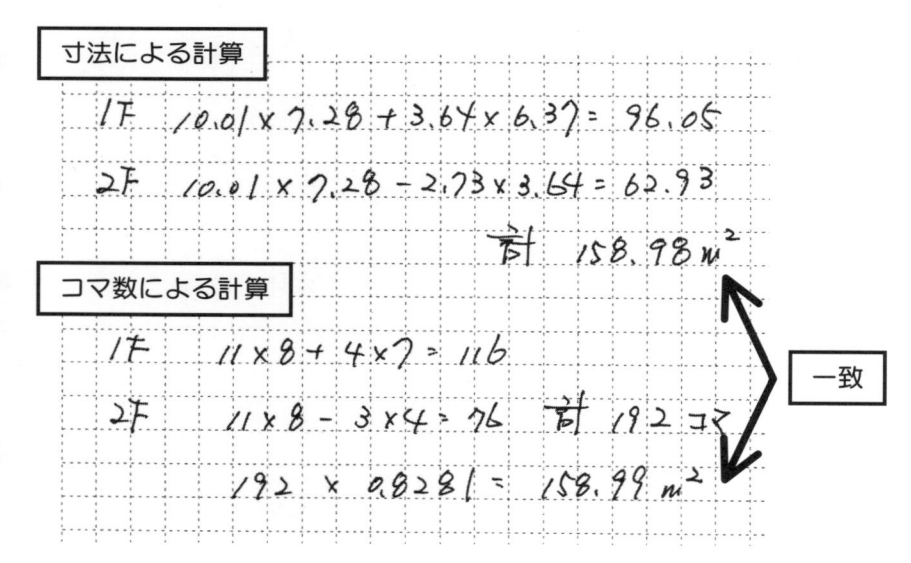

寸法による計算

1F 10.01 × 7.28 + 3.64 × 6.37 = 96.05
2F 10.01 × 7.28 − 2.73 × 3.64 = 62.93
計 158.98 m²

コマ数による計算

1F 11 × 8 + 4 × 7 = 116
2F 11 × 8 − 3 × 4 = 76　計 192 コマ
192 × 0.8281 = 158.99 m²

一致

切り捨てによって生じる誤差は問題ありません。
答案用紙には、寸法で計算した値を記入してください。

第4章　木造課題 ─ 要求図書の読み方

（減点を受けない作図の方法）

　正しい図面を時間内に完成させること。
　この試験に合格するためには必要なことです。
　スピードアップのために、たくさん練習するのはいいですが、その前に、正しい図面が描けるようになってください。
　まずは、減点を受けない図面を描けるようになりましょう。
　時間の短縮を考えるのは、その次です。

> たとえば、車の運転やスキーの練習、
> はじめはできるようになるのかなって思いましたよね？
> でも、実際にできるようになると何でもなくなってしまいます。
> 製図に関しても同じようなことが言えます。
> 最初は大変かもしれませんが、できるようになると楽しくなってきますよ。

◎要求図書

> **2. 要求図書**
> a. 答案用紙の定められた枠内に、下表の要求図書を記入する。（寸法線は、枠外にはみ出して記入してもよい。）
> b. 図面は黒鉛筆仕上げとする。（定規を用いなくてもよい。）
> c. 記入寸法の単位は、mm とする。なお、答案用紙の 1 目盛は、4.55mm（矩計図にあっては、10mm）である。
> d. シックハウス対策のための機械換気設備等は、記入しなくてよい。

問題用紙の右側には、作図に関する条件が書かれています。
どの図面を作成するのか、の指示があります。また特記事項には、各図面に対する記載内容や記載方法などが書かれています。

a. 答案用紙には枠が設けられており、図面タイトルも印刷されています。間違えないように作図してください。
　平面図の位置は、毎年決まっているので、間違えることはないのですが、立面図などは、違う場所に作図してしまう可能性がありえるので、注意が必要です。

b. 一般的にはシャーペンを用います。鉛筆やホルダーなども可ですが、芯を削る時間がもったいないです。また、定規（製図板）を用いなくてもよいと書かれていますが、通常は、定規を用いたほうが、速くきれいに描けます。腕に自信がある人以外は、定規を用いて作図するようにしてください。

c. 目盛が印刷されています。この目盛は、ぜひ活用しましょう。たとえば、車の大きさは、1,800mm×4,500mm くらいですが、目盛を利用すれば、スケールで大きさを測らなくても作図することができます。

d. 法規上では、各居室には換気設備（24 時間換気）が必要ですが、この試験の場合は、記載の必要はありません。台所のコンロ部分や窓のない便所などには、設けておくといいでしょう。

ポイント

要求図書もエスキース時（初め）に読むべし！
要求図書の項目は、作図に入る前か、もしくは、作図が終了してから読む人がいますが、これはやめたいです。
いずれ読むところです。あらゆる条件は、少しでも早い段階で知っておくほうが、試験をより有利に展開することができると言えます。

事例 平成 20 年度

e. 手摺は、屋外テラス、屋外スロープ、来客用便所を除き、記入しなくてよいものとする。
つまり、屋内の廊下に設置する手摺は記入しなくてもよいという条件です。
記入しても減点にはならないですが、この文章を見落とした人は、ちょっと余計な作図をしたことになります。
問題条件は、隅々まで確認する必要があります。

◎平面図

要　求　図　書 （　）内は縮尺	特　記　事　項
(1) 1 階 平 面 図 兼 配 置 図 （1/100） (2) 2 階 平 面 図 （1/100）	ア．1階平面図兼配置図及び2階平面図には、次のものを記入する。 ・建築物の主要な寸法 ・室名等 ・「通し柱」を○印で囲み、「耐力壁」には△印を付ける。 ・矩計図の切断位置及び方向 イ．1階平面図兼配置図には、次のものを記入する。 ・敷地境界線と建築物との距離 ・道路から玄関へのアプローチ、屋外テラス、駐車スペース、駐輪スペース、門、塀、植栽等 ・食事室・台所…台所設備機器（流し台・調理台・コンロ台・冷蔵庫等） ・居間…ソファー、リビングテーブル ・祖母室…机、椅子、ベッド ・祖母用便所…洋式便器、手摺、手洗い器 ・浴室…浴槽 ・洗面脱衣室…洗面台、洗濯機 ・便所…洋式便器、手洗い器 ウ．2階平面図には、次のものを記入する。 ・1階の屋根伏図（平家部分がある場合） ・夫婦寝室…ベッド（計2台） ・書斎…机、椅子、棚 ・子供室…机、椅子、ベッド ・洗面所…洗面台 ・便所…洋式便器

✓チェック

敷地図はあらかじめ答案用紙に印刷されています。
1階平面図のレイアウトは問題ないですが、その他の図面を描く場合は、レイアウトに注意してください。
特に2階平面図を描く時に、平家部分の屋根を忘れると、枠からはみ出してしまう可能性があります。

➡事例　平成18年度

屋外通路を記入する！
この年、設計条件にはなかった屋外通路が、要求図書の特記事項に書かれていました。
プランニングの前に確認しておかないと、プランが完成してから気付くと慌てることになります。
要求図書も、はじめに確認しておく必要があるということですね。

➡事例

「建物を寄せたい、でも時間がない！」
こんな時、印刷されている敷地をずらして作図し、無事合格した例があります。でも、この方法は、失格、もしくはそれに近い減点を回避する以外は、使わないでください。

建築物の主要な寸法

建築物の主要な寸法とは、具体的ではない表現ですが、建物全体の寸法と、各部屋の大きさがわかるように入れておくといいでしょう。

また、寸法線は2方向でも構いませんが、できるだけ4方向に記入するようにしてください。

敷地の寸法（大きさ）は、特に必要ありません。

室名

室名は、問題文で使われているとおりの名称をそのまま記入します。

便所をトイレと記入したり、夫婦寝室を夫婦室と記入したりすることは、減点の対象となります。

通し柱、耐力壁

通し柱は2階平面の四隅や出隅部分に設置します。

耐力壁は、壁量計算までする必要はありません。少し多めにバランスよく入れるようにしてください。

また、耐力壁の種類は、筋かいを片側に入れるか、たすき掛けにするかの違いなどがありますが、原則的には区別する必要はありません（時間に余裕があれば、区別しても構いません）。

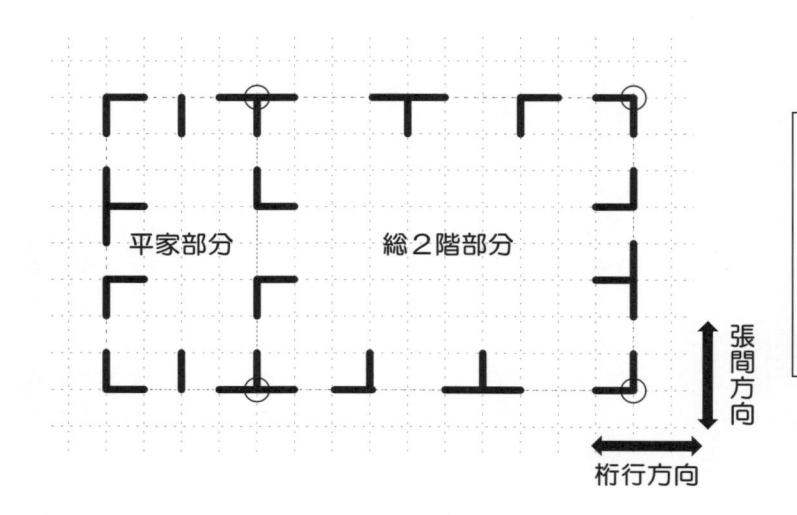

平家部分　総2階部分

張間方向
桁行方向

《耐力壁を入れるポイント》
- 1階の出隅部分
- 2階の出隅部分（同じ位置の1階にも入れる）
- 外壁部分（L字又はT字に入れる）
- 1・2階は、できればそろえる
- 桁行方向より張間方向に多く入れる

矩計図（断面図）の切断位置

矩計図や断面図が要求される場合は、切断位置の記入が要求されます。

切断位置は指定される場合があるので、条件をきちんと確認してください。

また、切断した位置からどちらの方向を見た図面なのかを、きちんと示す必要があります。矢印を忘れずに記入するようにしてください。

敷地境界線と建築物との距離

敷地境界線と建築物との距離は、東西南北の4つの方向に対して必要です。

アプローチ、屋外テラス、駐車スペース、駐輪スペース、門、塀、植栽

計画が求められる屋外施設に関しては、必ず図面への記入も要求されます。名称も記入するようにしてください。

住宅課題では、一般的に門と塀の記入が要求されます。

この場合、敷地の四方すべてを、門、もしくは塀で囲むようにしてください。これは防犯のためと考えるといいでしょう。

駐車スペースの出入口にも、カーゲート（伸縮門扉）などが必要です。

敷地への出入りは、原則、人と自転車が出入りする部分と、自動車が出入りする部分の、2か所となります。特に条件が無い限りは、自転車専用の出入口を設ける必要はありません。人と自動車とは、安全のため、出入口は別々とします。

駐車・駐輪スペースは、その位置から建物玄関までの動線（通路）を、敷地内で確保するようにしてください。

》》植栽の記入例

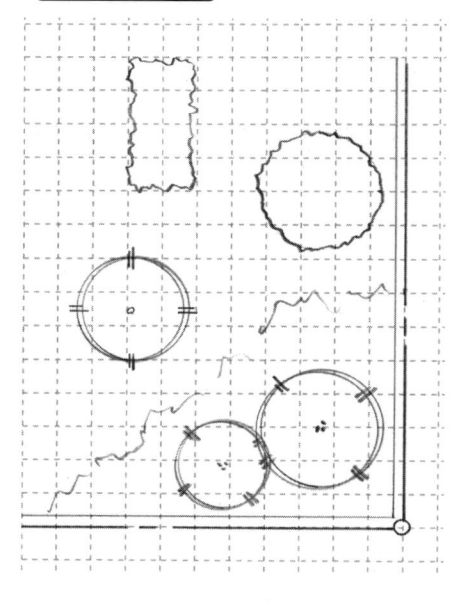

台所設備機器（流し台・調理台・コンロ台・冷蔵庫等）、浴槽、洗面台、
洗濯機、洋式便器を記入する。

　住宅の課題では必ず要求されます。きちんと作図できるようになっておいて
ください。

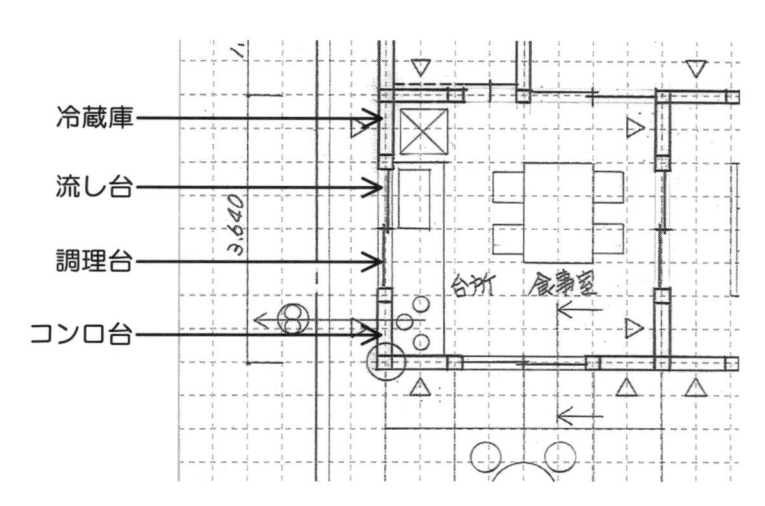

> **ポイント**
> 基本的な家具や設備の大きさは、覚えておこう！
> 洋式便器やベッド、冷蔵庫等、よく作図するものに関しては、大きさや表現方法などを覚えておきましょう。
> 考える時間がもったいないですよ。

ベッドの大きさは
いくつだったっけ？

　流し台と調理台とコンロ台は、一体となっている
システムキッチンで構いません。調理台のスペースが
狭くならないように注意してください。

1階の屋根伏図（2階平面図）

　木造課題では、ほとんどの場合、屋根伏図が必要になります。忘れずに作図
してください。
　2階平面図に関しては、屋根伏図を考えてレイアウトしないと、枠からはみ
だす可能性があるので注意が必要です。

> **ポイント**
> 特記事項はチェックリスト！
> 特記事項には、作図すべき事項が書かれていますが、これらはすべて採点の対象となっています。
> すべて記入できれば、減点はありません。つまり、この特記事項を見ながらチェックを行なえば、減点されることはない、ということです。

これ
とても大事なことです

▶1階平面図

住宅の場合、敷地の周りは、塀、門扉、カーゲートなどで囲うようにします。

植栽の表現に決まりはありません。植栽はきちんと描くと図面全体の印象が良くなります。

寸法線は原則四方向に記入します。建物と境界との距離を忘れないようにしてください。

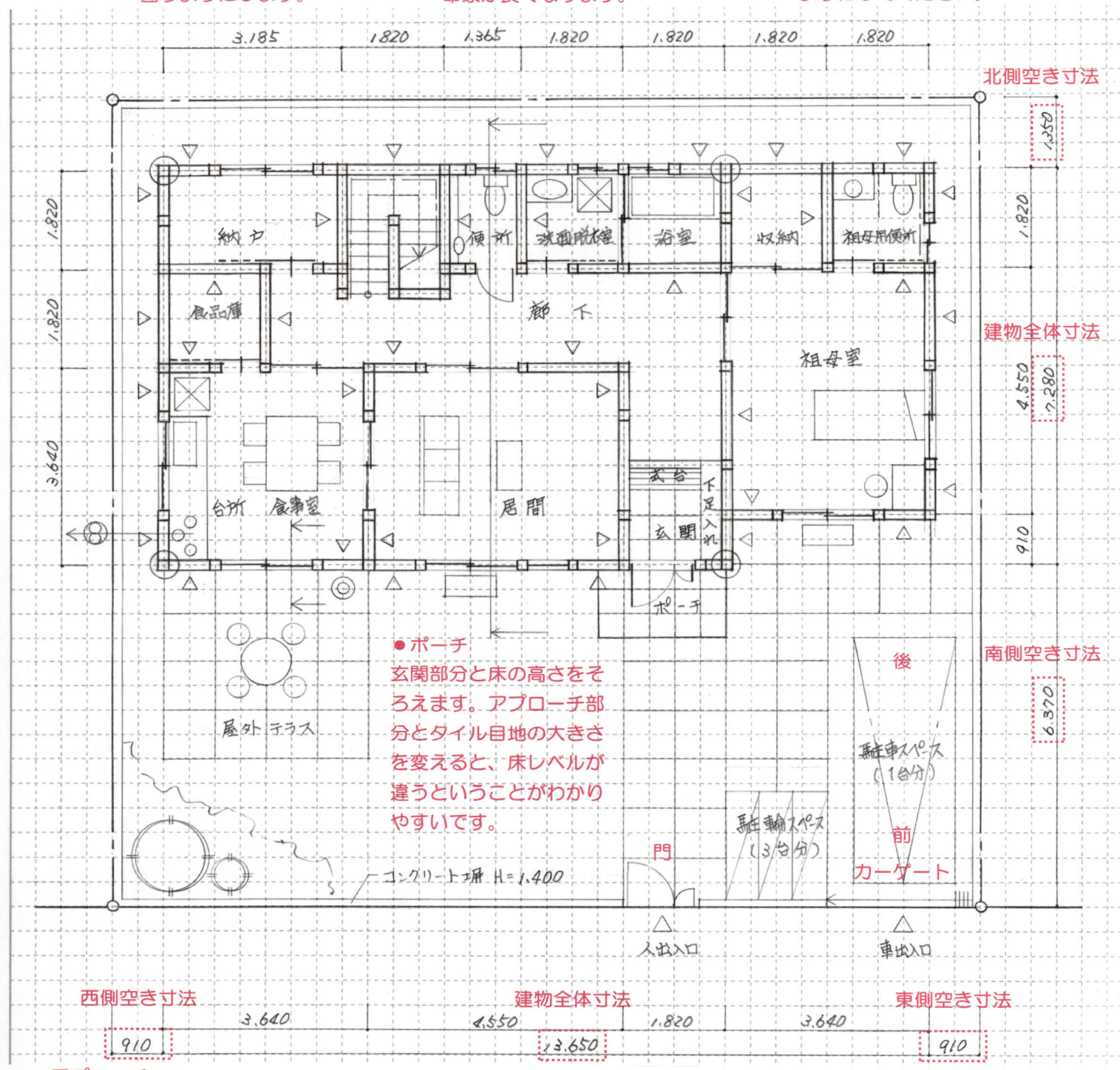

北側空き寸法

建物全体寸法

南側空き寸法

● ポーチ
玄関部分と床の高さをそろえます。アプローチ部分とタイル目地の大きさを変えると、床レベルが違うということがわかりやすいです。

西側空き寸法　建物全体寸法　東側空き寸法

● アプローチ
人が通行する部分には、タイルなどの目地を記入してください。何も描かないと、アプローチを記入していないと見なされる可能性があります。

駐輪スペースは自転車の出し入れスペースを確保してください。門や植栽がじゃまをしていたり道路から出し入れしたりするのは好ましくありません。

車の記号は必ずしも必要ではないですが、できるだけ記入するようにしてください。大きさは1,800mm×4,500mm程度です。道路に対して車の前が向くように記入します。

▶ 2階平面図

● 階段の表現
正確に覚えてください。余計なところで
減点を受けなくて済むように。

● 屋根伏図
はじめに考えてレイアウトしないと、
枠からはみ出す可能性があります。

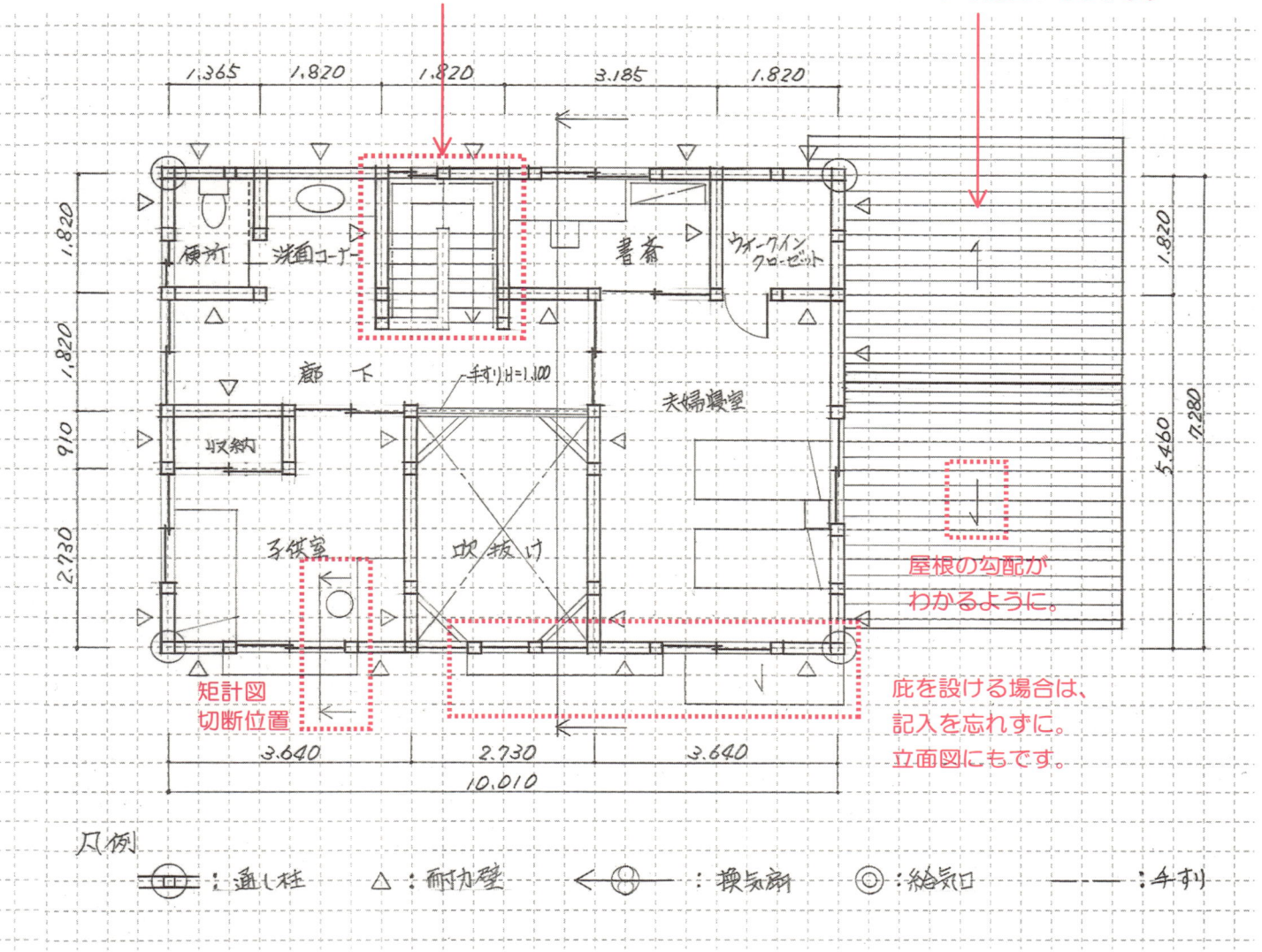

矩計図
切断位置

屋根の勾配が
わかるように。

庇を設ける場合は、
記入を忘れずに。
立面図にもです。

凡例は必ずしも必要ではないですが、
記入すると印象が良くなります。

やる時と休む時はメリハリをつけて
図面もメリハリが大事です

やるぞ！　　一寸休憩…

第4章　木造課題 ― 要求図書の読み方　59

▶平面図 ─ 好ましくない例

▷外構の表現
図面は、線を通じて相手に気持ちを伝える手段です。
間違った表現では、間違って伝わることになります。

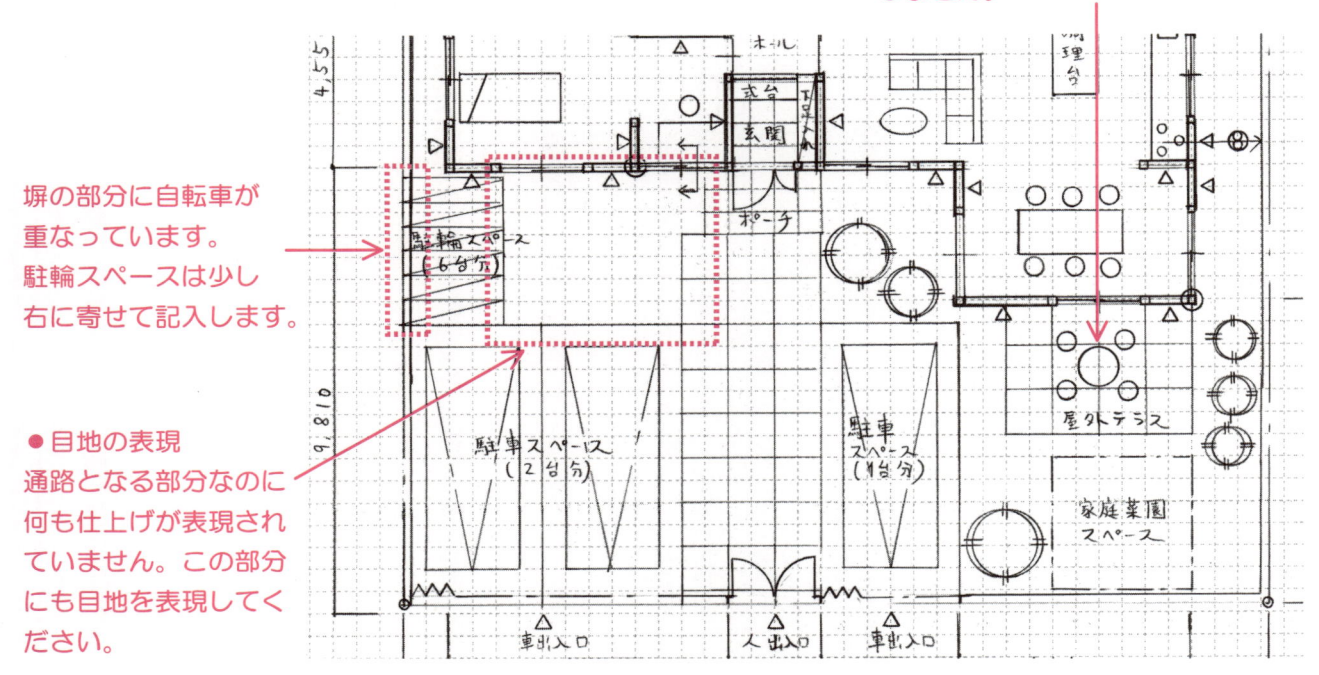

塀の部分に自転車が重なっています。駐輪スペースは少し右に寄せて記入します。

●目地の表現
通路となる部分なのに何も仕上げが表現されていません。この部分にも目地を表現してください。

テーブルやいすの上に、床の目地が表現されています。平面図はほぼ目線の高さから下を見た図面です。重なって見えない部分は原則表現しません。

▷アプローチ動線
この問題は、併用部分と住宅部分に分け、出入口も分離するという条件です。しかし、図面では出入口はそれぞれに設けているものの、敷地内で動線が交わる計画になっています。

この部分には塀などを設け、行き来ができないようにする必要があります。また、駐車スペースや駐輪スペースが、併用部分用と住宅用に分けられている場合は、それぞれのエリアに設けなければいけません。

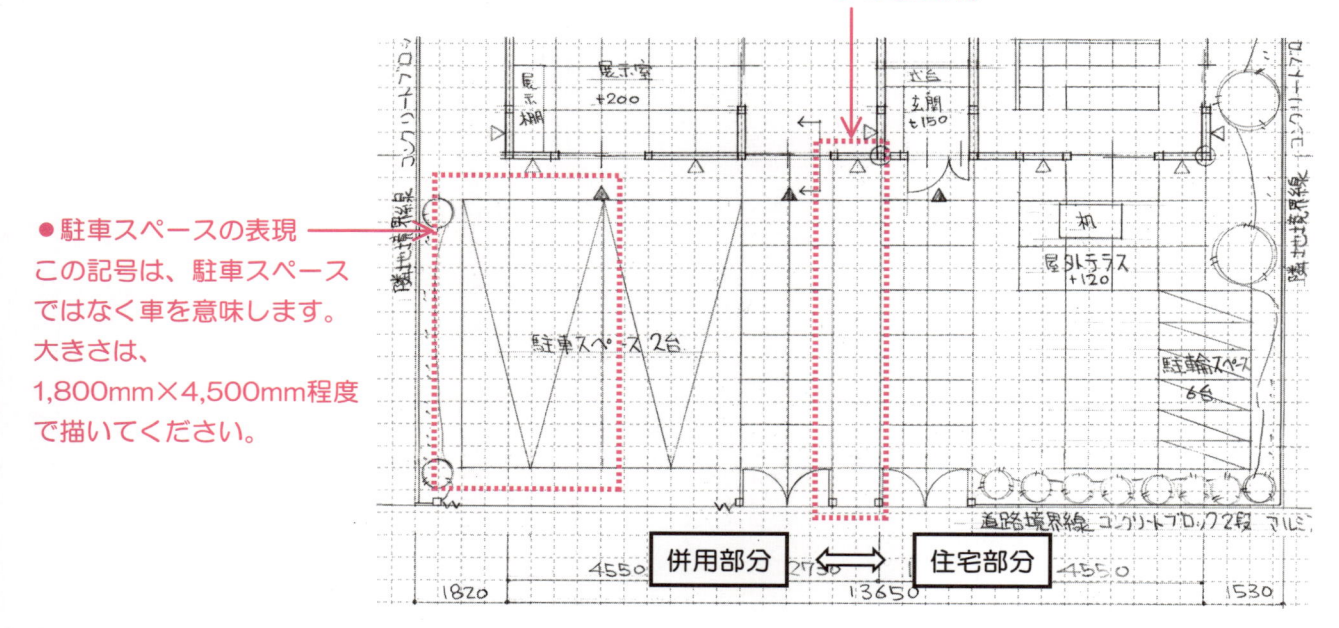

●駐車スペースの表現
この記号は、駐車スペースではなく車を意味します。大きさは、1,800mm×4,500mm程度で描いてください。

※事例図面は28ページの設計課題とは別になります。

▷耐力壁のバランスが悪い

北側の外壁部分に、耐力壁を設けすぎています。他の部分とのバランスがとれていないと言えます。また、計算上は桁行方向の耐力壁より、張間方向の耐力壁のほうが多く必要になります。このプランの場合は、横よりも縦になっている壁に対して多く入れるように意識してください。

● 北側に入れすぎ
丈夫になるはずの耐力壁ですが、配置が偏りすぎると、かえって耐震的に不利になる場合があります。

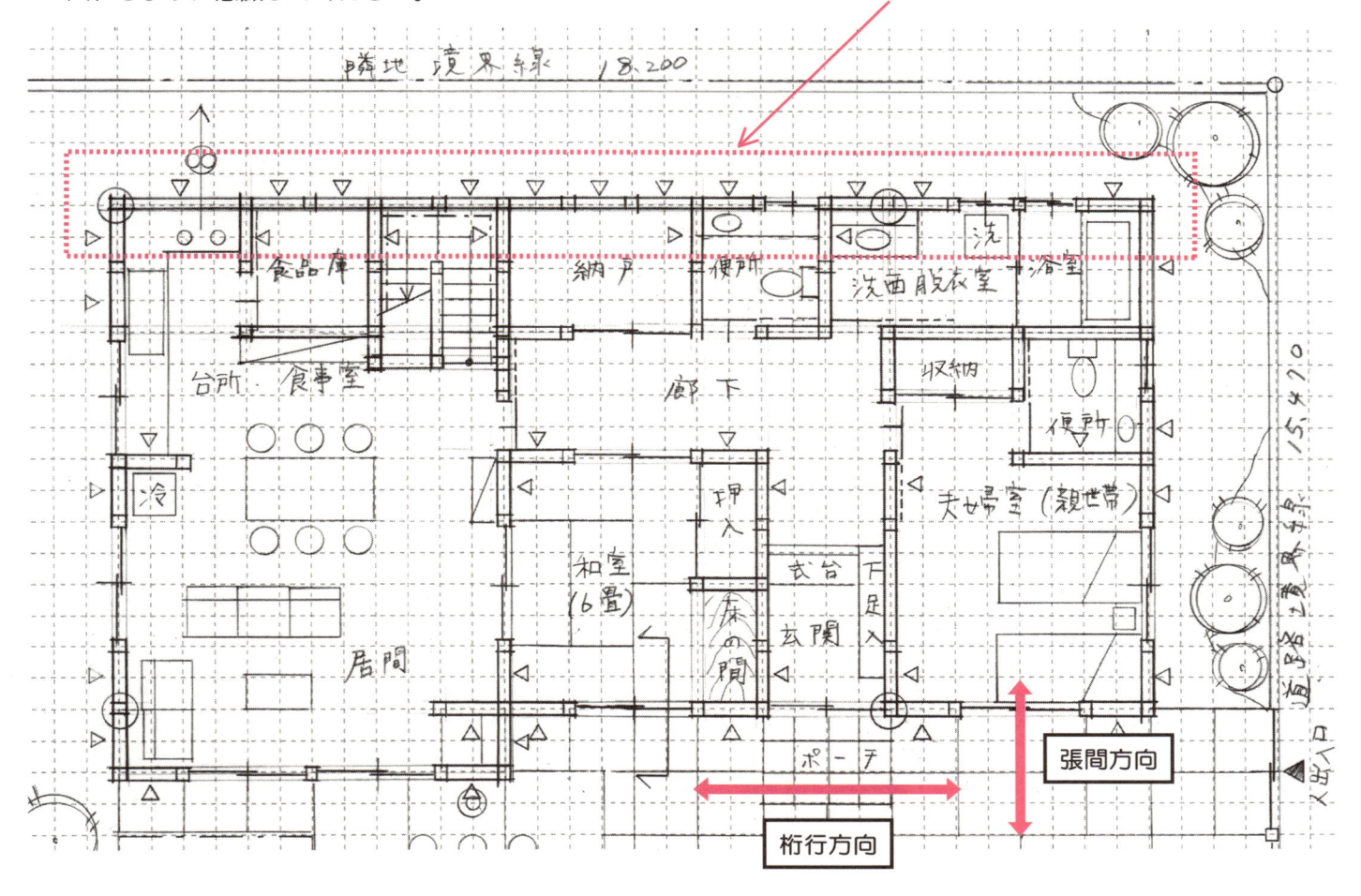

▷必要な長さは 910mm 以上

455mm 間隔で柱を設置した場合、その部分は耐力壁にはできません。

耐力壁にできる壁は、910mm、1,365mm、1,820mm のいずれかになります。

玄関を建物の角に計画した場合など、耐力壁を設けることができない場合は、仕方ないですね。

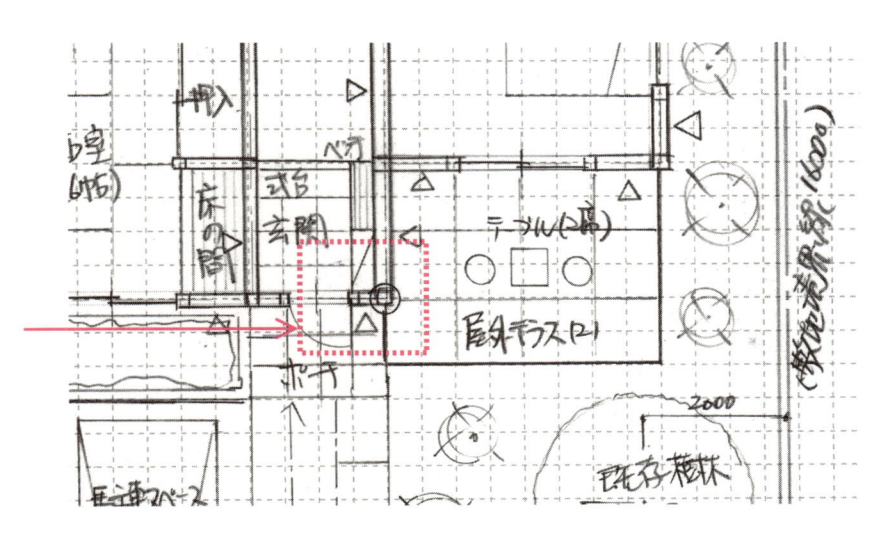

◎ 2階床伏図兼1階小屋伏図

要求図書 （　）内は縮尺	特　記　事　項
(3) 2階床伏図 　　兼 　1階小屋伏図 　　（1/100）	ア．主要部材（通し柱、1階及び2階の管柱、胴差、2階床梁、桁、小屋梁、火打梁、棟木、母屋、小屋束）については、凡例の表示記号にしたがって記入し、断面寸法（小屋束を除く）を凡例欄に記入する。ただし、主要部材のうち、平角材又は丸太材としたものについては、その断面寸法を図面上に記入する。なお、根太及び垂木については、記入しなくてもよい。 イ．その他必要に応じて用いた表示記号は、凡例欄に明記する。 ウ．建築物の主要な寸法を記入する。

> **ポイント**
> 在来工法をきちんと理解する。
> 部材の記号は、凡例どおりに正しく記入する。

　2階の床組み部分と1階の小屋組み部分を、上から見た図面です。

　平成16年以降、木造課題では必ず要求されています。今後も出題されると言っていいでしょう。

　この伏図は、ただ作図をするだけではなく、出来上がったプランに対して、梁を架ける位置や断面寸法などを考える必要があります。在来工法に馴染みがない人にとっては、少し大変な図面だと言えます。

　床伏図は、プランが複雑になると、同じように複雑になってしまいます。床伏図をシンプルにするためにも、できるだけプランもシンプルに考えましょう。

　また、平家部分に関しても、形状が複雑になるほど架構（小屋組み）が複雑になってしまいます。平家部分はできるだけ矩形（長方形）になるように考えると、ベターと言えます。

▶2階床伏図兼1階小屋伏図の凡例

			通し柱	1階の管柱	2階の管柱	1階と2階が重なる管柱	胴差・2階床梁・桁・小屋梁			火打梁	棟木・小屋束	母屋・小屋束
㎡	凡例	表示記号	◉	╳	─╳─	╳	正角材	平角材	丸太材	─ ─ ─	═•═	─•─
㎡												
分		断面寸法	120×120	120×120	120×120	╳	120×120	図中に記入	図中に記入	90×90	棟木 105×120	母屋 90×90

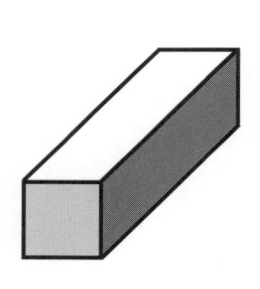

正角材（しょうかくざい）
断面形状が正方形の部材。一般には、柱の断面に合わせて、120×120（もしくは105×105）の材料を使用します。

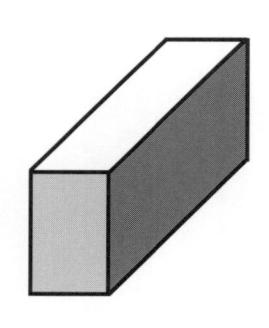

平角材（ひらかくざい）
断面形状が長方形の部材。横幅は、柱や正角材に合わせ、縦の寸法を、使用する場所に応じて大きくします。

平角材のサイズは、その材のスパンに応じて決定します。スパンが大きいほど、部材の断面寸法も大きなものが必要です。

横架材（梁や桁、胴差など）の断面寸法の目安

スパン （横架材を支える両側の支点 〔柱や別の梁〕の距離）	断面寸法 床荷重のみの場合	断面寸法 床荷重＋壁の荷重	小屋梁（丸太） （末口寸法）	小屋梁（角材）
1,820	120×150	120×180		120×120
2,730	120×240	120×270	150 φ	120×210
3,640	120×300	120×330	180 φ	120×270
4,550	120×330	120×360	210 φ	120×300

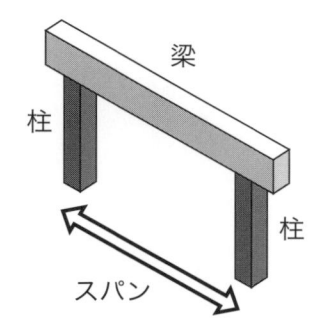

柱で受ける場合は、柱から柱までの距離（床荷重のみ）

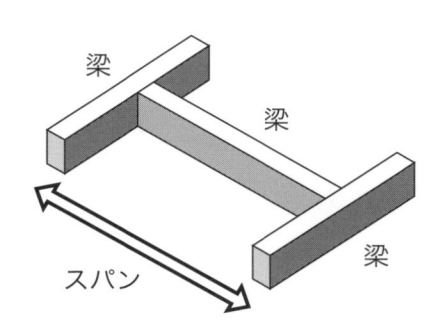

梁で受ける場合は、梁から梁までの距離（床荷重のみ）

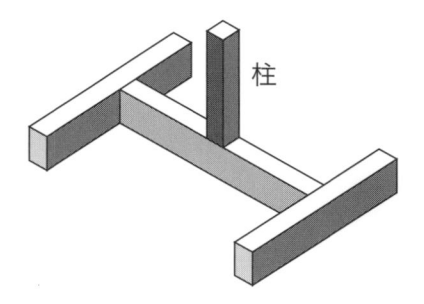

その梁に柱などの荷重がかかる場合は、30mm大きくします。（床荷重＋壁の荷重）

特殊な場合

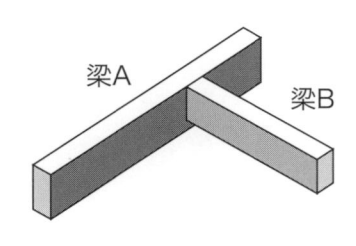

梁Aが梁Bを受ける場合、上の表に関係なく、梁Aは梁Bより大きくする必要があります。

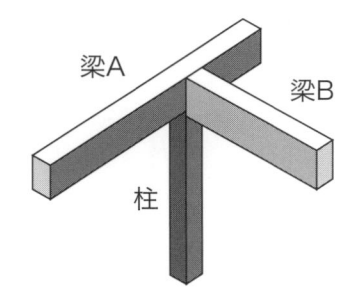

ただし、受ける位置の下に柱がある場合は、その柱が梁Bを支えるため、梁Aは大きくする必要はありません。

▶2階床伏図兼1階小屋伏図

平面図を確認して、正しい位置に梁を設置します。

前ページの部材表に準じて、梁のサイズを検討します。スパンは3,640、荷重は床荷重と壁の荷重（柱2本分）。

軒桁は屋根の分少し長くします。

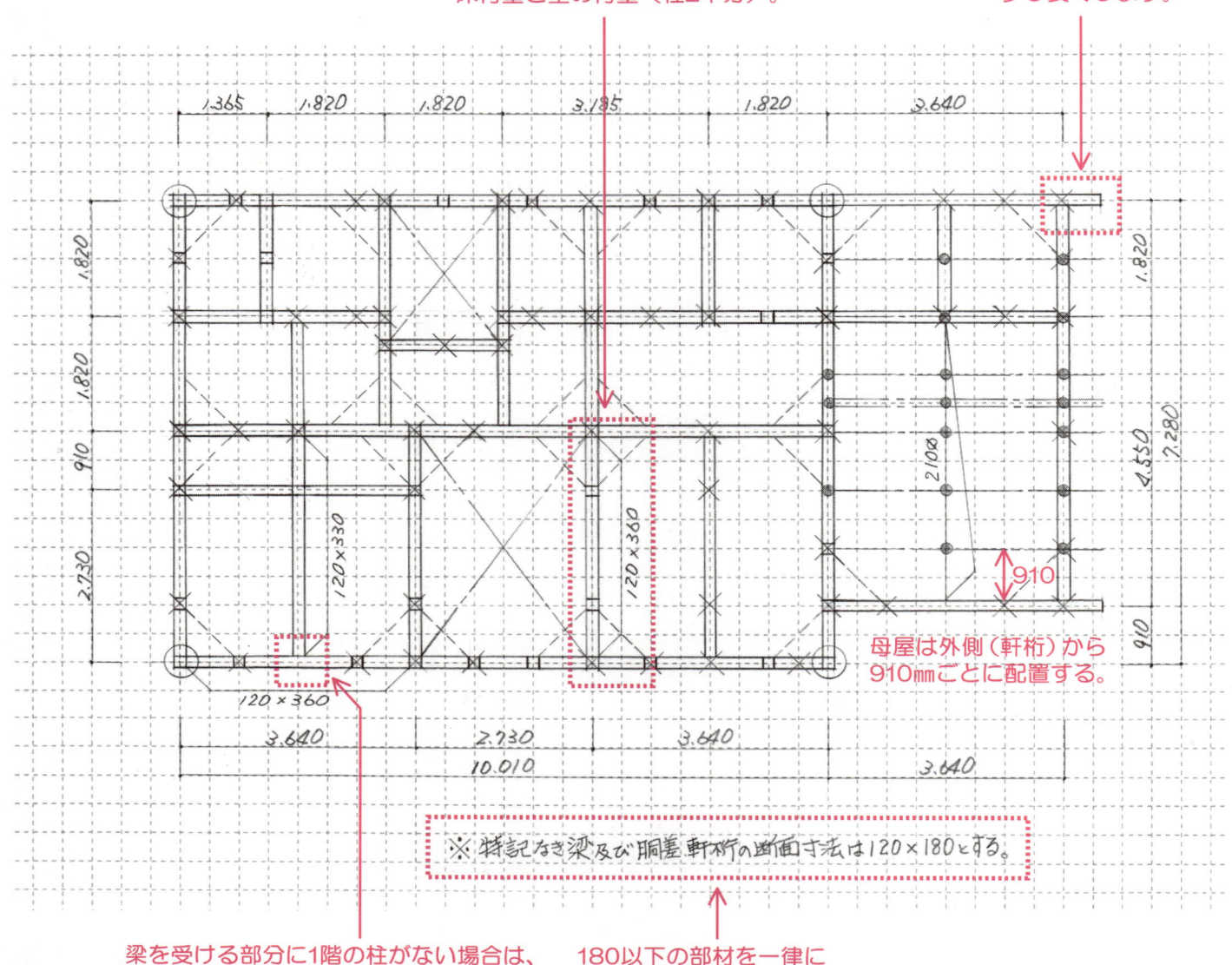

母屋は外側（軒桁）から910mmごとに配置する。

梁を受ける部分に1階の柱がない場合は、受ける側の材を大きくします。

180以下の部材を一律に120×180にする記述です。

※特記なき梁及び胴差軒桁の断面寸法は120×180とする。

　伏図は、はじめのうちは下書き（梁などの配置の検討）が必要かもしれませんが、慣れると、検討しながら作図ができるようになってきます。
　作図時間を節約するためにも、できるだけ描きながら検討ができるようになってください。

▶伏図 ― 好ましくない例

▷忘れ物

棟木、母屋、小屋束が抜けています。一方、束の部分はちゃんと入っています。チェックをきちんとすれば、防ぐことができる減点と言えます。

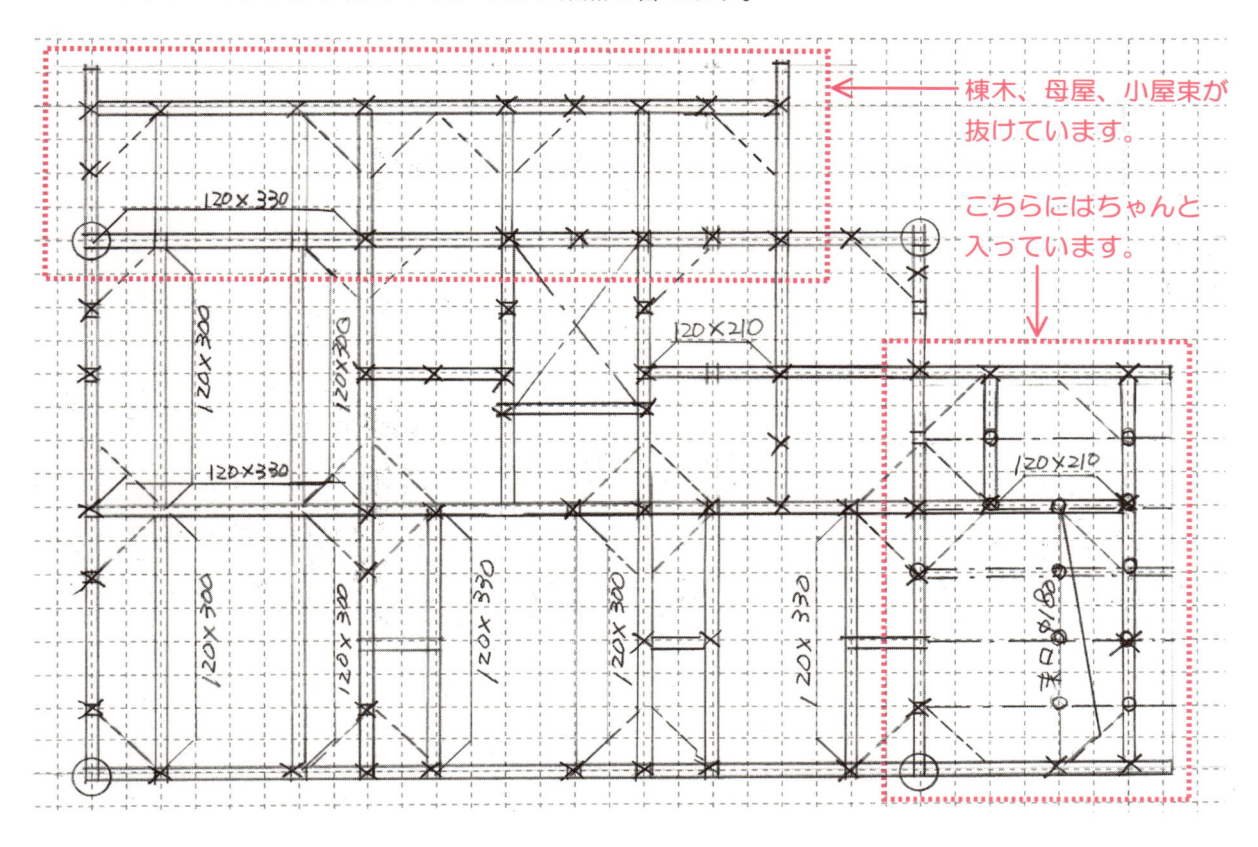

→ 棟木、母屋、小屋束が抜けています。

→ こちらにはちゃんと入っています。

▷寄棟屋根

寄棟屋根は、切妻屋根に比べて小屋組みが複雑になります。できるだけ切妻屋根で考えるようにしてください。

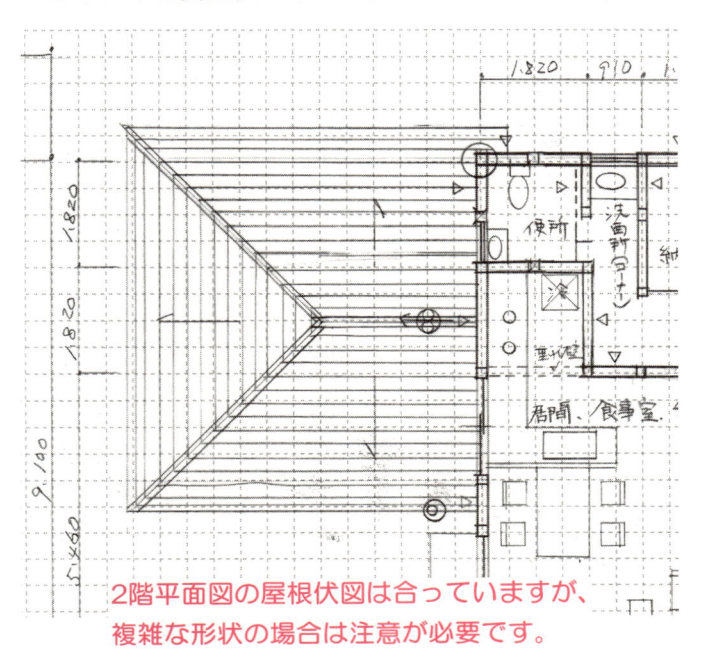

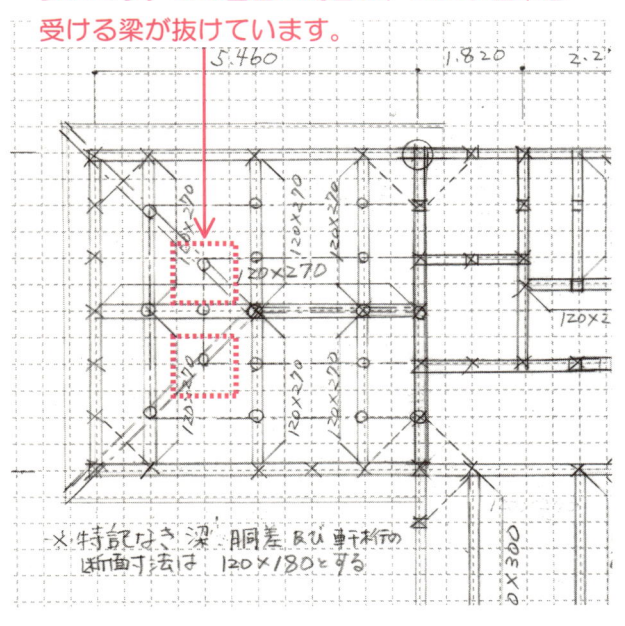

母屋、小屋束、梁などが抜けているケースが多いです。この図面の場合は、この小屋束を受ける梁が抜けています。

2階平面図の屋根伏図は合っていますが、複雑な形状の場合は注意が必要です。

▷**断面寸法**

　梁の断面は、その梁のスパンに応じて決定します。スパンを間違えると、断面寸法も不適切な寸法になってしまいます。また、梁は工夫して架けることによって、本数を減らしたり、寸法を小さくしたりすることができます。

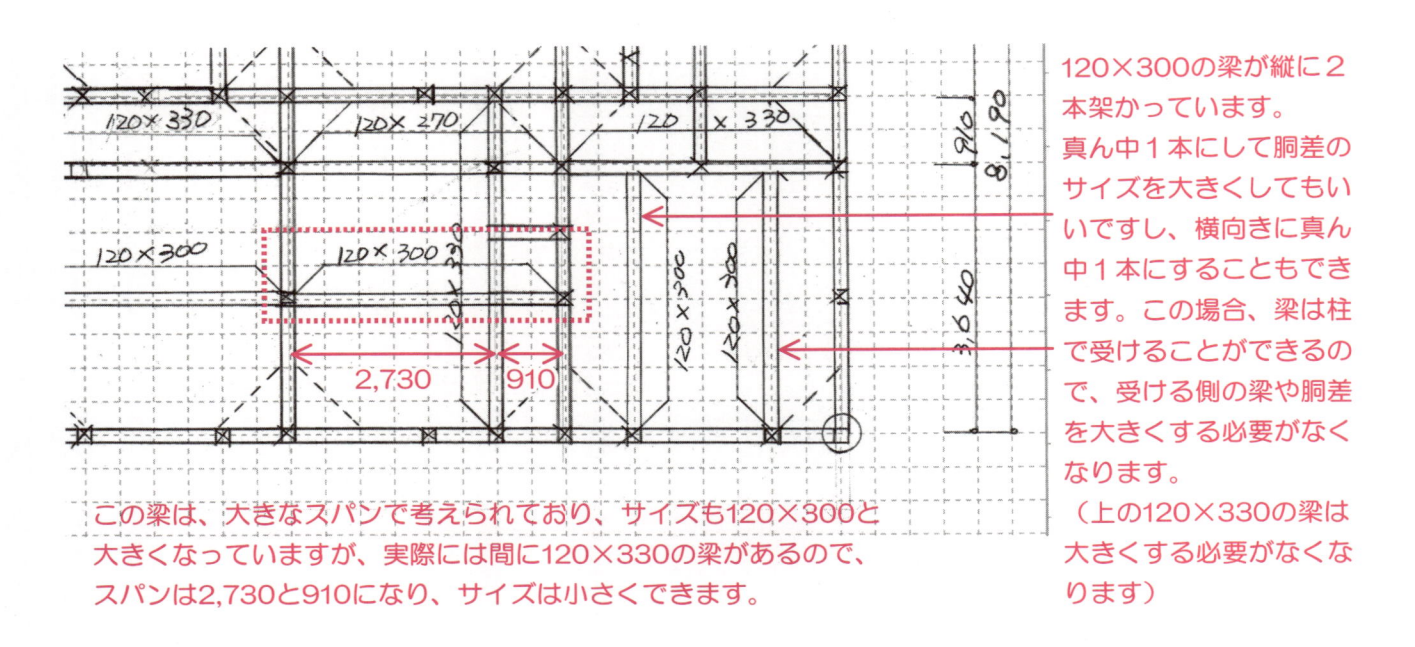

この梁は、大きなスパンで考えられており、サイズも120×300と大きくなっていますが、実際には間に120×330の梁があるので、スパンは2,730と910になり、サイズは小さくできます。

120×300の梁が縦に2本架かっています。真ん中1本にして胴差のサイズを大きくしてもいいですし、横向きに真ん中1本にすることもできます。この場合、梁は柱で受けることができるので、受ける側の梁や胴差を大きくする必要がなくなります。
（上の120×330の梁は大きくする必要がなくなります）

▷**記号は凡例どおり正しく**

　伏図に記載する記号は、答案用紙に記載されている凡例のとおり、正しく描くようにしましょう。

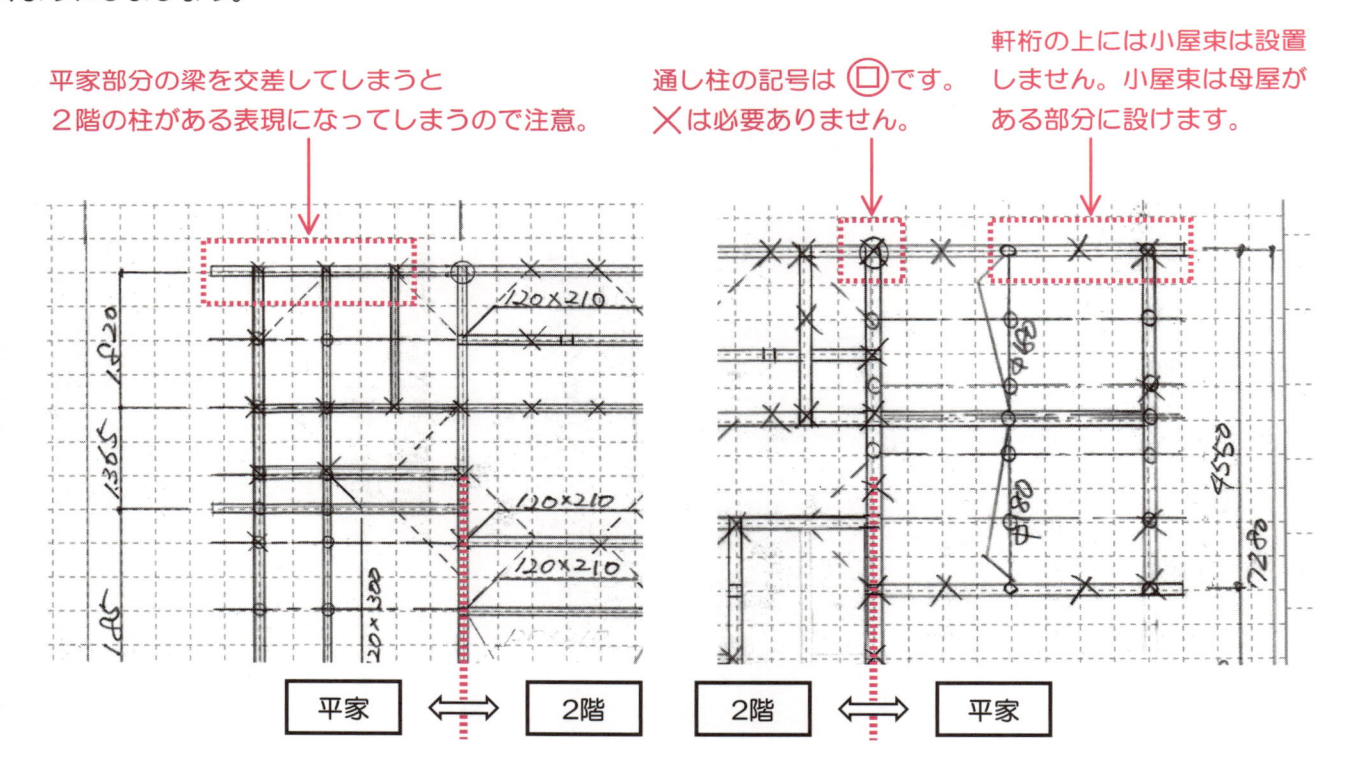

平家部分の梁を交差してしまうと2階の柱がある表現になってしまうので注意。

通し柱の記号は ⬜ です。✕は必要ありません。

軒桁の上には小屋束は設置しません。小屋束は母屋がある部分に設けます。

◎矩計図

要求図書 （　）内は縮尺	特　記　事　項
(5) 矩　計　図 （1/20）	ア．切断位置は、1階・2階それぞれの外壁の開口部を含む部分とする。 イ．作図の範囲は、柱心から 1,000mm 以上とする。 ウ．矩計図として支障のない程度であれば、水平方向及び垂直方向の作図上の省略は、行ってもよいものとする。 エ．主要部の寸法等（床高、天井高、階高、軒高、軒の出、開口部の内法、屋根の勾配）を記入する。 オ．主要部材（基礎、土台、大引、1階根太、胴差、2階床梁、2階根太、桁、小屋梁、母屋、垂木）の名称・断面寸法を記入する。 カ．床下換気口(又は、これに代わるもの)の位置・名称を記入する。 キ．アンカーボルト、羽子板ボルト等の名称・寸法を記入する。 ク．屋根（小屋裏が外気に通じている場合は、屋根の直下の天井）、外壁、1階床、その他必要と思われる部分の断熱・防湿措置を記入する。 ケ．室名及び内外の主要な部位（屋根、外壁、床、内壁、天井）の仕上材料名を記入する。

> **ポイント**
> 「矩計図は、試験前から前もって答えがわかっている図面」
> 室名や一部の部材の断面寸法が変わる場合がありますが、矩計図は、プランに関係なく、練習した図面を、ほぼそのまま作図することができる図面と言えます。
> 緊張がなかなかほぐれない場合は、先に矩計図を描いて、自分のペースを作るのも、ひとつの方法かもしれません。

> **ポイント**
> ✓ 1つパターンを決めて、確実に描けるように練習する。
> ✓ 作図位置をきちんと確認する。
> ✓ 書き忘れがないかチェックする。

> **ポイント**
> 「作図時間短縮のコツは目分量」
> すべての部材の寸法を、目分量でとることは無理です。ただし、小さい部材などは、ある程度は可能ですし、慣れるに従って、目分量でとれるようになってきます。
> また、最端製図のテンプレート定規のような、目盛が付いている定規を使えば、すぐに寸法をとることができます。
> 作図の時間短縮には、考えればいろいろとコツがあるもんですよ。

矩計図は建物の断面を詳細に表現した図面です。

平成 26 年度から令和元年度までは「部分詳細図」が出題されていましたが、令和 2 年度からまた「矩計図」に戻っています。

作図する範囲は、外壁の部分で上は屋根（軒部分）から下は基礎までとなっています。部材の納まりや名称などを覚える必要がありますので少し大変ですが、まずは基本的な形を覚えて練習を行なうようにしてください。問題条件によっては、土間床部分で切断したり、平家部分で切断することも過去にはありましたので、それらの練習もしておくと安心です。

初めてだと数時間かかるかもしれませんが、全て覚えると 60 分、更に練習を積むと 50 分や 40 分で描けるようになります。短時間で描けると、その分他のことに時間を使うことができますので、できるだけ練習をして少しでも短時間で描けるようになっておきたいと言えます。

▶矩計図

切断位置の屋根形状がこのように
なっているか確認します。
（平面図、立面図との整合性）

軒の出は、455か600が適当です。

階高や窓の高さなどは、常に決まった
寸法で練習します。

部材の名称や寸法は確実に覚えてしまおう。

小さい部材の寸法は目分量でとることができると、
時間短縮につながります。

断熱材はフリーハンドでもOKです。

この部分はプランによって違うので注意。
必ず伏図と整合させてください。

- 庇の有無
- 胴差の寸法
- 床梁の寸法
- 根太の方向

室名は必ず平面図通り正確に。

描く順番は決まっていません。
ですが、自分の描き順は統一してください。

目標作図時間は60分です。
はじめは数時間かかるかもしれませんが、
練習すれば必ず60分で描くことができます。
さらに練習すれば、40分くらいも可能です。

描き終ったら、漏れがないか、
必ずチェックすること。

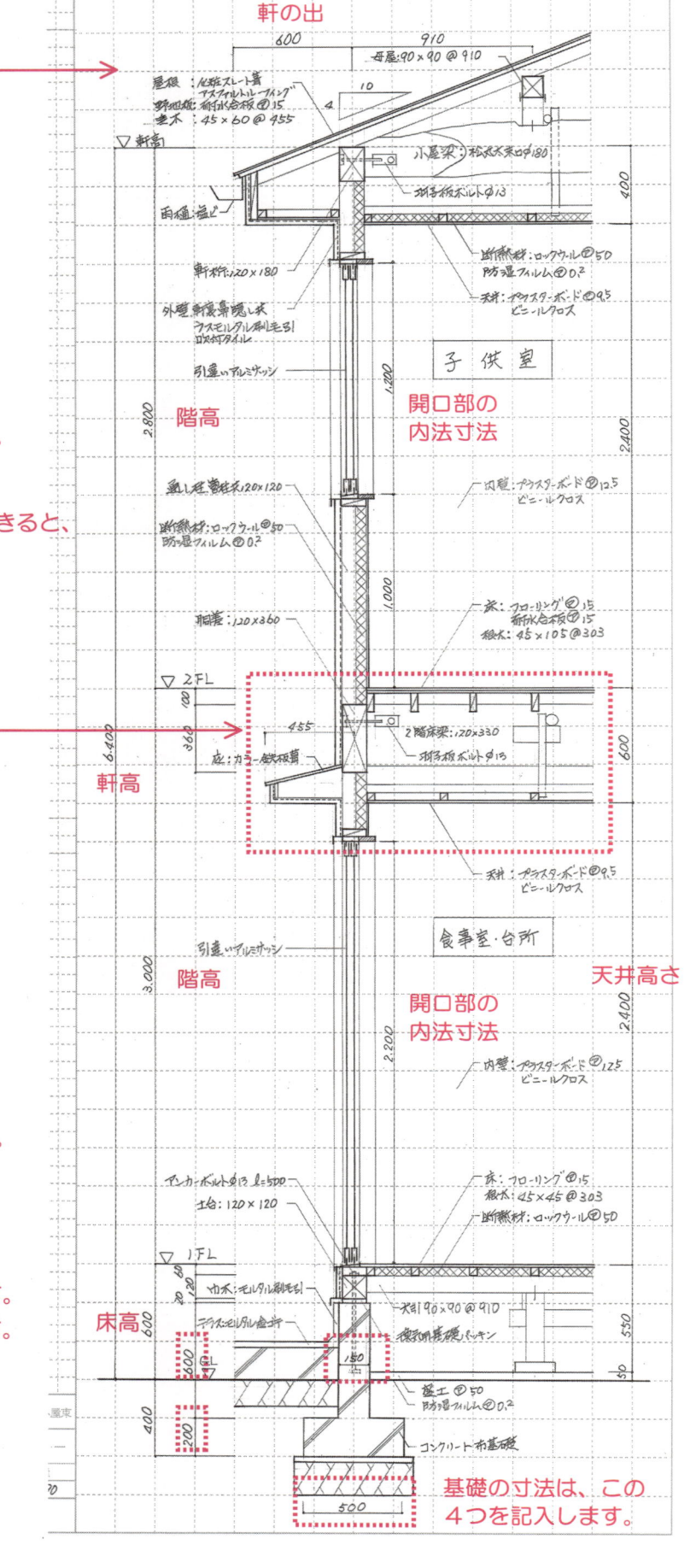

▶矩計図 ― 好ましくない例

▷部材の位置と断面寸法は伏図とリンクさせる

矩計図は、問題によって大きく変わる図面ではありませんが、梁の位置や断面寸法、胴差の断面寸法は、その時の計画によって多少変わります。切断位置を確認し、伏図で計画したとおりの図になるようにしましょう。

また、床梁の架け方（方向）によって、根太の向きが変わります。根太の記入についても、注意する必要があります。

そのため、原則、矩計図は伏図の次に作図するか、切断位置の梁の断面寸法を検討しておいてください。また、切断位置は、自信をもって矩計図が描ける位置を選択するようにしましょう。

> ✓ 注意する点
> ✓ 床梁の位置
> ✓ 床梁の断面寸法
> ✓ 胴差の断面寸法
> ✓ 根太の向き

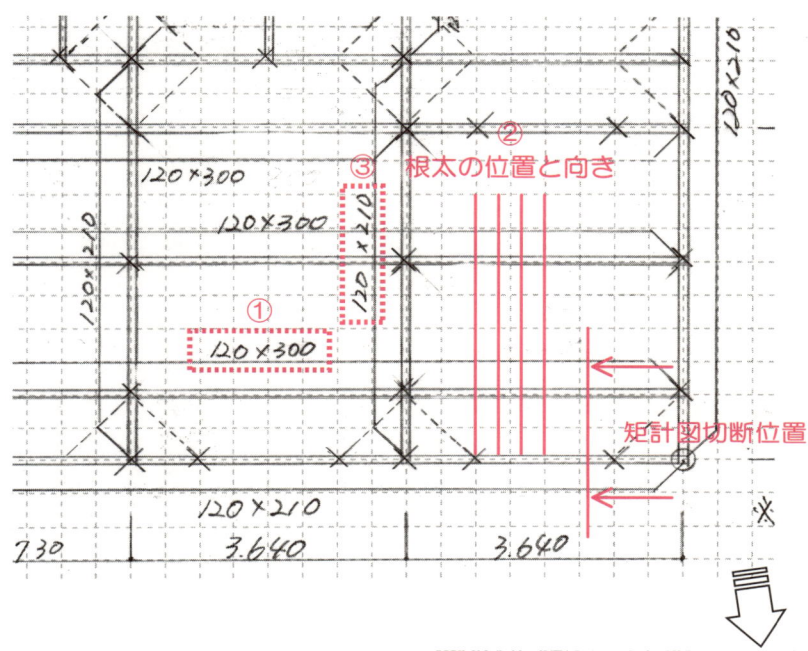

①この伏図では、外壁から910mm内側に入ったところに120×300の床梁が入っています。

②根太の向きは、床梁に対して直角方向に入れますので、縦（南北）に設置することになります。

③切断位置の向こうに見えている梁の寸法は、120×210となっています。

①この位置に120×300の梁の断面を記入しないといけません。

②根太の向きが違います。
断面が見えるのではなく、側面が見えることになります。

③向こうに見える梁の断面は、120×210となります。

胴差の寸法は、120×210になっているので、伏図のとおりです。

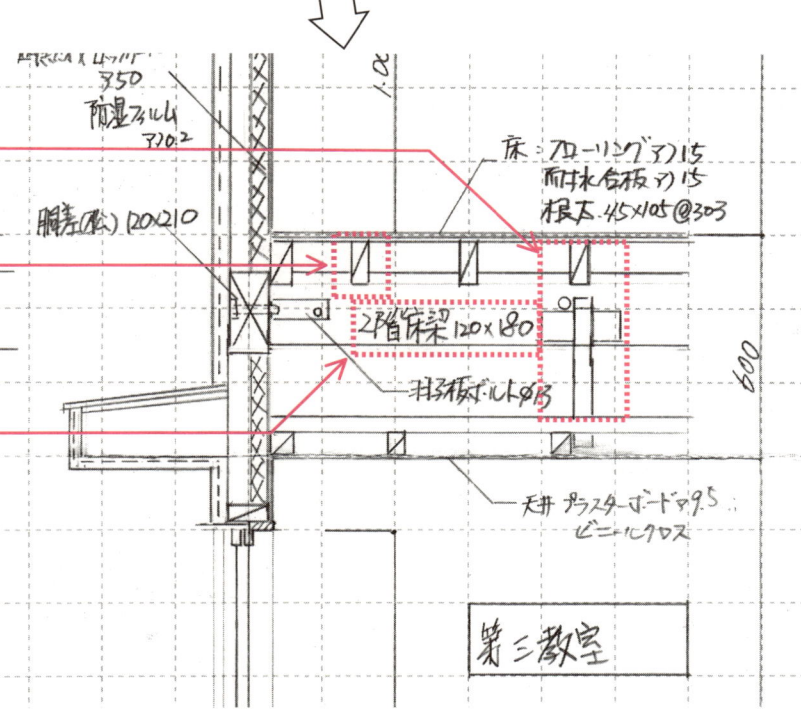

▶切断位置に注意

矩計図は屋根の勾配がわかるように、建物の妻側ではなく平側で切断するようにします。

下図のように妻側で切断した場合、妻側部分の図を描けばいいのですが、右図のように作図すると、屋根の形状が整合しません。このプランのように、建物が南北に長くなり、屋根の流れる向きがいつもと違う（棟の方向が南北で東西に流れる切妻屋根）場合、間違えやすいので注意してください。

屋根がこの形状になる位置で切断するようにしよう。

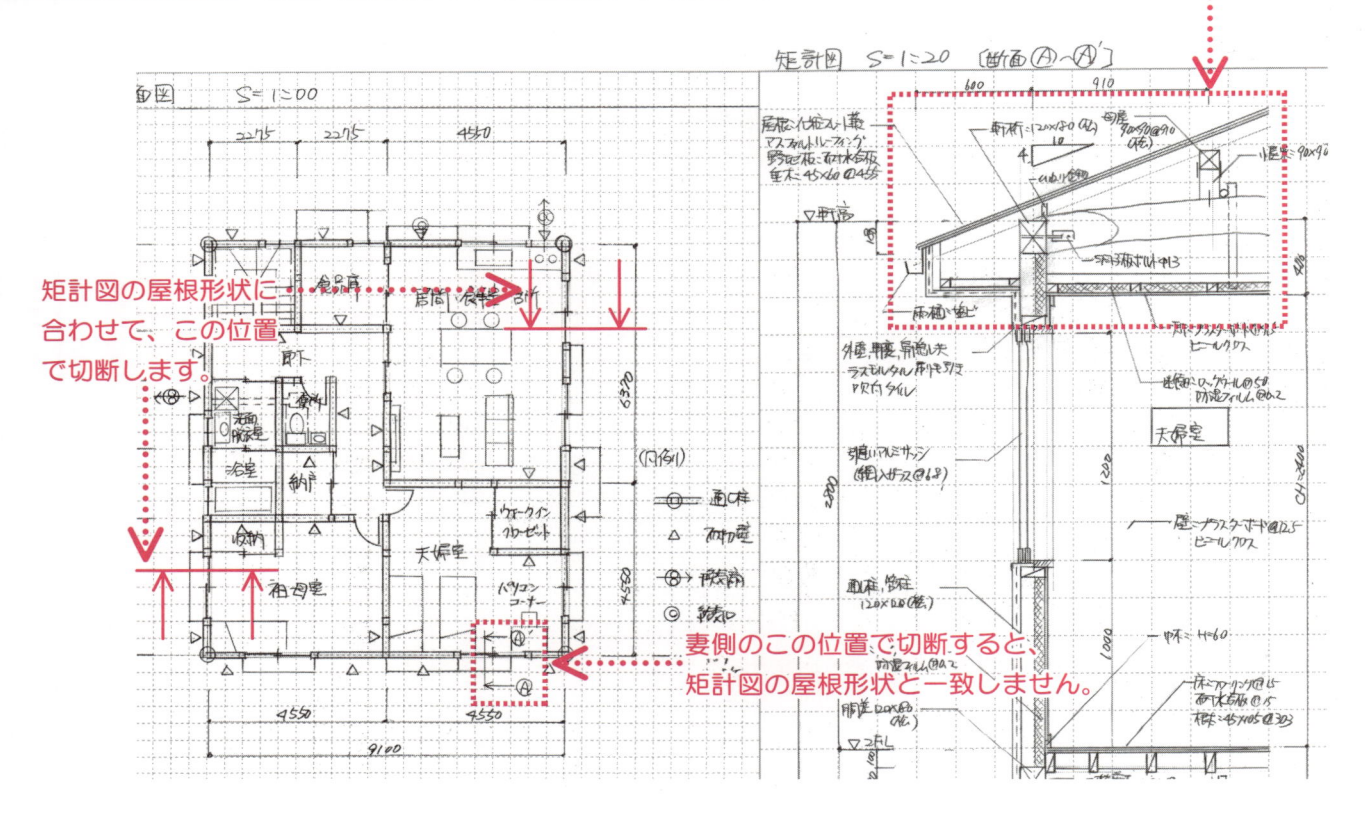

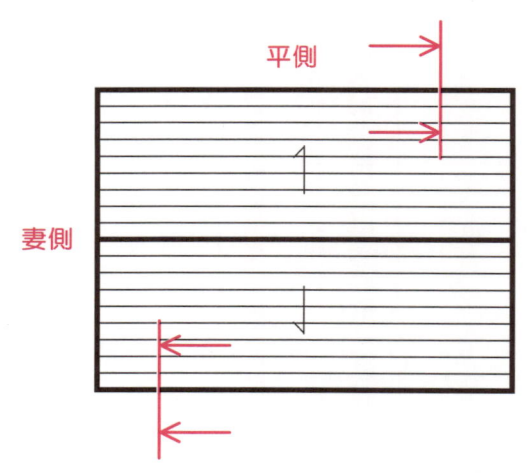

矩計図の屋根形状に合わせて、この位置で切断します。

妻側のこの位置で切断すると、矩計図の屋根形状と一致しません。

通常は南側でOK。北側で切断する場合は、矢印の向きが変わります。

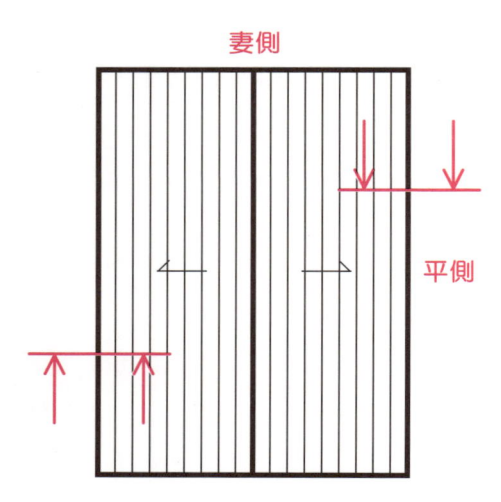

建物の向き（屋根の流れる方向）が変わる場合、切断位置は西側もしくは東側にします。

◎立面図

要　求　図　書 （　）内は縮尺	特　記　事　項
(4) 立　面　図 　　（1/100）	ア．南側立面図とする。 イ．建築物の最高の高さを記入する。

> **ポイント**
> 屋根の高さや窓の高さは、必ず矩計図や断面図と合わせること。
> 食い違いがあると、減点の対象となります。
> 高さ関係は、常に決まった高さで練習しておくと、ミスしにくいです。

　建物を外から見た図面です。南側立面図の場合は、建物の南側から建物を見た図を描きます。通常は東西南北の4面になりますが、この試験においては、そのうちのいずれか1面が指定されます。
　一番多いのが南側で、南側でない場合は道路側、もしくは公園などが隣接している場合は公園側などになります。

> **ポイント**
> 南側立面図の場合は、平面図と位置をそろえて描くと間違いが少なくなります。
> それ以外の面の場合は、建物の大きさや形、窓の位置など間違えないように注意しましょう。平面図と食い違いがあると、減点の対象となります。

　計画上、スロープが必要になる場合は、スロープの記入が要求されることになります。記入の要求がなくても、スロープを設けた場合は、立面図にも表現しておくといいでしょう。
　最高の高さは、平成23年度に一度だけ要求されました。要求がなければ、特に記入する必要はありません。

この他に、
　・床下換気口（又はこれに代わるもの）を記入する。
　・筋かい等の位置を記入する。
などの条件が加わることがあります。

> 北側立面図の場合は、建物の北側に立って、そこから見た建物を描いてくださいね

▶南側立面図

● 屋根の高さ
プランによって変わります。
間違えないように。

屋根と外壁の取り合い部分を
間違える人が多いです。

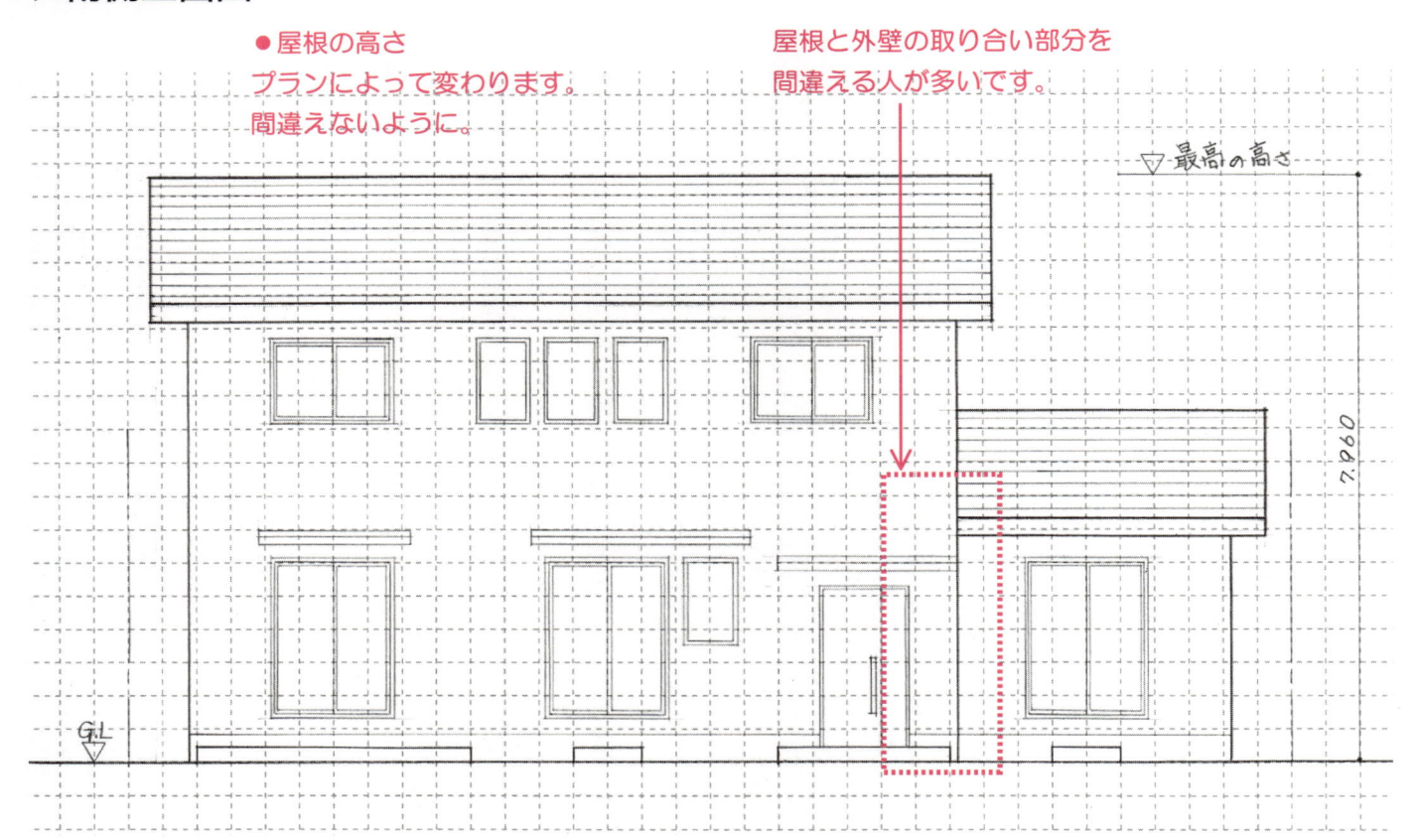

▽ 最高の高さ

7,960

G.L

▶東側立面図

窓の位置は、平面図の通り正確に。
また、庇やポーチなど忘れやすいので要注意！

窓が屋根に当たる場合は
大きさを変えたり、
位置を調整したりします。
また、必要なければ
なくしてもOKです。

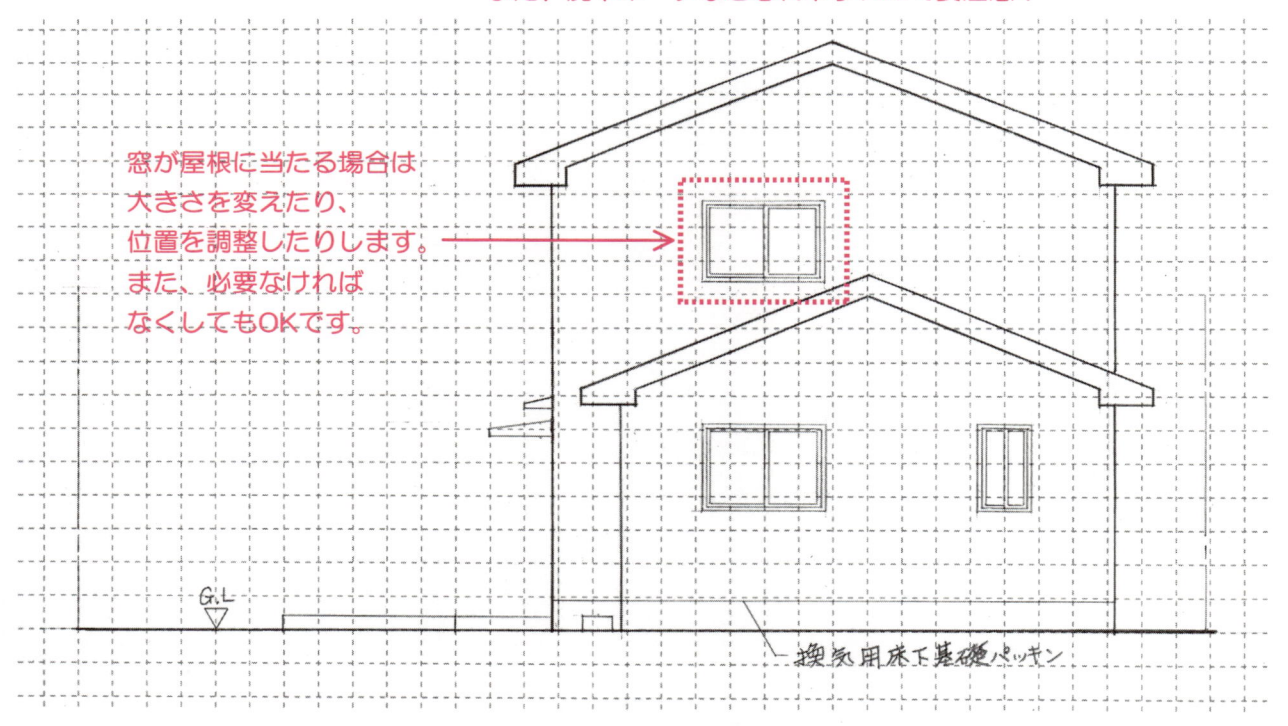

G.L

換気用床下基礎パッキン

床下換気口またはそれに代わるものの記入が求められた場合は、
換気口か床下基礎パッキンのいずれかを記入します。
（床下換気の方法は矩計図と合わせること）

▶立面図 ― 好ましくない例

▷屋根（建物）の形状

平家部分の屋根形状を間違えるケースは多いです。

右の平面図では、平家部分が総2階部分よりも南北の方向が小さくなっています（平家部分の南外壁部分が奥になっている）。それに対し、立面図では、総2階部分と平家部分の外壁面がそろった図になっています。

右図のようなプランの場合は、72ページ上図のような形状になります。

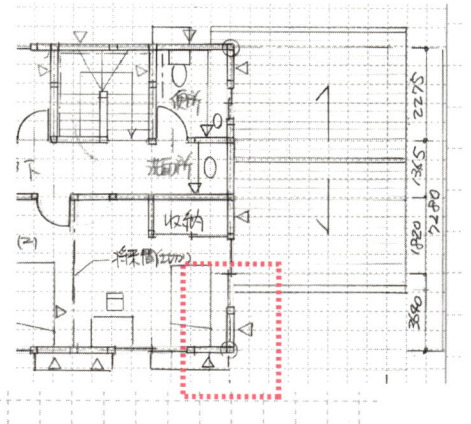

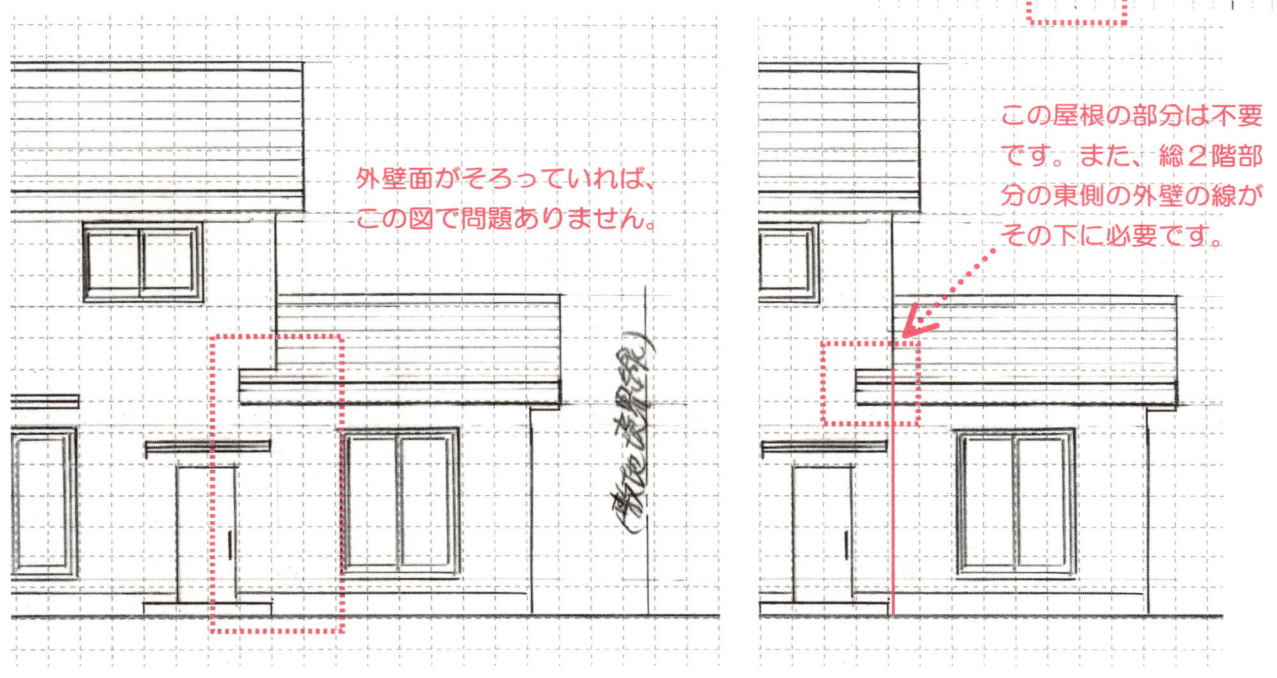

外壁面がそろっていれば、この図で問題ありません。

この屋根の部分は不要です。また、総2階部分の東側の外壁の線がその下に必要です。

▷作図時間の短縮

屋根仕上げの表現を、右図のように省略して作図する方法があります。

ただし、場合によっては、かえって時間がかかることもあるので、注意してください。

また、隣地境界線は、記入しても構いませんが、問題で求められなければ、記入しなくても減点にはならないです。南側立面図以外の場合は、位置を間違えやすいので注意してください。

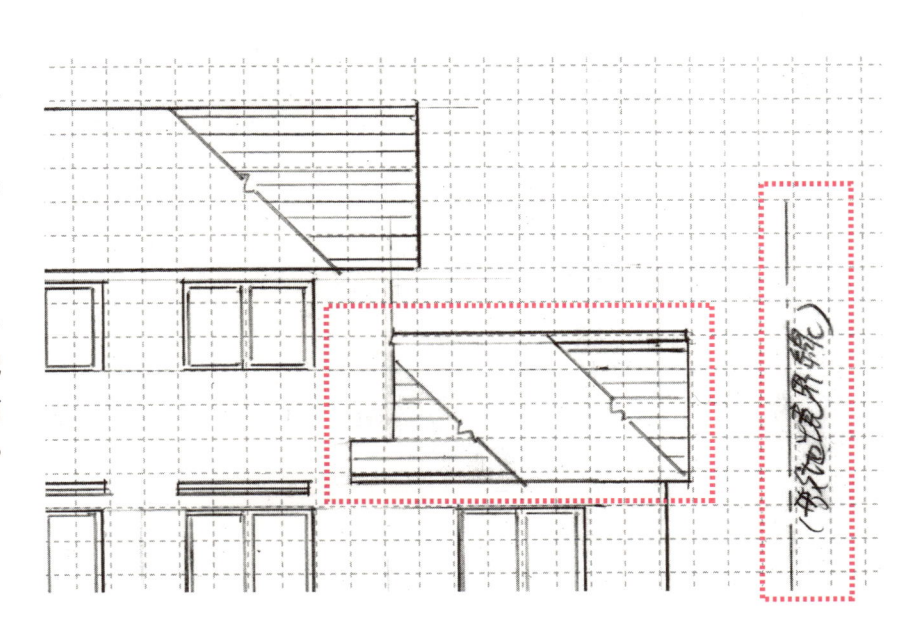

▷**妻側立面の屋根**

軒先部分の形状は、矩計図と整合させる必要があります。

下図のような屋根形状も実際にあるので、問題はないです。ただし、矩計図と違っている場合は減点されます。

矩計図がこのようになっている場合、点線部分は下図のような形状になります。

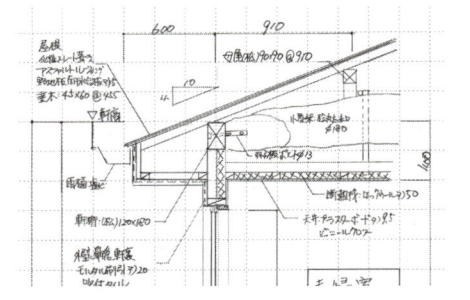

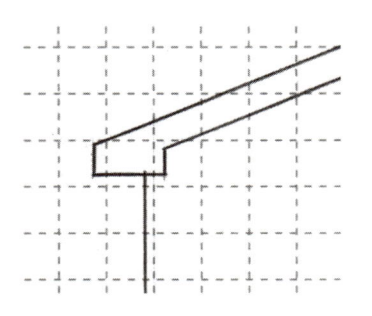

▷**高さの整合性**

立面図も矩計図も、同じ建物を表した図面です。図面によって、高さが変わってはいけません。

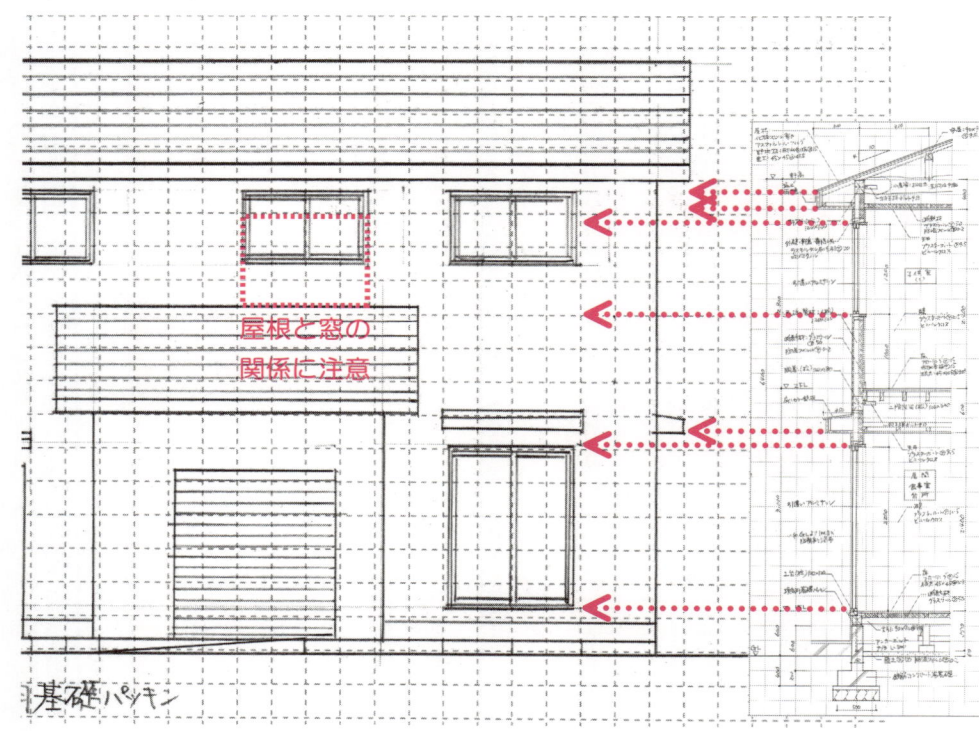

この図面は、矩計図を1/100のスケールになるように縮めたものです。

この立面図では、屋根の軒先の高さが矩計図より少し高くなっています。

2階の窓の高さも矩計図とリンクしていません。

1階の窓の高さと庇の高さは合っています。

また、平家部分がある場合は、屋根と2階の窓の関係に注意してください。干渉する場合は、窓の高さか屋根の勾配を調整する必要があります。

▷ **外壁や窓の位置**

外壁の線や窓の幅は、柱の幅や壁の厚みを考慮して作図します。

ただし、いちいちスケールで測っていると時間がかかるので、目分量でとれるようになることが理想です。

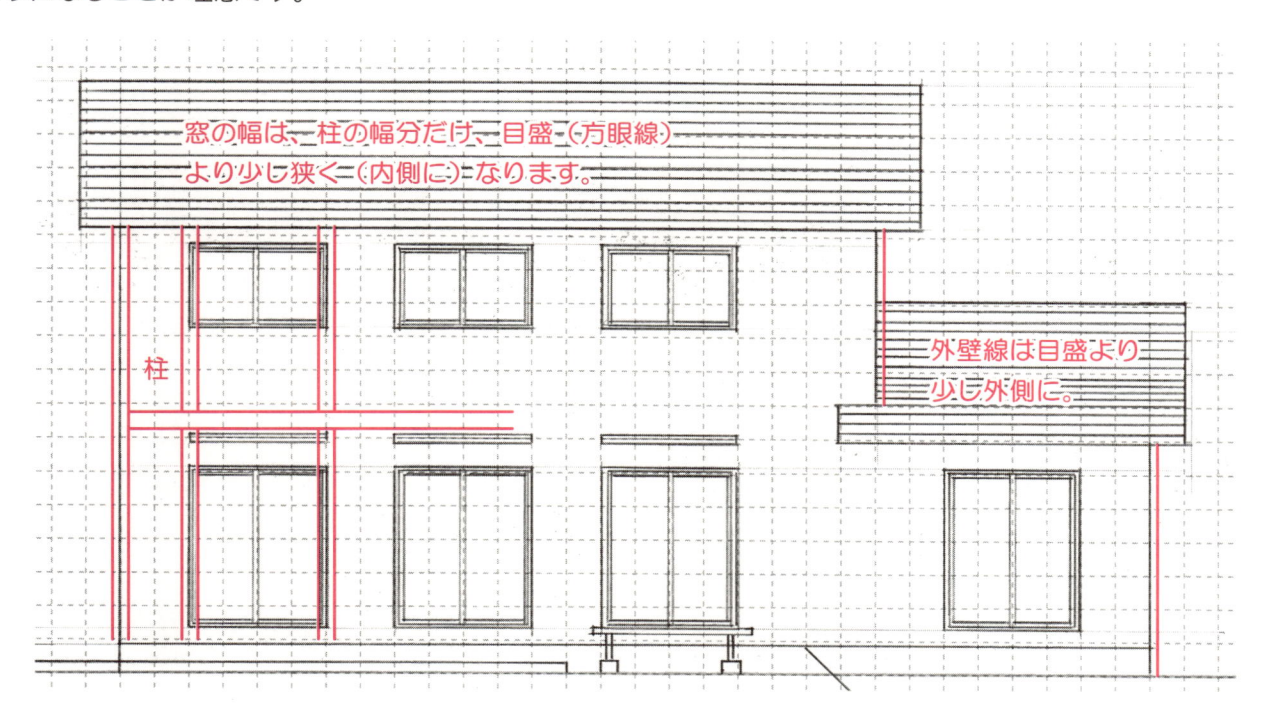

窓の幅は、柱の幅分だけ、目盛（方眼線）より少し狭く（内側に）なります。

柱

外壁線は目盛より少し外側に。

▷ **筋かいの記入が求められた場合**

筋かいは、平面位置は柱と柱の間に、上下は、1階の筋かいは土台から胴差の間、2階の筋かいは胴差から軒桁の間に入ります。作図する場合は、柱や横架材の位置を意識する必要があります。薄く下書き線を引いてもいいでしょう。

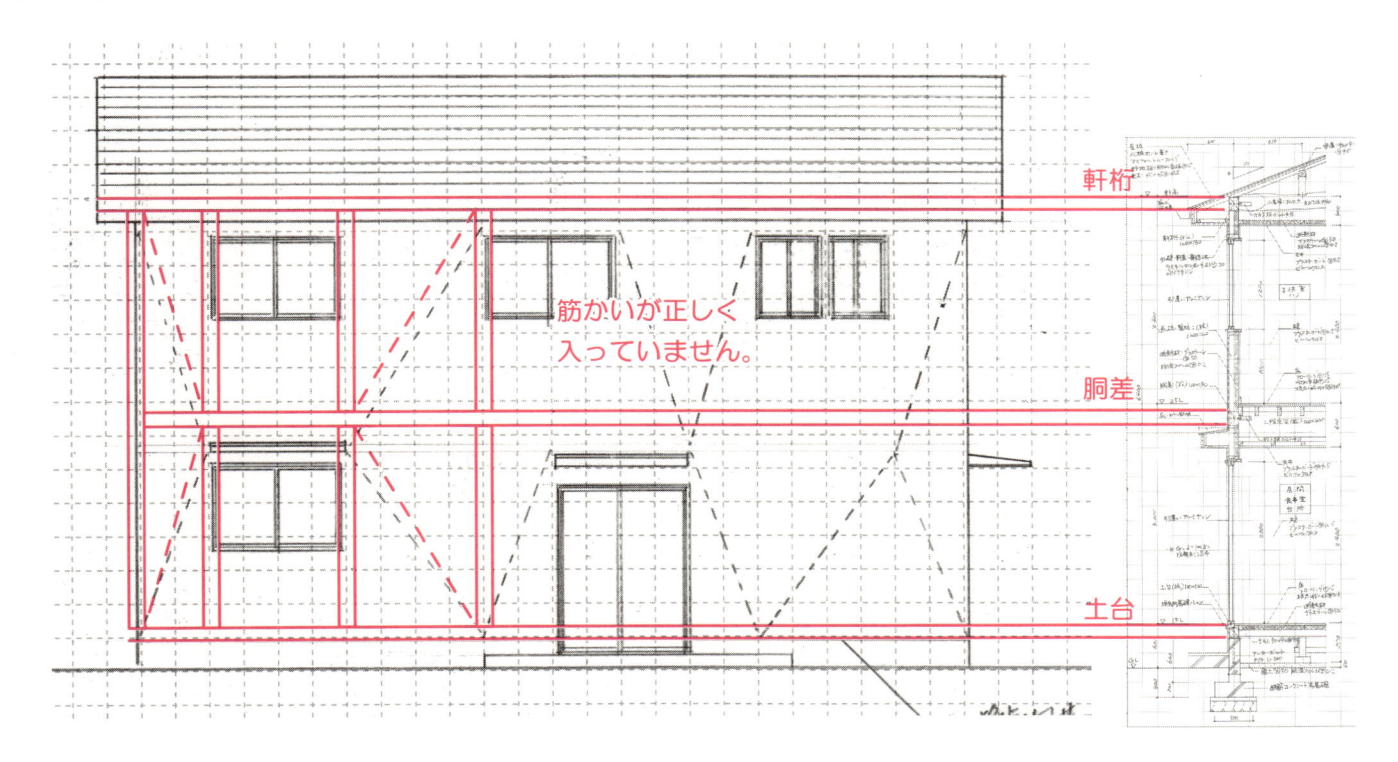

軒桁

筋かいが正しく入っていません。

胴差

土台

第4章 木造課題 — 要求図書の読み方

▷立面図の練習

　下の平面に対する立面図（南・北・西）を考えてみてください。

　ポイントは、外壁と屋根の取り合い部分、それと屋根の高さです。

　軒高と屋根勾配は自由です。解答は、1階軒高を3.5m、2階軒高を6.4m、屋根勾配は4/10で設定しています。

　（⇒正解は79ページ）

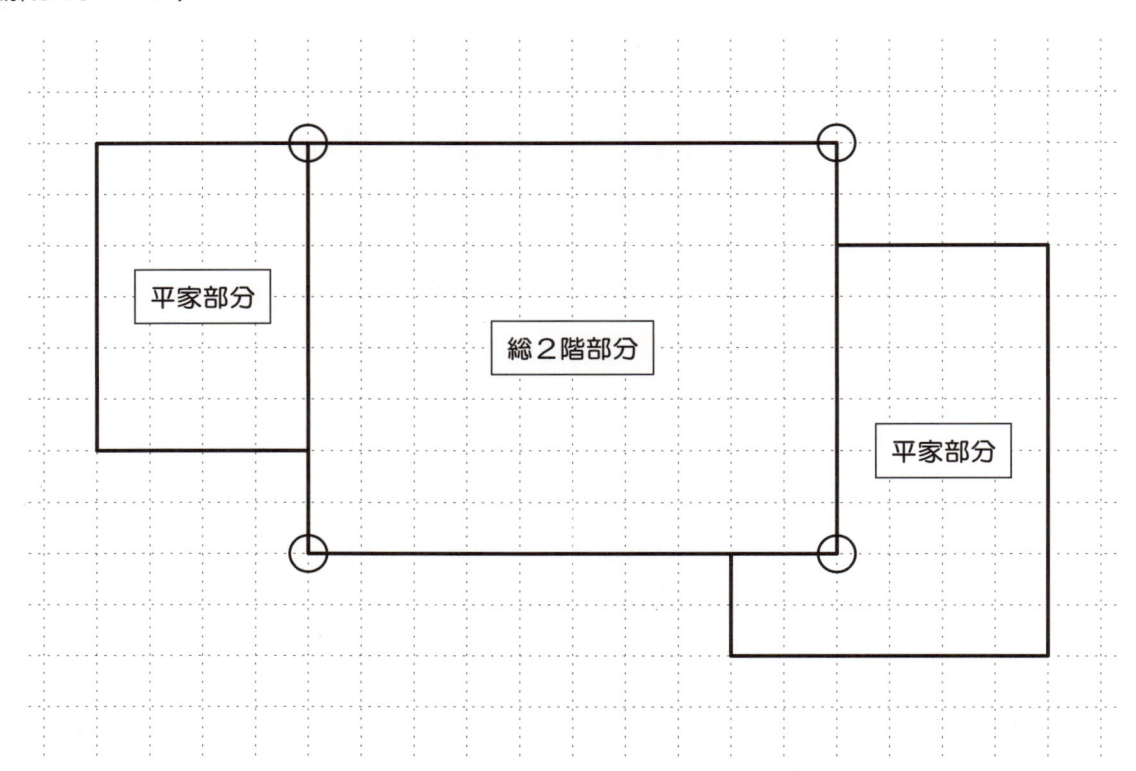

□参考図（この程度の作図を行なってください）

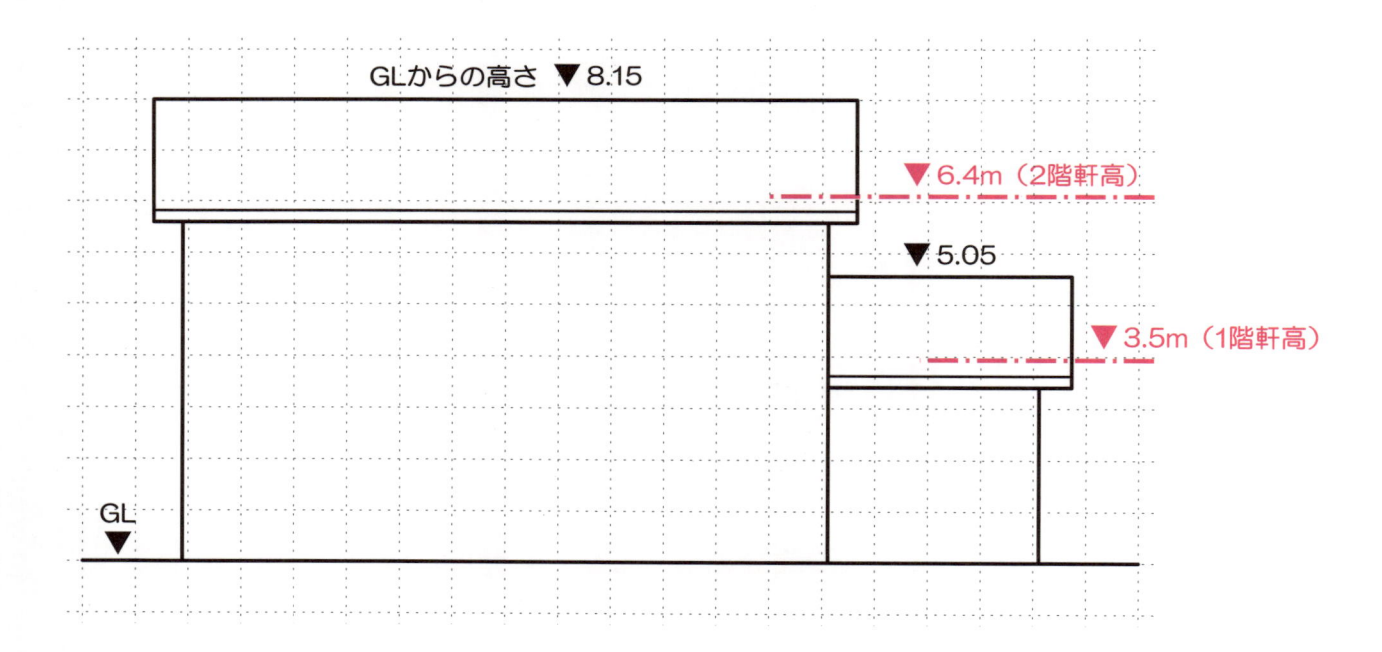

◎断面図

要求図書 （　）内は縮尺	特　記　事　項
(5) 断　面　図 　　　（1/100）	ア．切断位置は吹抜けを含む部分とする。 イ．建築物の外形及び床面、天井面の形状がわかる程度のものであればよい。（天井内の梁の断面は記入しなくてもよい。） ウ．建築物の最高の高さ、軒高、階高、天井高、1階床高及び主要な室名を記入する。

💡ポイント
立面図同様、高さ関係は頭に入れておこう。

💡ポイント
断面図が出題された場合は、立面図よりも断面図を先に作図するようにしてください。断面図の高さに合わせて、立面図を描くようにします。
ただし、高さ位置が頭に入っていれば、その必要はありません。

建築物（全体）の断面を表現する図面です。

立面図同様、平面プランとの食い違いがあると減点の対象となります。もちろん、立面図とも高さが一致している必要があります。
また、矩計図と合わせて出題される可能性は低いですが、同時に要求された場合は、当然、矩計図とも整合している必要があります。

▶断面図

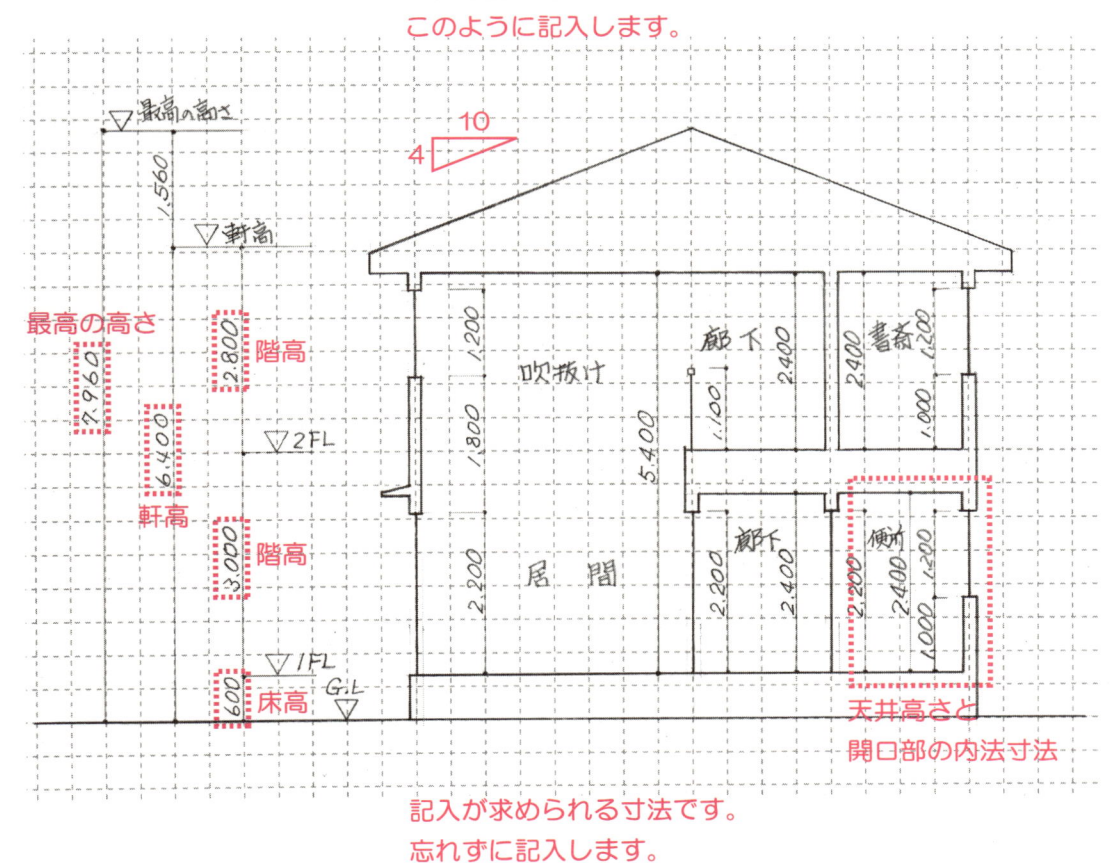

▶断面図 ― 好ましくない例

▷寸法記入

要求される寸法は正しく入れます。最高の高さや軒高が抜ける人が多いです。
屋根勾配も、要求された場合は忘れずに。

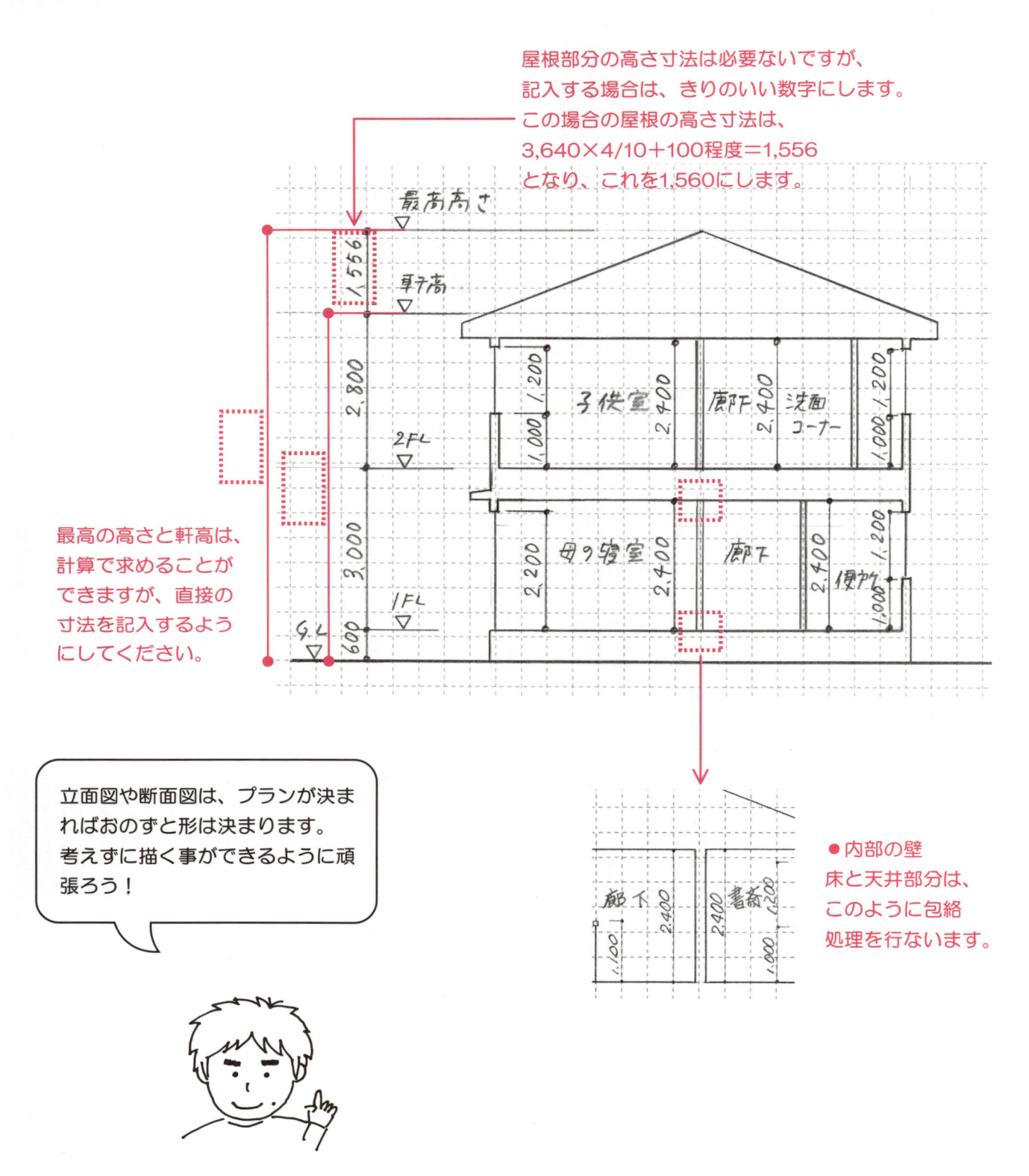

屋根部分の高さ寸法は必要ないですが、
記入する場合は、きりのいい数字にします。

この場合の屋根の高さ寸法は、
3,640×4/10＋100程度＝1,556
となり、これを1,560にします。

最高の高さと軒高は、計算で求めることができますが、直接の寸法を記入するようにしてください。

> 立面図や断面図は、プランが決まればおのずと形は決まります。考えずに描く事ができるように頑張ろう！

● 内部の壁
床と天井部分は、このように包絡処理を行ないます。

❑ 76ページの立面図の練習：正解

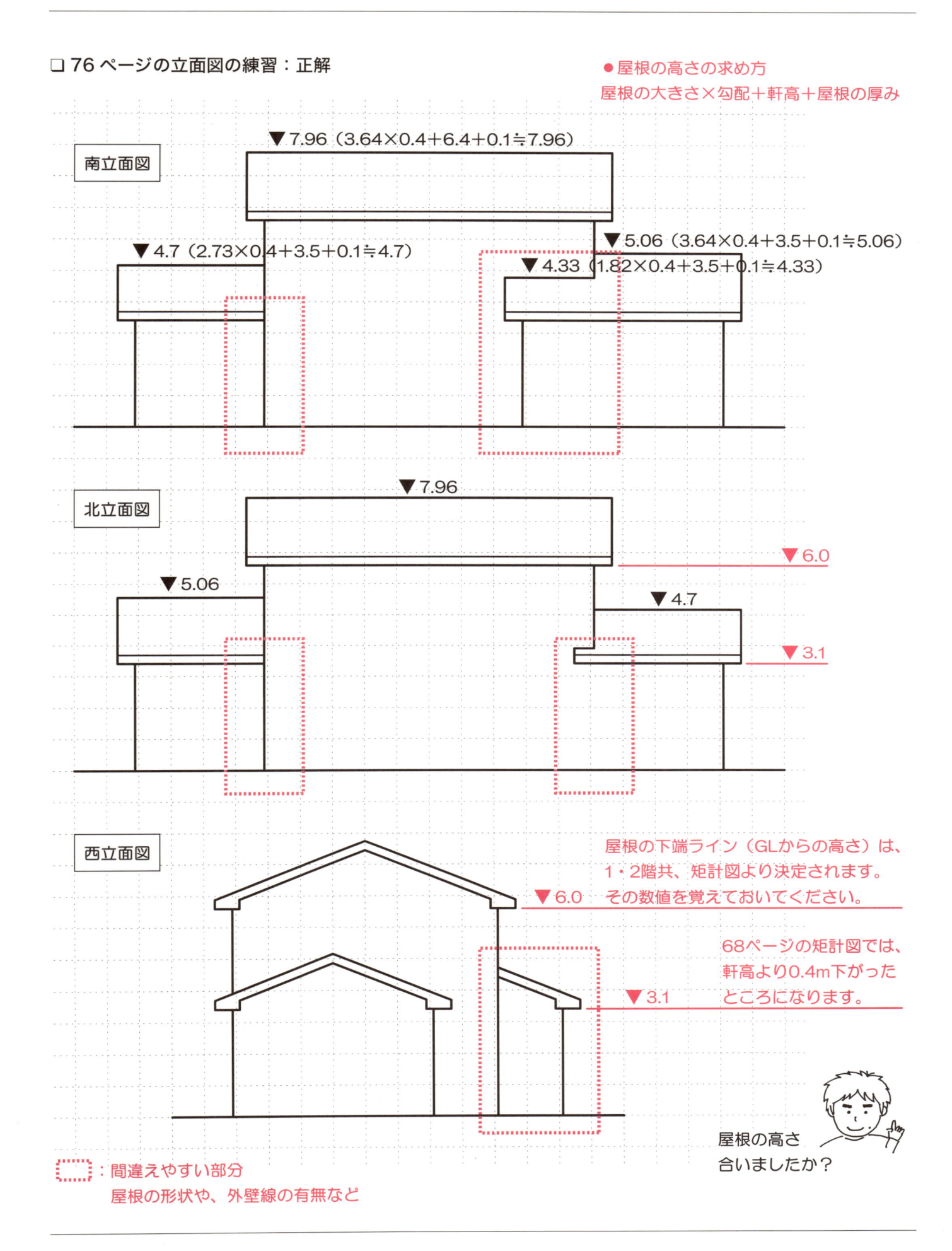

● 屋根の高さの求め方

屋根の大きさ×勾配＋軒高＋屋根の厚み

南立面図

▼7.96（3.64×0.4＋6.4＋0.1≒7.96）

▼4.7（2.73×0.4＋3.5＋0.1≒4.7）
▼5.06（3.64×0.4＋3.5＋0.1≒5.06）
▼4.33（1.82×0.4＋3.5＋0.1≒4.33）

北立面図

▼7.96

▼5.06
▼6.0
▼4.7
▼3.1

西立面図

▼6.0
▼3.1

屋根の下端ライン（GLからの高さ）は、1・2階共、矩計図より決定されます。その数値を覚えておいてください。

68ページの矩計図では、軒高より0.4m下がったところになります。

┇┇：間違えやすい部分
屋根の形状や、外壁線の有無など

屋根の高さ合いましたか？

◎面積表・計画の要点等

要　求　図　書 （　）内は縮尺	特　記　事　項
(6) 面　積　表	ア．建築面積、床面積及び延べ面積を記入する。 イ．建築面積及び床面積については、計算式も記入する。 ウ．計算結果は、小数点以下第2位までとし、第3位以下は切り捨てる。
(7) 計画の要点等 （居間の計画）	・居間の計画に関する次の①～②について、それぞれ箇条書きで具体的に記述する。 　① 配置において工夫したこと 　② 動線計画において工夫したこと

▷面積表

所定の表に、計画した建物の面積を記入します。
建築面積と各階の床面積については、計算式も必要です。数値は小数点第3位を切り捨て、第2位までとします。
四捨五入ではありませんので、注意してください。

▷計画の要点等

主な室において、計画の意図や工夫した点などを記入します。文字数は、100字～200字程度になりますが、具体的に指定はされません。

文章は、「**主語＋目的や理由＋述語**」という構成にすると、読みやすく、伝わりやすいので、意識してみてください。
たとえば、

- **居間は、日当たりに配慮するため、南側に配置した。**
- **展示室は、来館者が利用しやすいように、玄関の近くに計画した。**

他に注意（意識）する点は、
- 問題条件に即した上で、アピールできる点を考える。
- 自分が考えた計画（プラン）とリンクしていること。
- 試験終了間際に書いたり考えたりしないこと。
- 文字はできるだけ丁寧に書くこと。

▷悪い例

プランの結果を記述する。また、口語体になっている。
- **スペースが余ったから、広く計画することができた。**

💡ポイント
計画の要点は、最後に書かない！
時間に余裕があればいいですが、終了時間が迫ってきた場合は、手が震えて字が書けなくなります。
書く内容をあらかじめ決めておくか、途中で書くようにしてください。
プランができれば、計画の要点は書くことができるはずです。

💡ポイント
計画の要点は、本番で考えない！
設計課題はあらかじめわかっているので、要求される室は想定できます。
練習問題を行なえば、いくつかの文章が身についてくるので、それを本試験で使えるようにしておきます。

ボキャブラリーが…

第5章　RC造課題 ― 設計条件の読み方

（ただ問題文を読むだけでは、プランはできません）

　RC造課題について、実際の問題を見ながら、具体的にエスキースのプロセスやプランニングにおける考え方をお伝えしていきます。

　問題を解くうえでとても重要な部分です。また、独学ではなかなか知りえない部分でもあります。1つ1つ理解しながら、しっかりと読み進めてください。

　ある程度学習が進んだり、問題を数問解いたりして、はじめて理解できる部分もあります。試験本番までに、繰り返し確認するようにしましょう。

　また、木造編（第2～4章）にも参考になることがたくさんあるので、木造編にも目を通しておいてください。

問題用紙に書かれてあることは一文字残らずすべて確認すること！

■設計課題「コミュニティ施設（鉄筋コンクリート造（ラーメン構造）2階建）」

二級建築士試験「設計製図の試験」問題用紙

設 計 課 題　　「コミュニティ施設〔鉄筋コンクリート造(ラーメン構造) 2階建〕」

1. 設計条件

ある地方都市において、コミュニティ施設を計画する。
計画に当たっては、次の①～③に特に留意する。
① 日当たりのよい位置に、ルーフガーデンを設ける。
② 地域の景観や環境に配慮し、敷地内には積極的に緑化を図る。
③ 高齢者及び身体障害者等に配慮した計画とする。

(1) 敷地
ア. 形状、道路との関係、方位等は、下図のとおりである。
イ. 第一種住居地域内にあり、防火地域及び準防火地域の指定はない。
ウ. 建ぺい率の限度は60%、容積率の限度は200%である。
エ. 地形は平たんで、道路及び隣地との高低差はなく、地盤は良好である。
オ. 電気、都市ガス、上水道及び公共下水道は完備している。

(2) 構造、階数、建築物の高さ等
ア. 鉄筋コンクリート造（ラーメン構造）2階建とする。
イ. 建築物の最高の高さは10m以下、かつ、軒の高さは9m以下とする。
ウ. 塔屋（ペントハウス）は設けないものとする。

(3) 延べ面積
延べ面積は、「240㎡以上、280㎡以下」とする。
（ピロティ、玄関ポーチ、駐車スペース、駐輪スペース、ルーフガーデン等は、床面積に算入しないものとする。）

(4) 人員構成等
館長1名、事務員2名、ボランティアスタッフ（2名）

(5) 要求室等
下表の全ての室等は、指定された設置階に計画する。

設置階	室 名	特 記 事 項
1階	エントランスホール	・履物は履き替えないものとする。
	風除室	・適宜とする。
	多目的スペース	ア. 地域のイベントや文化活動、展示会などに利用する。 イ. 面積は適宜とする。 ウ. 可動間仕切りにより、独立した室としても使用できるようにする。
	サークル室	・面積は10㎡以上とする。
	多目的便所	ア. 広さは、心々2,000mm×2,000mm以上とする。 イ. 出入口の幅の内法は、800mm以上とする。 ウ. 高齢者・身体障害者・妊婦のほか、乳幼児を連れた人等が使用する。
	男子便所	・適宜とする。
	女子便所	・適宜とする。
	事務室	ア. 12㎡以上とし、道路に面する位置に設ける。 イ. 事務机及びいすを設ける。
	更衣・休憩室	ア. 6㎡以上とし、事務室に隣接させる。 イ. 事務員等の更衣・休憩等に使用する。
	倉庫	・8㎡以上とする。
2階	アトリエ	ア. 面積は20㎡以上とする。 イ. ルーフガーデンと直接行き来できるようにする。
	研修室	ア. 40㎡以上とする。 イ. 可動間仕切りを設け、2室に分割して使用できるようにする。
	給湯室	・4㎡以上とする。
	男子便所	・適宜とする。
	女子便所	・適宜とする。

(6) 階段、エレベーター及びスロープ
ア. 建築物に、2以上の階段を設ける必要はない。
イ. 建築物内に、エレベーター1基を設ける。
・エレベーターシャフトは、心々2,000mm×2,000mm以上とする。
・駆動装置は、エレベーターシャフト内に納まるものとし、機械室は設けなくてよい。
・乗降ロビーは、心々2,000mm×2,000mm以上とする（廊下と兼用してもよい）。
ウ. 建築物内または敷地内の通路の計画において高低差が生じる場合は、必要に応じてスロープ（勾配は、建築物内1/12以下、敷地内1/15以下）を設ける。

(7) 緑化スペース及び駐車スペース、駐輪スペース
屋外に、下表のものを計画する。

名　称	特 記 事 項
緑化スペース	・道路に面した位置に、5㎡以上の緑化を図る。
駐車スペース	ア. 普通乗用車3台分の駐車スペースを設ける。 イ. 3台のうち、1台分は、車いす使用者用（幅は3,500mm以上）とし、建物出入口との動線に配慮する。
駐輪スペース	・自転車12台分以上を設ける。

(8) ルーフガーデン
・1階の屋根を利用した位置に、ルーフガーデン（面積は35㎡以上）を設ける。

2. 要求図書

a. 下表により、答案用紙の定められた枠内に記入する。（寸法線は、枠外にはみだして記入してもよい。）
b. 図面は黒鉛筆仕上げとする。（定規を用いなくてもよい。）
c. 記入寸法の単位は、mmとする。なお、答案用紙の1目盛は、5mmである。
d. シックハウス対策のための機械換気設備等は、記入しなくてよい。

要求図書 （　）内は縮尺	特 記 事 項
(1) 1階平面図兼配置図 (1/100) (2) 2階平面図 (1/100)	ア. 1階平面図兼配置図及び2階平面図には、次のものを記入する。 ・建築物の主要な寸法 ・室名等 ・断面図の切断位置及び方向 イ. 1階平面図兼配置図には、次のものを記入する。 ・敷地境界線と建築物との距離 ・道路から建築物へのアプローチ、駐車スペース、駐輪スペース、植栽、塀等 ・サークル室…テーブル、いす（4席程度） ・事務室…事務机、いす ・更衣・休憩室…ロッカー、ソファ ・男子便所…洋式便器、洗面台 ・女子便所…洋式便器、洗面台 ・多目的便所…洋式便器、洗面器、手すり、おむつ替え台 ウ. 2階平面図には、次のものを記入する。 ・1階の屋根伏図（平家部分がある場合） ・アトリエに、テーブル、いす（8席） ・給湯室…流し台、コンロ台 ・男子便所…洋式便器、手洗い器 ・女子便所…洋式便器、手洗い器
(3) 立面図 (1/100)	ア. 南側立面図とする。 イ. スロープについては、外観で見える場合に記入する。
(4) 断面図 (1/100)	ア. 切断位置は、1階・2階それぞれの開口部を含む部分とする。 イ. 建築物の外形、床面及び天井面の形状がわかる程度のものとし、構造部材（梁、スラブ、地中梁等）を記入する。 ウ. 建築物の最高の高さ、軒高、階高、天井高、1階床高、開口部の内法寸法及び主要な室名を記入する。 エ. 見え掛かりの開口部（室の対向面に見えるもの）を記入する。
(5) 部分詳細図 (1/100)	ア. 切断位置は、外壁を含む部分とする。 イ. 作図の範囲は、2階屋根部分（屋上のパラペット天端から2階の天井仕上面より下方200mm以上）とし、外壁の壁心から1,000mm以上とする。 ウ. 主要部の寸法等を記入する。 エ. 主要部材（柱、はり）の名称・断面寸法を記入する。 オ. 外気に接する部分（屋根、外壁）の断熱措置を記入する。 カ. 主要な部位（屋根、外壁、内壁、天井）の仕上材料名を記入する。
(6) 面積表	ア. 建築面積、床面積及び延べ面積を記入する。 イ. 建築面積及び床面積については、計算式も記入する。 ウ. 数値は、小数点以下第2位までとし、第3位以下は切り捨てる。
(7) 計画の要点等 （多目的スペースの計画）	・多目的スペースの計画に関する次の①～②について、それぞれ箇条書きで具体的に記述する。 ① その配置とした理由 ア. 動線計画において工夫したこと

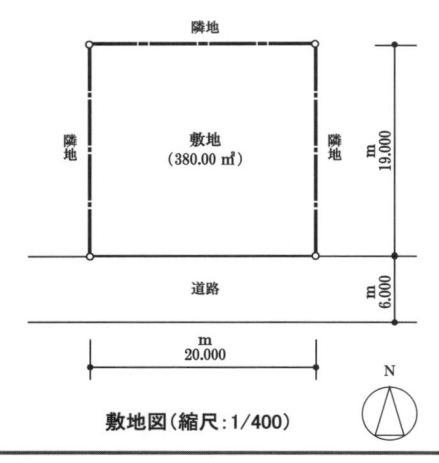

敷地図（縮尺：1/400）

敷地（380.00㎡）　19.000m　6.000m　20.000m　隣地／道路／N

◎設計条件（クライアントの強い要望）

> **1. 設計条件**
> ある地方都市において、コミュニティ施設を計画する。
> 計画に当たっては、次の①～③に特に留意する。
> ① 日当たりのよい位置に、ルーフガーデンを設ける。
> ② 地域の景観や環境に配慮し、敷地内には積極的に緑化を図る。
> ③ 高齢者及び身体障害者等に配慮した計画とする。

問題用紙の左側には、主に設計条件が書かれていますが、その冒頭には、このように「特に留意すること」が書かれてあります。

これは、守らなければ即失格ということにはなりません。しかし、計画の方向性を決定する大切な条件となっていますし、守らなかった場合の減点は、大きいと考えられます。しっかりと読むようにしてください。

この、特に留意する条件には、具体的な条件と抽象的な条件があります。

◇具体的な条件

「日当たりのよい位置に、ルーフガーデンを設ける。」

日当たりのよい位置というのは、南側に計画してくださいということを意味しています。ルーフガーデンを設けなかった場合はもちろん、日中に日が当たらない位置に計画したとしても、大きな減点を受けることになります。

◇抽象的な条件

「地域の景観や環境に配慮し、敷地内には積極的に緑化を図る。」
「高齢者及び身体障害者に配慮した計画とする。」

このような抽象的な条件に対しては、後からでてくる関連した条件に注意してください。

この問題の場合は、

- 道路に面した位置に、5㎡以上の緑化を図る。
- 多目的便所やエレベーター、スロープの設置、車いす使用者用駐車スペースの計画。

などがあります。

ポイント
問題条件は何度も確認！
1つの問題に設計条件はたくさんでてきます。また、作図に関する条件もたくさん記載されています。一度読んだだけでは頭に入りませんし、残りません。
設計条件に関しては、プランが完成するまで何度も確認してください。また、重要と思われるところには、マーキングをしておく方法もあります。後からチェックを行なう時にも役立ちます。

ポイント
問題条件は、課題によって違う！
課題が変われば、クライアントが変わると考えてください。当然、要求される条件も違ってきます。
すべての課題において共通した考え方もありますが、その課題独自の条件やポイントもあります。混同してしまうと、プランニングは間違った方向に進みます。

ポイント
本試験は、一発勝負！
当たり前のことですが、本試験にやり直しはありません。
なので、エスキースに慣れてきても常に本番のつもりで緊張感を持って練習を行なってください。
初見で解く練習は、1つの課題で1度しかできません。
1つの課題を大切に。

■他にはこんな条件が

◆「診療所部分の各要求室について、適切な配置計画及び動線計画とする。」
　（令和3年度）

　この年は歯科診療所の計画ですが、患者の動線としては、受付け待合室から診療室やX線室への動線、従業員側は、技工室や休憩室などを適切に配置させる必要があります。ただし、この条件については、試験対策において常に意識をしていましたので、普段の通りに計画すれば問題はないです。

◆「地域住民が交流できるカフェをもつ建築物として、外観及び外構計画に配慮する。」
　（平成30年度）

　特に変わった外観にしたり外構計画を考えたりする必要はありません。いつも通りに計画すれば大丈夫です。交流を妨げることにはなりません。

◆「共用（コア）部分として、3階の住宅部分の玄関に通ずる屋内直通階段及びエレベーターを設ける。共用（コア）部分は、1階及び2階の店舗部分からも出入りできるようにする。」
　（平成27年度）

　この年度は1、2階が貸店舗で、3階に住宅を設けるという課題でした。共用部分（3階に上がる階段とエレベーター）を店舗の客と住宅に住む家族が共に利用するという条件です。共用部分から店舗へ出入りできるようにする必要がありますが、オープンではいけません。時間帯によって閉じることができるようにすることも考える必要があります。

◆「工房への材料等の搬出入路を設け、この搬出入路は店舗兼ギャラリーの内部を経由しないものとする。」
　（平成21年度）

　一見、ややこしそうな条件ですね。特に緊張している本番では、落ち着いてきちんと読まないと、なかなか頭に入ってきません。

　この条件は、要は、店舗を通らないで、工房に材料を運ぶ通路がほしい。そう言っていますね。簡単に図を描いてみてもいいでしょう。

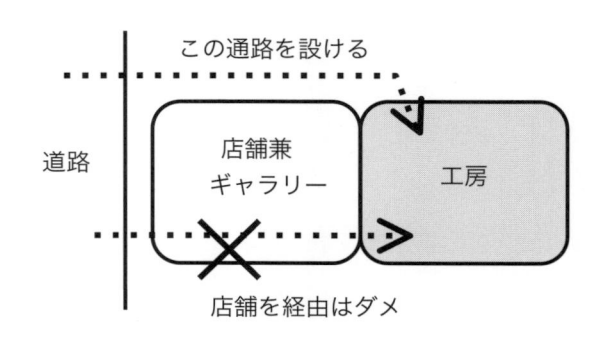

はじめは意味がわからない条件があるかもしれませんが、落ち着いて冷静に読めばわかってきますよ

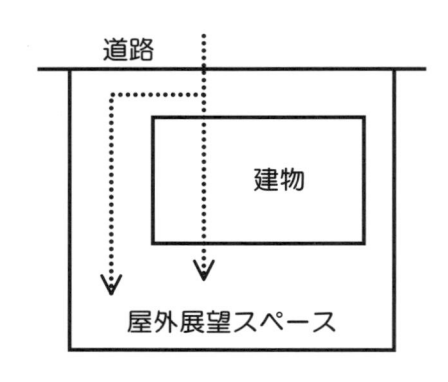

◆「屋外展望スペースを設け、その動線は建築物内外の両方からとする。」
　（平成 8 年度）

　この条件は、建物内部から展望スペースに行く動線と、道路から建物の中を通らずに、展望スペースに行く動線の、両方を設けてくださいと言っています。

◆「災害時にも、多目的スペースを活用できるようにする。」
　（平成 24 年度）

　近年、防災に関する意識が高まってきています。それに関連する条件と言えます。上の耐震性に関する条件も、以前の大きなニュースの影響を受けていると言えます。その他、少子高齢化問題など、建築士試験には社会問題に関する内容が組み込まれることがあります。

◆「動物病院部分の各要求室について、適切な配置計画及び動線計画とする。」
　（平成 15 年度）

　この年は、動物病院が併設された住宅の課題だったので、動物病院の主な所要室やそれらのつながりを学習しておく必要がありました。このような、その課題に特化した部分は、6 月の設計課題が発表されてから対策を行なうことになります。

◆「ラウンジは、パーティー等にも利用できるように計画するとともに、十分な天井高さを確保した豊かな空間とする。」
　（平成 15 年度）

　十分な天井高さとは、一体何 m でしょうか？　ちょっと難しいですよね。でも、安心してください。(5) 要求室の特記事項で、「天井高さは 5m 以上とする。」という条件が記載されています。この場合は、1 階の階高を高くするのではなく、2 階部分を使って吹抜けになるように考えます。

◆「隣接する公園からも利用できるようにする。」
　（平成 18、24 年度）

　公園に面する境界に、出入口を設けてください。また、その出入口から建物の玄関までの通路を確保する必要があります。

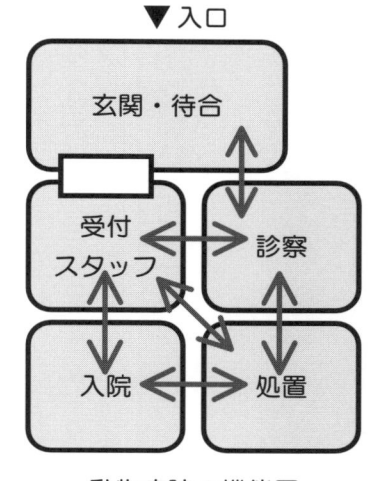

動物病院の機能図

※ 29 ページからの、木造課題編も参考にしてください。

◎敷地条件

(1) 敷地
ア．形状、道路との関係、方位等は、下図のとおりである。
イ．第一種住居地域内にあり、防火地域及び準防火地域の指定はない。
ウ．建ぺい率の限度は60％、容積率の限度は200％である。
エ．地形は平たんで、道路及び隣地との高低差はなく、地盤は良好である。
オ．電気、都市ガス、上水道及び公共下水道は完備している。

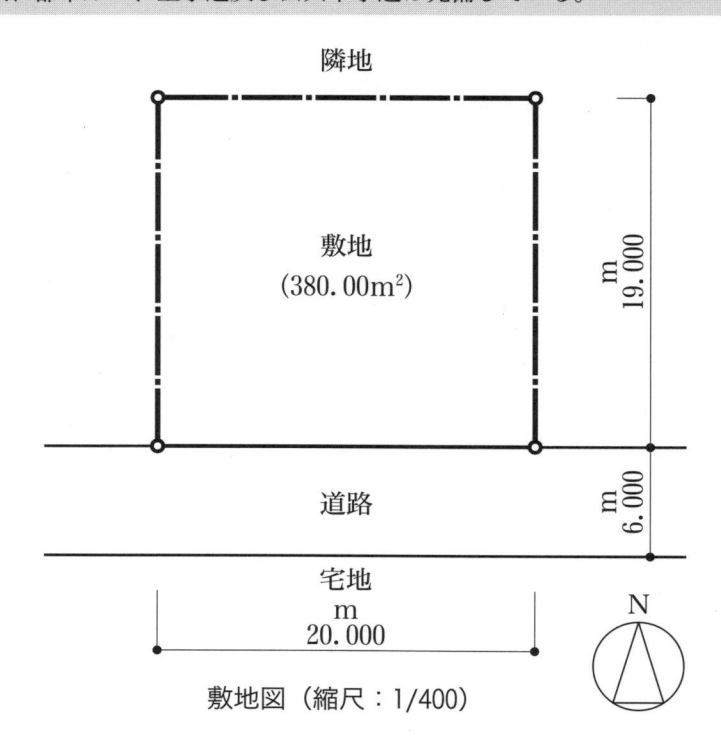

敷地図（縮尺：1/400）
- 隣地側：敷地（380.00m²）
- 19.000m × 20.000m
- 道路側：6.000m
- 宅地：20.000m

☑ 特殊な敷地条件
※特殊な敷地条件に関しては、33ページに記載しています。確認しておいてください。

➡事例 その1
敷地の大きさを間違える！
ようやくプランニングができて、いざ作図という時に、敷地の大きさを勘違いしていることが発覚！ 慌ててプランニングをやり直すことに。

➡事例 その2
道路の方向が違う！
これも作図に入る時に気がついたようですが、道路の位置を、南ではなく、北と勘違いしていた人がいました。

上の2つは、練習では考えられないかもしれませんが、緊張している本番ではやってしまうのです。意外と、普段よくできている人に多い事例です。

敷地に関する条件が書かれてあります。
毎年、概ねア．～オ．のような感じで記載されていますが、木造課題と同じで、その年によって違う場合があります。必ず確認が必要です。
敷地条件は、その問題の大切なポイントとなっている可能性が高いので、きちんと確認してください。

RC造課題では、準防火地域が設定されることがあります。延焼のおそれのある部分に設ける開口部は防火設備にする必要があります。プランニングにおいては特に考慮する点はありませんが、作図条件において、延焼のおそれのある部分の範囲と防火設備の記入が求められる場合がありますので、その場合は記入するようにしてください。

建ぺい率や容積率は、もちろん守る必要がありますが、敷地が広いので、よほどのことが無い限りはオーバーすることはないでしょう。

エ．、オ．の地形やライフラインに関する条件に関しては、毎年ほぼ同じです。特に注意する点はありません。

◎構造及び階数・延べ面積・人員構成

> (2) 構造、階数、建築物の高さ等
>   ア．鉄筋コンクリート造（ラーメン構造）2階建とする。
>   イ．建築物の最高の高さは10m以下、かつ、軒の高さは9m以下とする。
>   ウ．塔屋（ペントハウス）は設けないものとする。
> (3) 延べ面積
>   延べ面積は、「240㎡以上、280㎡以下」とする。
>   （ピロティ、玄関ポーチ、駐車スペース、駐輪スペース、ルーフガーデン等は、床面積に算入しないものとする。）
> (4) 人員構成等
>   館長1名、事務員2名、ボランティアスタッフ（2名）

▷構造、階数、建築物の高さ等

構造と階数に関しては、6月に発表されます。高さに関しては、試験が始まるまでわかりませんが、ほぼ毎年同じ条件です。

その他、可能性のある条件としては、
・建築物の外壁面及び柱面は隣地境界線から500mm以上離すものとする。
・基礎は独立基礎とする。
などがあります。

▷延べ面積（床面積の合計）

RC造課題の場合は、300㎡を超えない範囲くらいで指定され、概ね40㎡の範囲があります。

この延べ面積の条件に関しては、違反をすると減点では済まず、不合格が決定してしまいます。必ず守るようにしてください。この指定された面積を守れば、容積率を超えることはありません。

計画に際しては、適切に計画すれば、この範囲内に納まるように問題はできています。面積が足りなかったり、反対にオーバーしていたりする場合は、大きな間違いなどを犯していないか、確認してください。

▷面積除外項目に注意！

屋外施設や吹抜け、バルコニーなど、床面積に含まれない部分の記述があります。同じ部分が、年度によって除外されたりされなかったりすることはありませんが、必ず確認するようにしてください。

▷人員構成等

プランニングにはあまり影響ありませんが、この課題でしたら、作図時に事務室の机の数などを意識します。

◉豆知識

二級建築士の設計範囲…
木造の場合、延べ面積1,000㎡以下（2階建）、非木造の場合は、300㎡以下です。
高さは、木造、非木造共に、13m以下、軒高9m以下となっています。

♥ポイント

面積はできるだけ大きく考える！
延べ面積は、中間値くらいになるようにプランニングするという考え方があります。これは、出題者が想定している解答プランが、それくらいであることから生まれた考え方です。
ですが、中間くらいで考えても、上限ぎりぎりで考えても、採点上はまったく関係ありません。大きく考えたほうが、プランニングはしやすいと言えるので、なるべく大きく考えるようにしましょう。
大きい器ほど入れやすい
ということです。

面積オーバー
毎年必ずいるのです

◎要求室等

(5) 要求室等

下表のすべての室等は、指定された設置階に計画する。

設置階	室　名	特　記　事　項
1階	エントランスホール	・履物は履き替えないものとする。
	風除室	・適宜とする。
	多目的スペース	ア．地域のイベントや文化活動、展示会などに利用する。 イ．面積は適宜とする。 ウ．可動間仕切りにより、独立した室としても使用できるようにする。
	サークル室	・面積は10㎡以上とする。
	多目的便所	ア．広さは、心々2,000mm×2,000mm以上とする。 イ．出入口の幅の内法は、800mm以上とする。 ウ．高齢者・身体障害者・妊婦のほか、乳幼児を連れた人等が使用する。
	男子便所	・適宜とする。
	女子便所	・適宜とする。
	事務室	ア．12㎡以上とし、道路に面する位置に設ける。 イ．事務机及びいすを設ける。
	更衣・休憩室	ア．6㎡以上とし、事務室に隣接させる。 イ．事務員等の更衣・休憩等に使用する。
	倉庫	・8㎡以上とする。
2階	アトリエ	ア．面積は20㎡以上とする。 イ．ルーフガーデンと直接行き来できるようにする。
	研修室	ア．40㎡以上とする。 イ．可動間仕切りを設け、2室に分割して使用できるようにする。
	給湯室	・4㎡以上とする。
	男子便所	・適宜とする。
	女子便所	・適宜とする。

> **🔴ポイント**
> 答案に記入する時の室名は、問題文のとおりに！
> たとえば、「便所」が要求されているのに、図面に「トイレ」と記入してはいけません。室名間違いで、減点の対象となります。
> 他に間違えやすい例としては、夫婦室と夫婦寝室、収納と押入れ、駐輪スペースと駐輪場などがあります。
> 平成23年度の試験では、「子ども室」を「子供室」と記入した人がとても多かったです。

> **🔴ポイント**
> 要求室は表の構成に注意！
> この問題の場合は、設置階と室名、特記事項の3つで構成されていますが、これに部分という欄が加わることがあります。この場合は、ゾーニングを意識してプランニングを行なう必要があります（第8章を参照）。

> **🔴ポイント**
> 心々か有効か！
> 広さを指定する条件がある時は、心々の場合は、壁の中心から壁の中心までの寸法、有効の場合は、内法寸法（壁の内側から内側）になります。
> どちらの指定もない場合は、有効と考えてください。

(5) 要求室では、建物の計画において必要な室と設置階、そして、その特記事項が記載されています。

要求されている室が計画されていなかったり、設置階を間違えたりすると、合格の可能性はなくなるので気をつけてください。（便所や納戸など小さい部屋に関しては、減点で済む場合もありますが、大きな減点です。）

特記事項に関しては、失格にはなりませんが、違反をすると減点を受けることになります。（直接合否には影響しない程度の減点です。）

この部分は、プランニングのポイントになる、とても重要な部分です。また、考え方がきちんと身に付いていないと、自分ではできたと思っても、実は減点を受けてしまうということにもなりかねません。正しい知識を身に付け、適切に計画する必要があると言えます。

■特記事項の読み取り方

特記事項の読み取り方は、36〜39ページに記載しているので、そちらを参照してください。

《36〜39ページの内容》
「20㎡以上とする。」「20㎡程度とする。」
「面積は適宜とする。」
「和室6畳以上とし、押入れ及び床の間を設ける。」
「隣接させる。」
「直接行き来できるようにする。」
「付属させる。」
「一体的に利用できるようにする。」
「その他に収納を設ける。」
「既存樹木を眺めることができる位置とする。」
「可動間仕切りにより、独立した室としても使用できるようにする。」
「可動間仕切りにより、2室に分割して使用できるようにする。」
「コーナーでもよい。」
「コーナーを設ける。」
「1室にまとめてもよい。」
「天井高さを4m以上とする。」
「上部に2階部分を設けない。」
「引戸もしくは引違戸とする。」

> 勘違いをしたり、誤った計画になったりしやすい部分です。
> きちんと確認しておいてください。

■要求室に関する暗黙の決まり事

40ページで説明していますが、住宅と施設や店舗では、考え方が少し違うところがあります。

▷居室は南面採光が理想!?

南面採光は理想ですが、これは住宅の居室の場合に意識すればいいでしょう。店舗や施設などの諸室は、原則日照を意識する必要はありません。ただし、日当たりに配慮するなどの条件があれば、それに従ってください。

▷廊下を設けて各室には廊下から出入りさせる

特定の部屋から出入りさせる場合は、問題でそのような条件があるはずです。そのような条件がない場合は、原則廊下やホールなどから出入りできるように考えてください。この点は、木造の住宅課題と同じです。ただし、課題の内容や室の用途によっては、例外もあります。

▷玄関は道路から見える位置に計画

建物の出入口は、道路から見えるところに設けるのが一番好ましいと言えます。特に店舗や施設など、初めての人が訪れる可能性がある建物の場合は、わかりやすい位置に計画しましょう。

▷部屋形状は整形が好ましい（使いやすい）

要求されている面積は、整った形状で計画することが好ましいと言えます。変形した形や細長い形状は、その部屋が使いにくいという理由で、減点になる可能性があります。ただし、居間・食事室・台所や店舗の売り場など、その部屋の使用に支障がない場合は構いません。また、矩形（四角）で要求面積を確保すれば、その部分にプラスすることによって、部屋全体の形が変形しても問題ありません。

> **ポイント**
> 実は重要―廊下形状！
> 廊下の形状で、プランの良し悪しが変わります。
> 複雑な廊下形状をしたプランは、あまり上手に見えません。また、プランニングにとても苦労した印象を受けます。作図も大変そうですね。

問題条件にはでてこないのか…

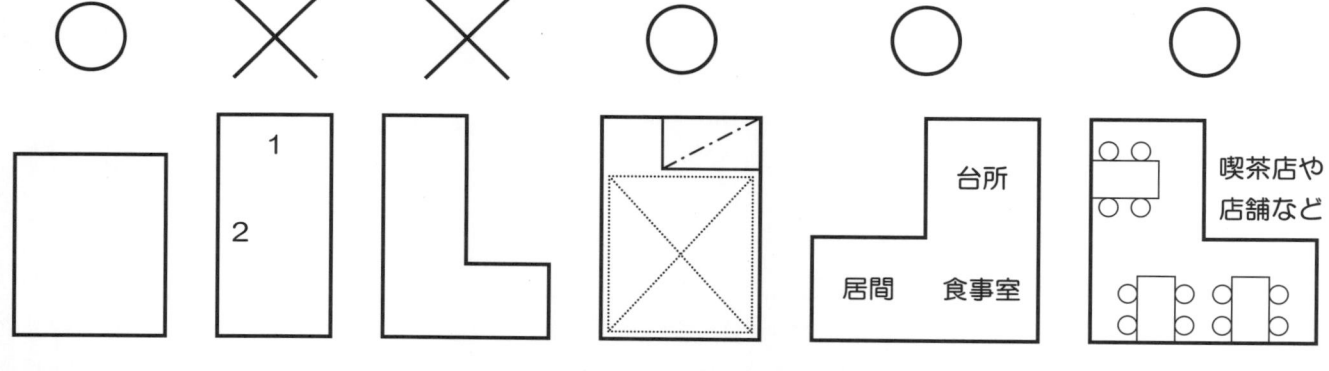

○	×	×	○	○	○
基本は矩形	縦：横の比率なるべく1：2以下に	不整形は使いにくい	収納などがある場合、整形部分で面積を確保すれば問題なし	使用に支障がなければ不整形でもOK 什器などのレイアウトに注意しよう	

◎階段、エレベーター及びスロープ

(6) 階段、エレベーター及びスロープ
ア．建築物に、2以上の階段を設ける必要はない。
イ．建築物内に、エレベーター1基を設ける。
・エレベーターシャフトは、心々2,000mm×2,000mm以上とする。
・駆動装置は、エレベーターシャフト内に納まるものとし、機械室は設けなくてよい。
・乗降ロビーは、心々2,000mm×2,000mm以上とする（廊下と兼用してもよい）。
ウ．建築物内または敷地内の通路の計画において高低差が生じる場合は、必要に応じてスロープ（勾配は、建築物内1/12以下、敷地内1/15以下）を設ける。

▷階段

2階建てである以上、階段は1か所は必要になります。ただし、ここであえて「2か所設ける必要はない」と書かれています。これは、避難用にもう1か所設ける必要はないと理解してください。

建物規模が大きくなると、建築基準法上、2方向避難の確保が必要となりますが、二級建築士試験の規模では必要はありません。

ただし、問題条件として要求された場合は別です。階段を2か所設けるという条件は、平成24年度のコミュニティ施設の課題で出題されています。

▷エレベーター

要求された場合は、必ず設けるようにします。

大きさなど、エレベーターの仕様に関する条件は、住宅と施設によって変わることがあります。きちんと確認するようにしてください。

▷スロープ

施設などでは、必ず要求されると言ってもいいでしょう。

店舗の場合は、要求されない場合もあります。要求がなければ、設ける必要はありません。

住宅部分では要求されないことのほうが多いです。ただし、要求された場合は、必ず設けるようにしてください。

スロープについては、勾配が指定されるので、床高さ（段差）に応じた長さを確保することが必要です。また、正しい表現で作図することも大切です。スロープを正しく表現できていない人は、意外と多いです。

スロープの表現については、110ページを参考にしてください。

■参考

「問題条件にないのに、階段が2か所必要になるケース」

1つは、店舗併用住宅で、併用部分と住宅部分のそれぞれが2層になっている場合です。この場合は、1つの階段を共有して使うことができず、必然的に階段は2か所必要になります。

もう1つは、二世帯住宅の場合で、それぞれの世帯が完全に分離していて、なおかつ、それぞれの世帯が2層になっている場合です。この場合も、階段は2か所必要です。

（第8章を参照）

◎屋外施設など

(7) 緑化スペース及び駐車スペース、駐輪スペース
屋外に、下表のものを計画する。

名　　称	特　記　事　項
緑化スペース	・道路に面した位置に、5㎡以上の緑化を図る。
駐車スペース	ア．普通乗用車3台分の駐車スペースを設ける。 イ．3台のうち、1台分は、車いす使用者用（幅は3,500mm以上）とし、建物出入口との動線に配慮する。
駐輪スペース	・自転車12台分以上を設ける。

(8) ルーフガーデン
・1階の屋根を利用した位置に、ルーフガーデン（面積は35㎡以上）を設ける。

　建物以外に、敷地内や屋上に計画する必要のあるものが、ここで要求されます。特記事項では、条件が具体的に書かれているので、必ず守るようにしてください。

　屋外施設に関しては、建物のプランが出来上がってから考える人がいます。後から考えると計画できないケースがあるので、その配置や大きさなどは、大まかでもいいので、はじめに考えておきたいものです。

　また、屋上に計画するものは、建物全体の大きさ（柱スパンの検討）に影響してくるので、プランニング時に考慮する必要があります。

▷駐車スペース
　車1台あたり2,500mm×5,000mm以上を確保します。これは木造課題と同じです。ただし、車いす使用者用や搬入車用など、大きさが指定されることがあります。その場合は、指定された大きさを確保するようにしてください。

▷駐輪スペース
　1台あたり600mm×2,000mmで計画します。また、自転車を出し入れするスペースを敷地内に設けてください。

▷動線計画に注意
　駐車スペースも駐輪スペースも、その位置から玄関までの動線（通路）を確保することが必要です。一度、道路に出ないと玄関まで行くことができない計画は、好ましくありません。

▷ルーフガーデン
　屋上を利用した位置に設けます。床面積に入りませんので、建物の大きさ（柱スパン）を考える時には、注意が必要です。

ポイント

屋外施設が計画できない！
さてどうしますか？
別のプランを考える時間があればいいですが、作図がほとんど出来上がっていて時間がない場合。
そんな場合は、面積が小さくなっても構いませんので、名称だけでも記入しておきましょう。
面積が小さいのと未計画では、面積が小さいほうが、減点が少ないからです。
でも、そうならないために、はじめにスペースを想定しておきましょう。

なるほど…

→ 駐車・駐輪スペースは41、42ページも確認

6章　RC造課題 ── エスキースの方法
（エスキースはシステマチックに）

では、実際にエスキースを行なっていきましょう。

RC造課題のエスキースは、ラーメン構造の特性を考えると、木造課題よりも方向性が導きやすく、比較的、機械的に行なうことができると言えます。したがって、ラーメン構造の特性をきちんと理解することがポイントです。

また、木造課題と同じで、エスキースの方法はこれが一番というものはありません。このテキストに書いている方法を参考にし、自分で試行錯誤しながら、自分に適したエスキース方法を確立していく必要があります。

> 新しいものを生み出すのではなく、ルールに従って導き出す、という…感覚でプランニングを行ないます。

◎まずは RC ラーメン構造について理解しよう

　ラーメン構造とは、柱や梁を主な構造部材とし、その部材の接合部分が剛接合（一体化）された構造形式をいいます。

　柱の間隔（スパン）は 5m ～ 7m を基本とし、4 本の柱で囲まれたスペースは、概ね 25㎡ から 50㎡ くらいで考えます。このスペース内に、部屋などを計画するようにしてください。ラーメン構造は、この 4 本の柱で囲まれた空間を 1 つのユニットとし、このユニットの組み合わせによって計画されます。

　この試験においては、延べ面積が 300㎡ を超えないくらいで出題されるので、概ね下図のような組み合わせ（建物ボリューム）になります。

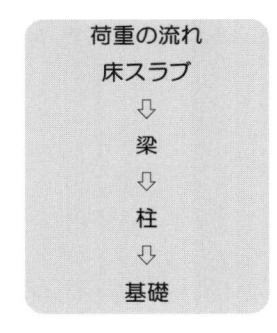

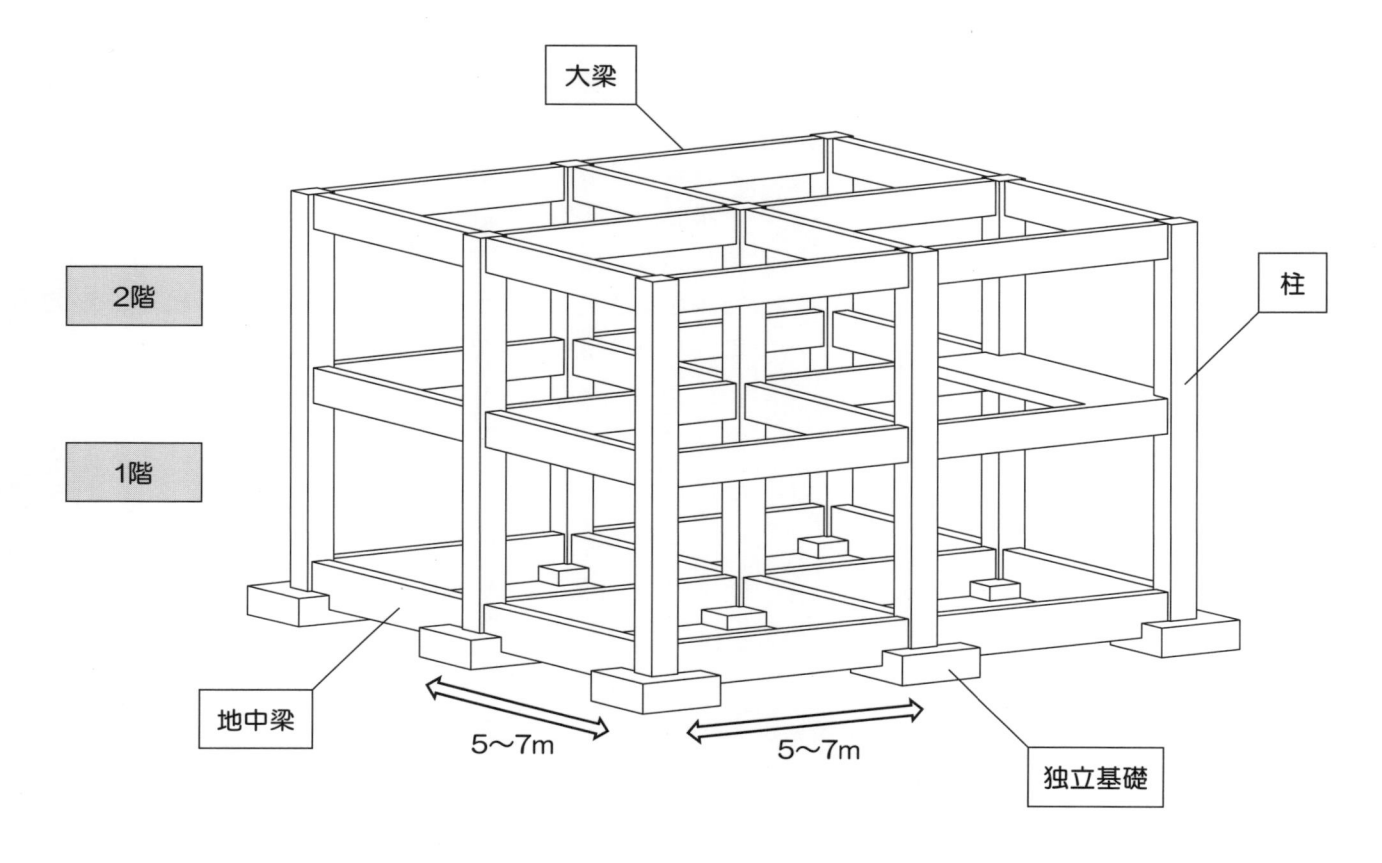

荷重の流れ
床スラブ
⇩
梁
⇩
柱
⇩
基礎

※ 2 階柱の下には、必ず 1 階の柱が必要です。
※ 軒高は、最上階の梁の上端高さになります。
※ 基礎は独立基礎、もしくは、べた基礎でも構いません。
※ 部材の寸法は、スパンなどによって変わることがあります。
※ 外壁及び階段やエレベーターシャフトの壁は RC 造とします。
※ 建物内部の間仕切り壁は、原則、帳壁とします。
※ 帳壁とは、木造や軽量鉄骨造など RC 造以外のもので造る壁を言います。
※ 小梁とは、大梁から大梁に架かる梁を言います。

■ RCラーメン構造：基本部材

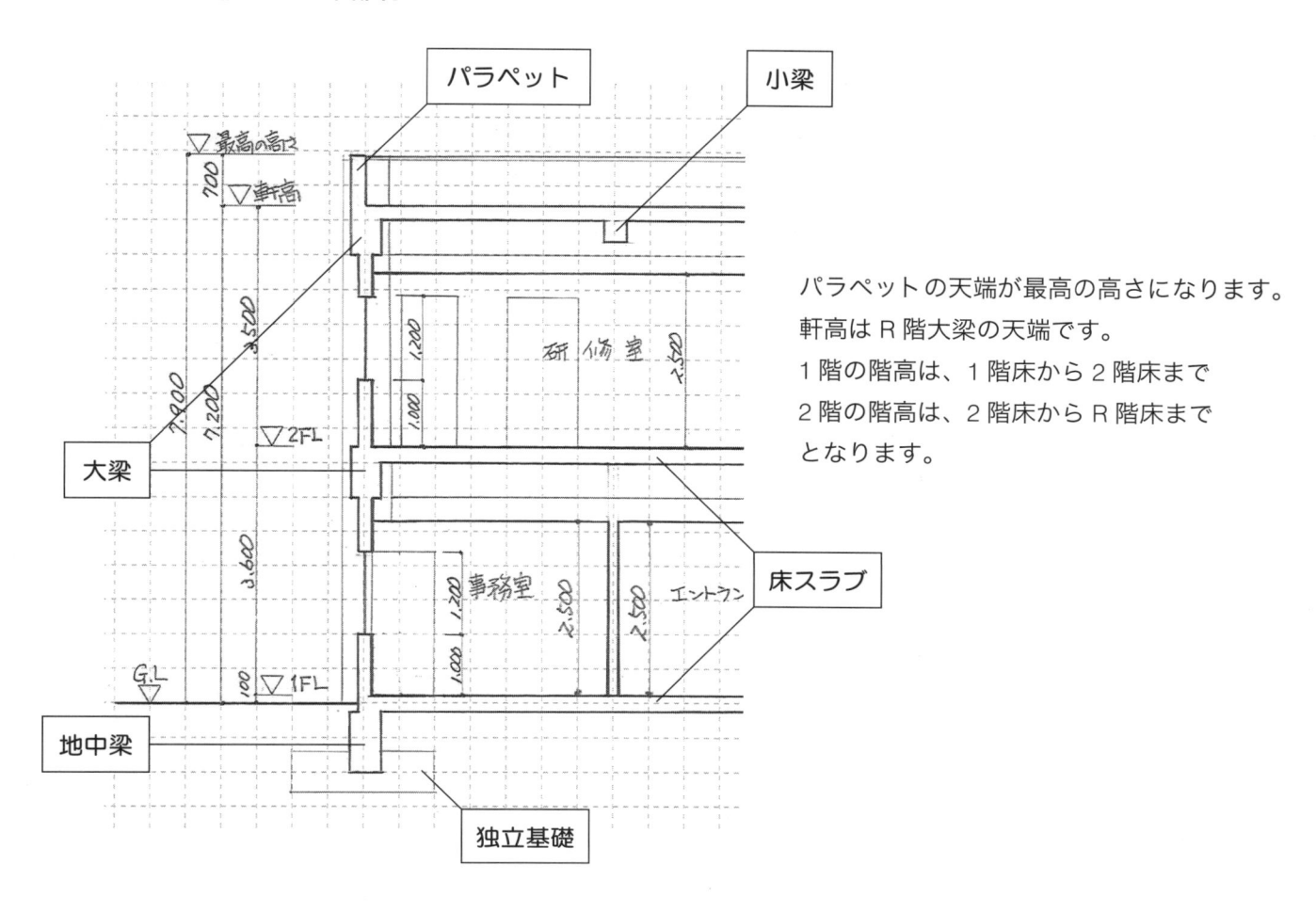

パラペットの天端が最高の高さになります。
軒高はR階大梁の天端です。
1階の階高は、1階床から2階床まで
2階の階高は、2階床からR階床まで
となります。

作図においては、次の寸法が必要になります。
主要構造部材表にも記入する必要があります。

柱の大きさ		……………	600×600
梁の大きさ	大梁	……………	400×700
	小梁	……………	300×500
	地中梁	……………	400×900
スラブ厚さ		……………	200
壁の厚み	耐力壁	……………	150～200
	帳壁	……………	100ぐらい
独立基礎		……………	1,800×1,800×h500
		もしくは	2,000×2,000×h600

これはしっかり
覚えておかないと

◎柱の配置例

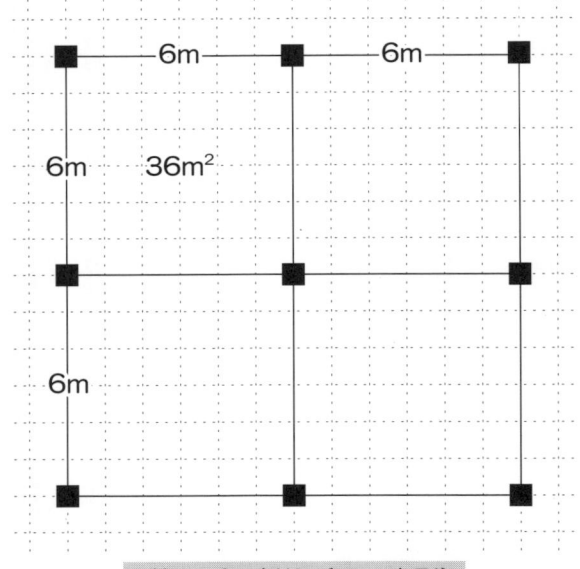

均等スパン割り（田の字型）
- 6m × 6m、36m²

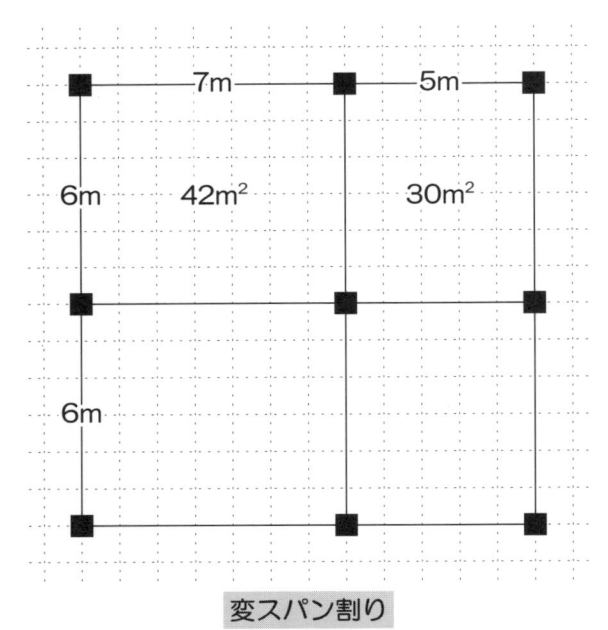

変スパン割り
スパンは均等でなくてもOK 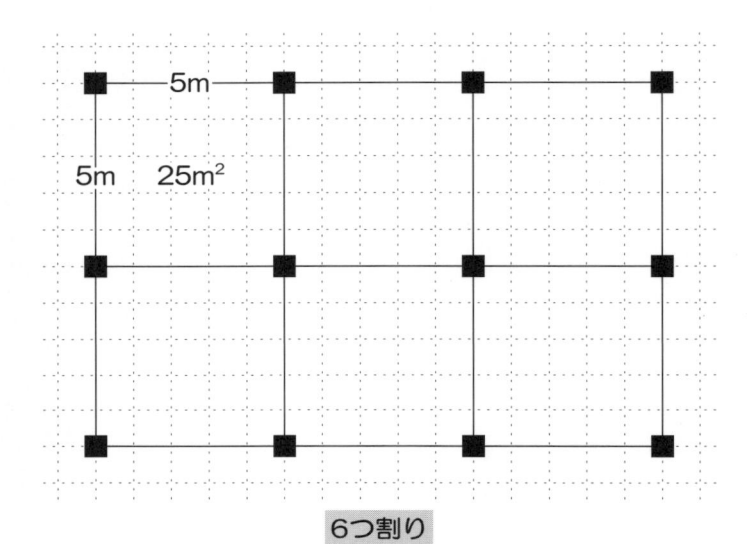
- 7m／5m、6m、42m²／30m²

6つ割り
- 5m × 5m、25m²

5つ割り

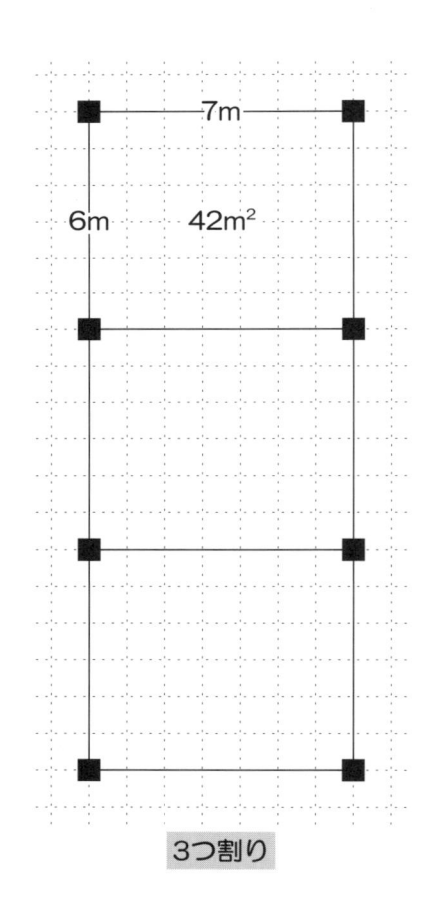

3つ割り
- 7m × 6m、42m²

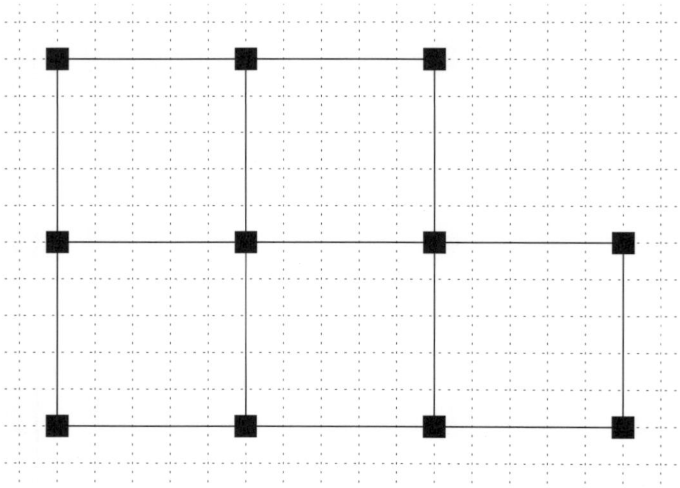

◎計画可能範囲とアプローチの想定

エスキースの第一ステップとして、計画可能範囲とアプローチの位置を考えてみます。計画可能範囲とは、建物を計画できる範囲のことを言います。境界からの適切な空き寸法と、要求されている屋外施設のスペースを想定し、建物を建てることができる範囲を把握します。

▷計画可能範囲

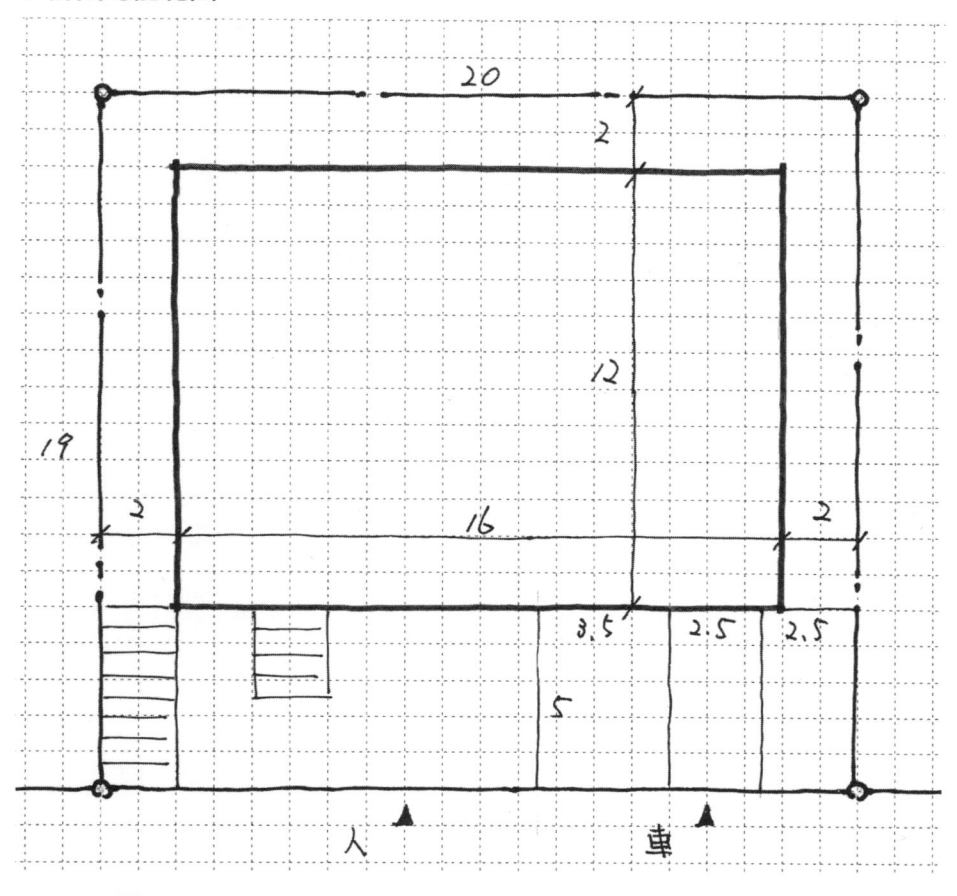

- 隣地境界線からは、原則 2m 離します。（1m でも可能）
- 駐車スペースは、1 台当たり 2.5m×5m を確保。車いす使用者用は 3.5m×5m。
- 駐輪スペースは、1 台当たり 0.6m×2m を確保。＋自転車出し入れスペース。
- アプローチは利用者にとってわかりやすい位置が理想。
- 出入口は人用と車用の 2 か所を設ける。

▷隣地境界線との空き寸法

　隣地境界線との空き寸法は、2m を基本とします。1.5m でも可です。それ以上空き寸法を狭くしたい場合は、1m でも可能ですが、独立基礎の大きさを 2m にしている場合は、境界に接することになるので注意が必要です。この場合は、基礎を内側に寄せるか、べた基礎にする方法があります。

　北側に何も計画するものがない場合は、空き寸法は 2m より大きくしないほうがいいでしょう。その分、南側を広くすれば OK です。

▷アプローチ

　接道している部分のできるだけ真ん中が理想です。人・自転車用の出入口と自動車用の出入口を設けます。

　自転車専用の出入口は、要求が無い限りは、設ける必要はありません。

💡ポイント

計画するものが何もなければ、道路境界線とは 3m、もしくは 2m を空けること。ただし、道路が南側の場合は、広くても OK です。

◎柱スパンの検討

次に、柱スパンを検討します。
94、95ページのラーメン構造の特性を踏まえたうえで、計画可能範囲と指定されている延べ面積より、柱スパンと柱配置の可能性を検討します。

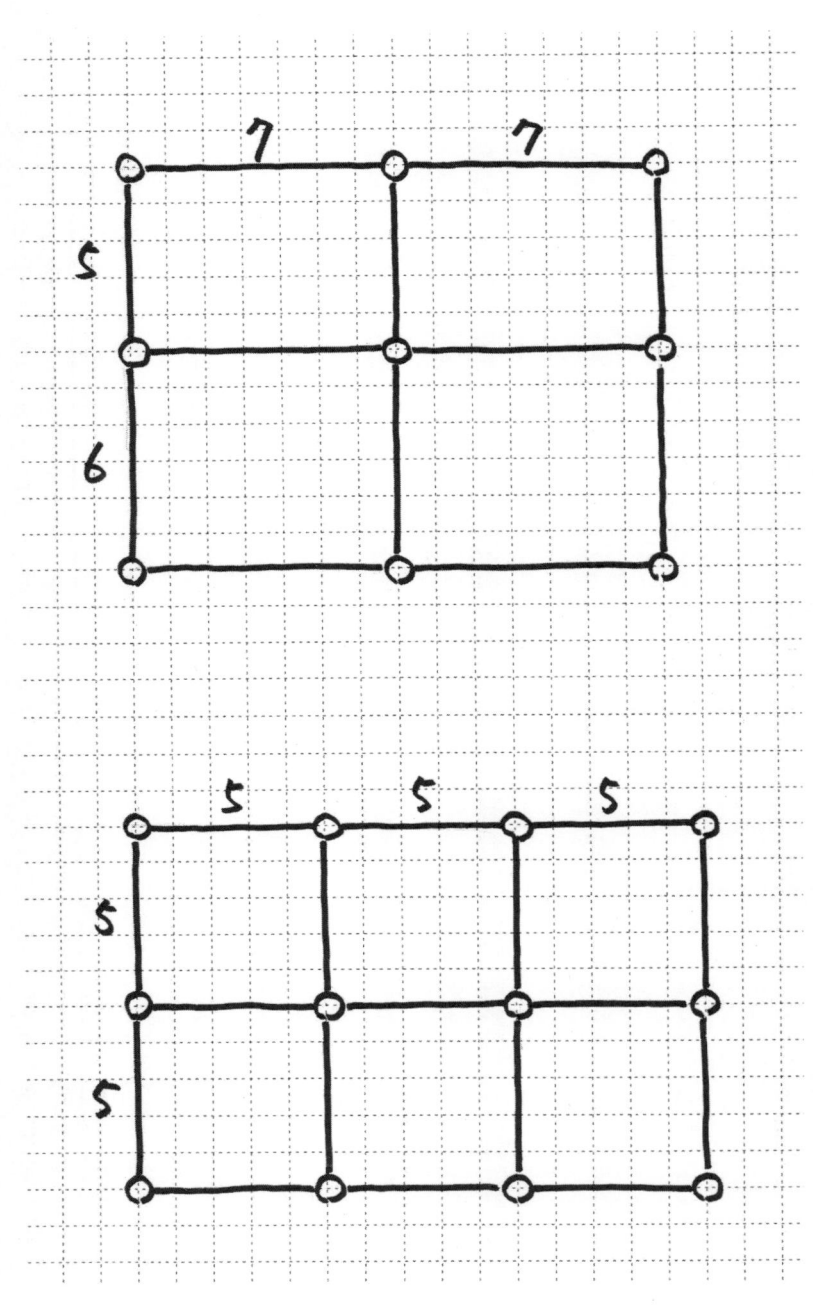

要求されている面積の上限は、280㎡、それに建物ボリュームとしてルーフガーデンの35㎡をプラスします。
合計で315㎡となります。
2階建てなので、315㎡を2で割ると
157.5㎡
ここから柱スパンを割り出します。
計画可能範囲より、左図のようなスパンが考えられます。

1階　14×11＝154
2階　154－35（ルーフガーデン）＝119
合計 273㎡

計画可能範囲より、横幅をもう少し広げることができるので、6つ割りの柱配置でも考えてみます。

1階　15×10＝150
2階　150－35（ルーフガーデン）＝115
合計 265㎡

さらに横幅を1mプラスすることも可能
1階　16×10＝160
2階　160－40（ルーフガーデン）＝120
合計 280㎡

ポイント
柱スパンが8mになった時は、大梁の寸法を400×800にします。

柱スパンの検討は、あくまで検討であって、ここで決定する必要はありません。建物の大きさを把握するための目安だと考えてください。
プランニングをしながら、臨機応変に変更を行なっていきます。

◎機能図を描く

設計条件を確認しながら、機能図（動線図）を描きます。

機能図を描くと、設計条件をより把握でき、また大きな間違いや勘違いを発見することができます。プランができてから、大きなミスに気がつくことがないように、プランニングに入る前に機能図を描いておきましょう。

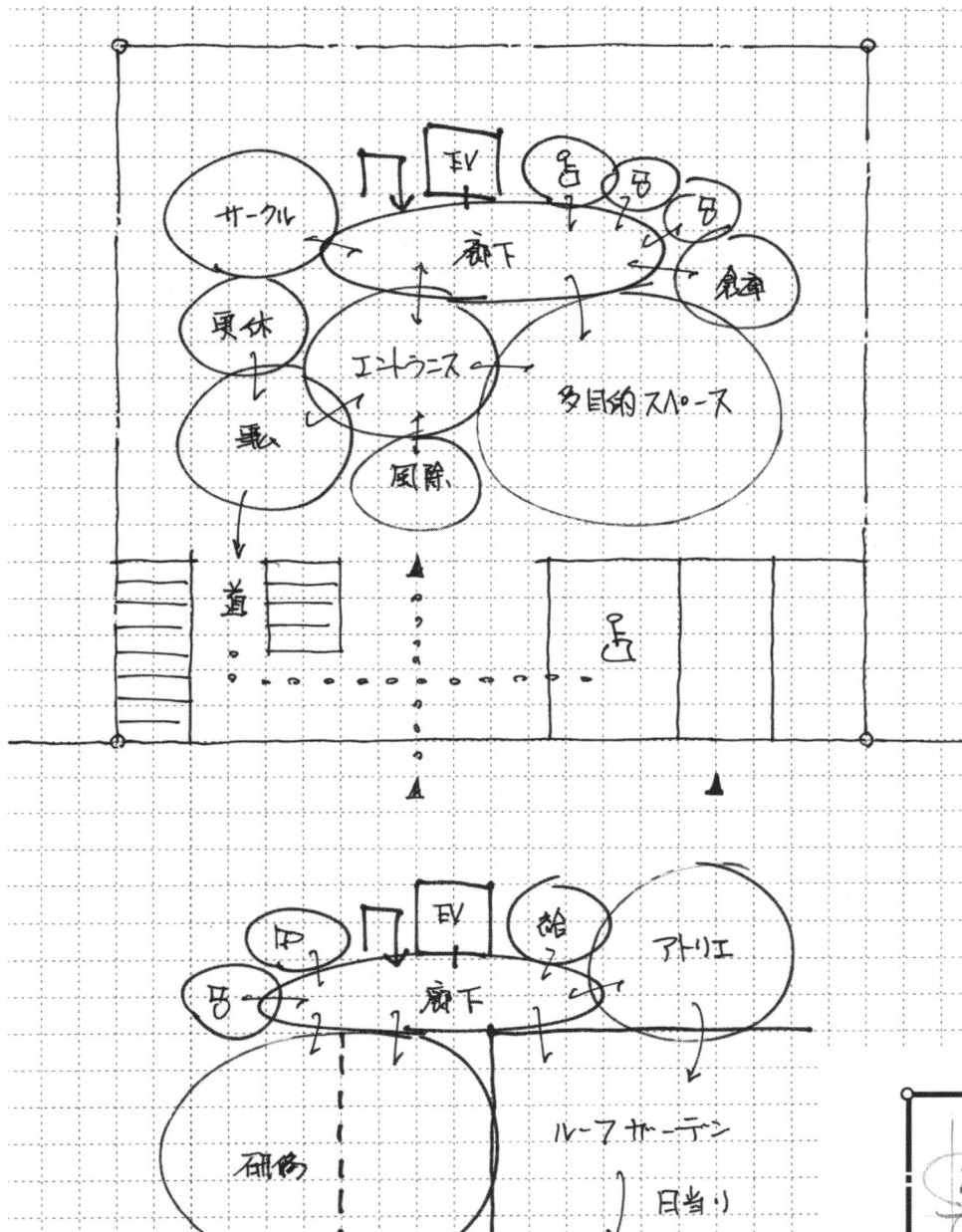

問題に慣れてくると、この機能図を描かなくなる人がいますが、大きな間違いを防ぐことができますし、描いたほうがプランは早くできます。

　　　…この段階で一度、設計条件を確認…
　　　　プランニングで後戻りをしないために。

どんな課題においても意識しておくこと
- 原則、各部屋は廊下もしくはホールなどから出入りさせる。
- 階段も原則廊下などから。
- 玄関から駐車・駐輪スペースへの動線。
- 道路から敷地への出入口は人用と車用の1か所ずつでOK、自転車専用の入り口は必要ありません。

この課題に関する条件
- 事務室は道路に面した位置。
- 更衣・休憩室は事務室に隣接。
- 研修室は2室に分割できる。（出入口は2か所必要。）
- 日当たりのよい位置にルーフガーデン。
- アトリエはルーフガーデンと行き来。
- ルーフガーデンは、原則、廊下からも出入りできるように。

問題用紙の敷地図を使って、簡単に機能図を描く方法もあります。

◎プランニング

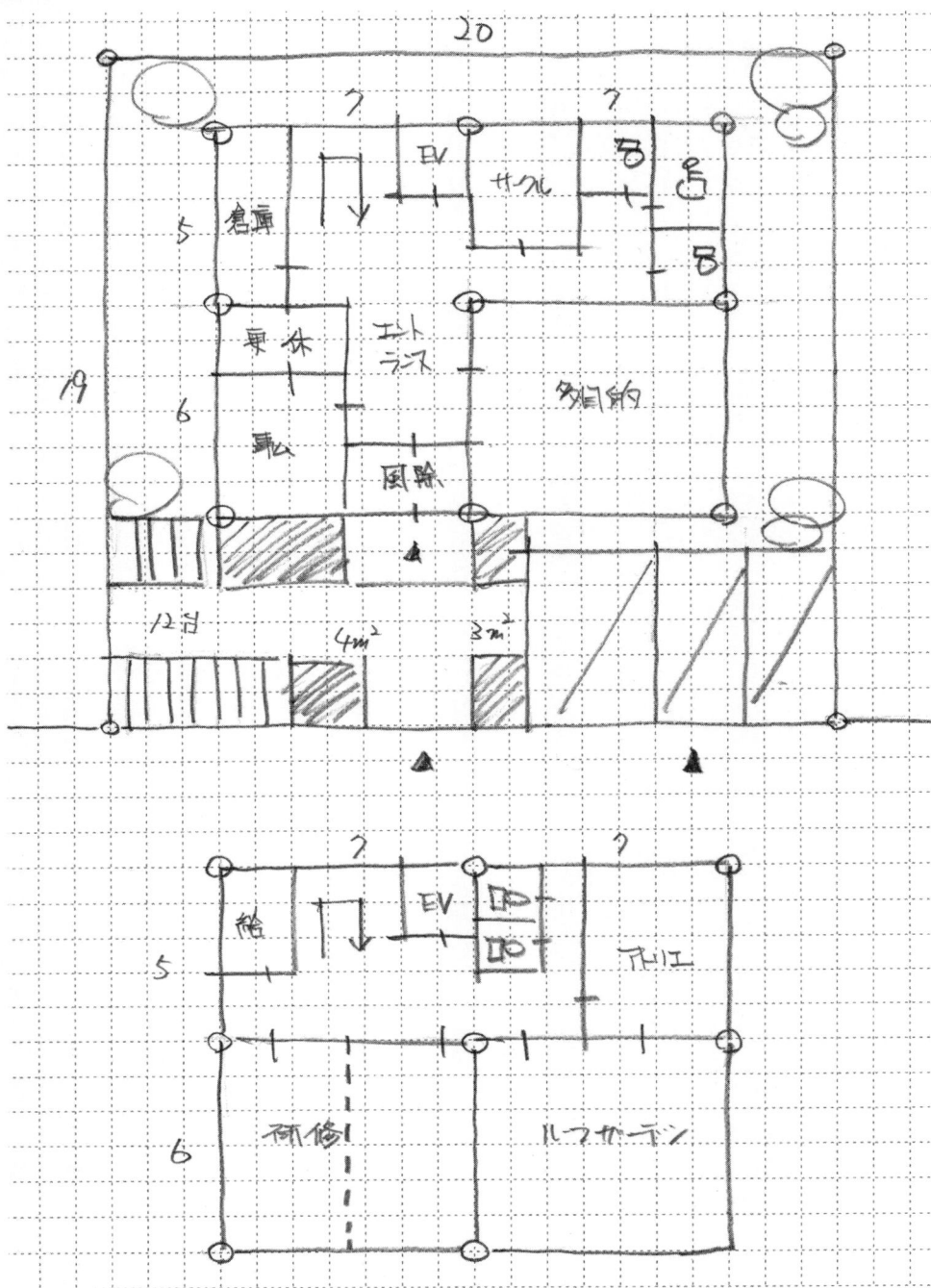

計画可能範囲と機能図、そして柱スパンの検討ができました。あとは、それらをつなぎ合わせる作業を行ないます。

必ずしも、機能図のとおりになる必要はありません。プランニングの途中で、臨機応変に変更してください。

本試験では、左のラフスケッチ程度のプラン図で作図に入れるようにします。

はじめのうちは、窓の位置などを検討してから作図に入っても構いませんが、慣れてくると、作図しながら検討ができるようになってきます。また、練習を重ねるにつれて、スパンに応じた窓の位置は定まってくるでしょう。作図時間短縮のために、窓の位置は、決まっているか、すぐに決定できるようにしてください。

プランニングが終了したら、問題条件に適合しているかどうか、確認をしておきます。作図に入ってからミスに気付くと、修正は大変です。

▶面積計算

延べ面積が、指定範囲内に納まっているかどうか確認しておきます。

面積の計算は、間違いがないように数回行なってください。

また、計画の要点もできるだけ作図に入る前に書いておくか、考えておくといいでしょう。

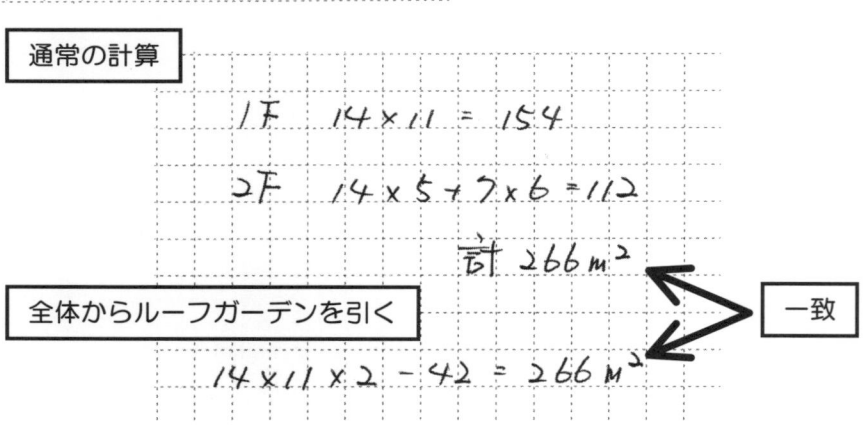

通常の計算

$$1F \quad 14 \times 11 = 154$$
$$2F \quad 14 \times 5 + 7 \times 6 = 112$$
$$計 \; 266 m^2$$

全体からルーフガーデンを引く

$$14 \times 11 \times 2 - 42 = 266 m^2$$

→ 一致

答案用紙に記入する数値は、小数点第3位を切り捨てます。

第7章　RC造課題──要求図書の読み方

（構造を理解することが重要）

　RC造課題の作図は、木造課題に比べて作図量が少なく、難しい要素もありません。なので、比較的、短期間で合格レベルに達する技術を身につけることができます。

　ただし、構造においては、一歩間違えると大きな減点につながり、そのためランクがⅠからⅡに変わってしまうことも十分に考えられるので、注意が必要です。

　せっかくプランがまとまっても、作図で減点を受けてしまっては、元も子もありません。ラーメン構造の特徴をきちんと理解し、適切に図面表現ができることが重要だと言えます。

> 作図の練習は、何気なく行なっていると減点だらけの図面になってしまいます。
> 押さえるべきポイントをしっかり押さえること。

◎要求図書

> 2. 要求図書
> a. 下表により、答案用紙の定められた枠内に記入する。(寸法線は、枠外にはみだして記入してもよい。)
> b. 図面は黒鉛筆仕上げとする。(定規を用いなくてもよい。)
> c. 記入寸法の単位は、mm とする。なお、答案用紙の1目盛は、5mm である。
> d. シックハウス対策のための機械換気設備等は、記入しなくてよい。

　問題用紙の右側には、作図に関する条件が書かれています。
　どの図面を作成するのか。また、特記事項には、各図面に対する記載内容や記載方法などが書かれています。

a. 答案用紙には枠が設けられており、図面タイトルも印刷されています。間違えないように作図してください。
　平面図の位置は毎年決まっているので、間違えることはないのですが、立面図などは違う場所に作図してしまう可能性があるので、注意が必要です。

b. 一般的には、シャーペンを用います。鉛筆やホルダーなども可能ですが、芯を削る時間が必要なので、もったいないと言えます。また、定規を用いなくてもよいと書かれていますが、通常は、定規を用いたほうが早くきれいに描けます。腕に自信がある人以外は、定規を用いて作図するようにしてください。

c. 目盛が印刷されています。この目盛はぜひ活用しましょう。たとえば、車の大きさは、1,800mm×4,500mm くらいですが、目盛を利用すれば、スケールで大きさを測らなくても作図することができます。

d. 法規上、各居室には換気設備(24時間換気)が必要ですが、その記載の必要はありません。台所のコンロ部分や窓のない便所などには設けておくといいでしょう。

ポイント

要求図書もエスキース時(はじめ)に読むべし!
要求図書の項目は、作図に入る前か、もしくは、作図が終了してから読む人がいますが、これはやめたいです。
いずれ読むところです。あらゆる条件は、少しでも早い段階で知っておくほうが、試験をより有利に展開することができると言えます。

事例 平成20年度

e. 手摺は、屋外テラス、屋外スロープ、来客用便所を除き、記入しなくてよいものとする。

つまり、屋内の廊下に設置する手摺は記入しなくてもよいという条件です。
記入しても減点にはならないですが、この文章を見落とした人は、ちょっと余計な作図をしたことになります。
問題条件は、隅々まで確認する必要があると言えます。

こんなところまで読むのか

◎平面図

要求図書 （　）内は縮尺	特　記　事　項
(1) 1階平面図兼配置図 （1/100） (2) 2階平面図 （1/100）	ア．1階平面図兼配置図及び2階平面図には、次のものを記入する。 ・建築物の主要な寸法 ・室名等 ・断面図の切断位置及び方向 イ．1階平面図兼配置図には、次のものを記入する。 ・敷地境界線と建築物との距離 ・道路から建築物へのアプローチ、駐車スペース、駐輪スペース、植栽、塀等 ・サークル室…テーブル、いす（4席程度） ・事務室…事務机、いす ・更衣・休憩室…ロッカー、ソファ ・男子便所…洋式便器、洗面台 ・女子便所…洋式便器、洗面台 ・多目的便所…洋式便器、洗面器、手すり、おむつ替え台

🔍チェック

敷地図は、あらかじめ答案用紙に印刷されています。
1階平面図のレイアウトは問題ないですが、その他の図面を描く場合は、レイアウトに注意してください。特に2階平面図を描く時に、平家部分の屋根を忘れると、枠からはみ出してしまう可能性があります。

建築物の主要な寸法

建築物の主要な寸法とは、具体的ではないですが、建物全体の寸法と、各部屋の大きさがわかるように入れておくといいでしょう。

また、寸法線は2方向でも構いませんが、できるだけ4方向に記入するようにしてください。

敷地の寸法（大きさ）は、特に必要ありません。

室名

室名は、問題文で使われているとおりの名称を、そのまま記入してください。
便所をトイレと記入したり、給湯室を湯沸室と記入したりしてはいけません。減点の対象となります。

➡事例

「建物を寄せたい、でも時間がない！」
こんな時、印刷されている敷地をずらして作図し、無事合格した例があります。
でも、この方法は、失格もしくはそれに近い減点を回避する以外は、使わないでください。

レイアウト
間違えた〜

断面図の切断位置及び方向を記入する。

　断面図の切断位置は、1階・2階それぞれの開口部を含む部分という指定がほとんどです。外壁の開口部があるところで切断してください。開口部分で切断できない場合は、開口部を移動させるか、新たに設けるようにします。また、切断位置を途中で曲げることも可能です。

　切断位置は、「南北方向とし」など、方向が指定される場合があります。その場合は、指示に従う必要があります。特に指定がない場合は、東西方向（水平）に切断し、北側（図面の上）方向を見た図にするのが、一番間違いは少なくなると言えます。

敷地境界線と建築物との距離

　敷地境界線と建築物との距離は、東西南北の4つの方向に対して必要です。

アプローチ、駐車スペース、駐輪スペース、植栽、塀

　計画が求められる屋外施設に関しては、必ず図面への記入も要求されます。名称も記入するようにしてください。

　アプローチ部分には、目地を表現するようにします。駐車・駐輪スペースから玄関までの通路に対しても、同じです。

　塀に関しては、隣地境界に沿って設けるようにします。

　道路境界に対しては、門の記入が要求された場合は、門と塀を設け、夜間など敷地を閉じることができるようにします。この場合は、駐車スペースの出入口にもカーゲート（伸縮門扉）などが必要です。

要求室には、次のものを記入する。

- サークル室に、テーブル、いす（4席程度）
- 事務室に、事務机、いす
- 更衣・休憩室に、ロッカー、ソファ
- 男子便所に、洋式便器、洗面台
- 女子便所に、洋式便器、洗面台
- 多目的便所に、洋式便器、洗面器、手すり、おむつ替え台

　各室に要求される、什器や設備についての記載です。

　一般的に描くものから、通常は描かないものが記載されています。通常描かないものについては、ここの条件を確認しないと、答案用紙に記入しないことになります。つまり、減点を受けることになるので、きちんと確認するようにしてください。

　また、大きさの指定や線種の指定がされる場合があります。もちろん、採点の対象になっているので、大きさが違ったり、線の種類を間違えたりしないことが必要です。

ポイント
特記事項はチェックリスト！
特記事項には、作図に必要な事項が書かれていますが、これらはすべて採点の対象となっています。
すべて記入できれば、減点はありません。つまり、この特記事項を見ながらチェックを行なえば、減点されることはないということです。

事例 平成18年度
屋外通路を記入する！
この年、設計条件にはなかった屋外通路が要求図書の特記事項に書かれてありました。
プランニングの前に確認しておかないと、プランが完成してから気づくと、後で慌てることになります。
要求図書も、はじめに確認しておく必要があるということですね。

ポイント
基本的な家具や設備の大きさは、覚えておこう！
洋式便器やベッド、冷蔵庫等、よく作図するものに関しては、大きさや表現方法などを覚えておきましょう。考える時間がもったいないですよ。

図面に描くものは
課題ごとに違いますよ

▶1階平面図

● 植栽
表現に決まりはありません。
植栽はきちんと描くと図面
全体の印象が良くなります。

隣地境界には、塀を設けて
行き来ができないようにします。

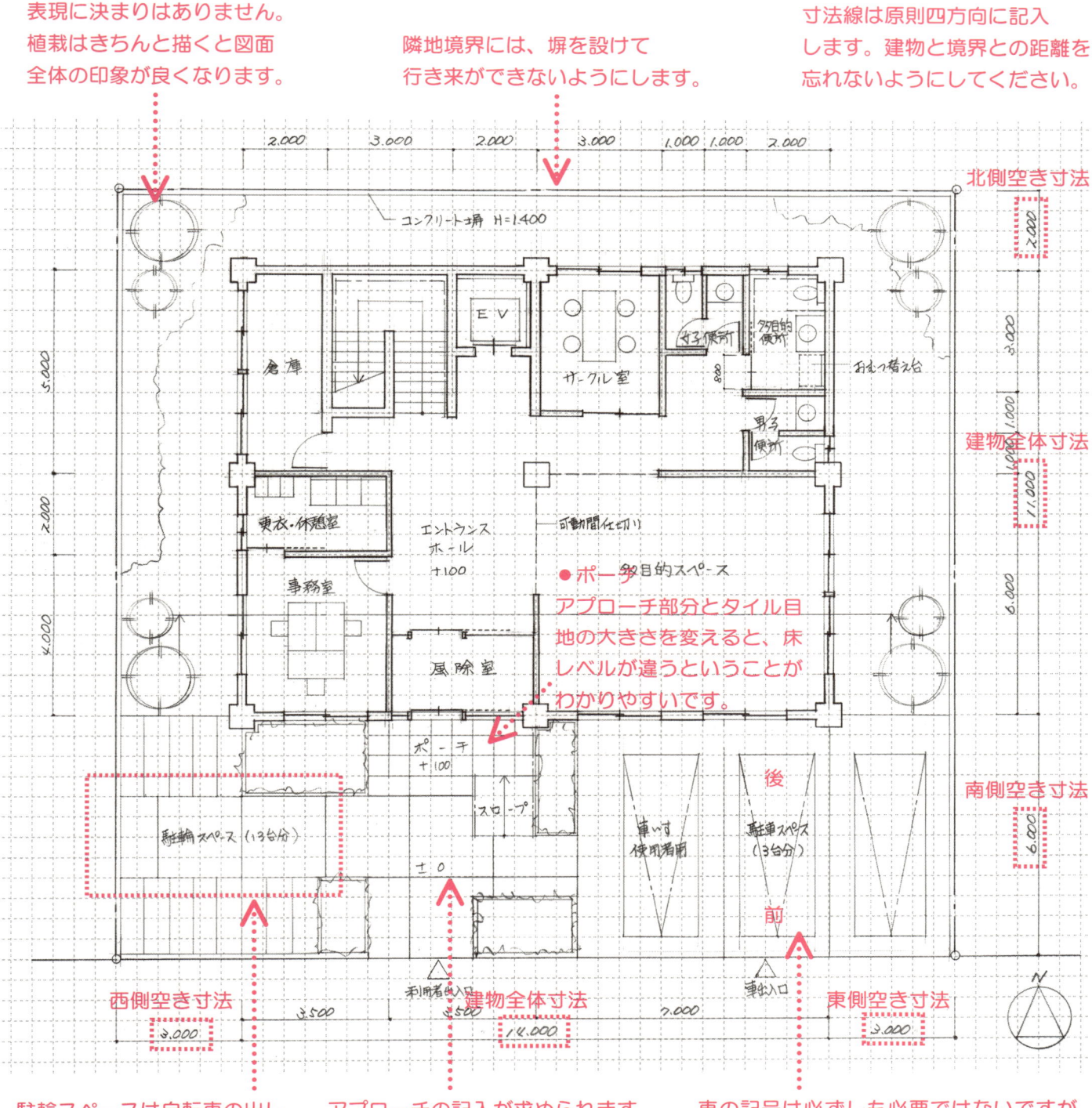

寸法線は原則四方向に記入
します。建物と境界との距離を
忘れないようにしてください。

北側空き寸法

建物全体寸法

● ポーチ／多目的スペース
アプローチ部分とタイル目
地の大きさを変えると、床
レベルが違うということが
わかりやすいです。

南側空き寸法

西側空き寸法　　建物全体寸法　　東側空き寸法

駐輪スペースは自転車の出し
入れスペースを確保します。
門や植栽がじゃまをしていた
り道路から出し入れしたりす
るのは好ましくありません。

アプローチの記入が求められます。
人が通行する部分には、タイルなど
の目地を記入してください。何も描
かないと、アプローチを記入してい
ないと見なされる可能性があります。

車の記号は必ずしも必要ではないですが、
できるだけ記入するようにしてください。
大きさは、約1,800mm×4,500mmです。
道路に対して車の前が向くように記入し
ます。

第7章　RC造課題 ― 要求図書の読み方

▶2階平面図

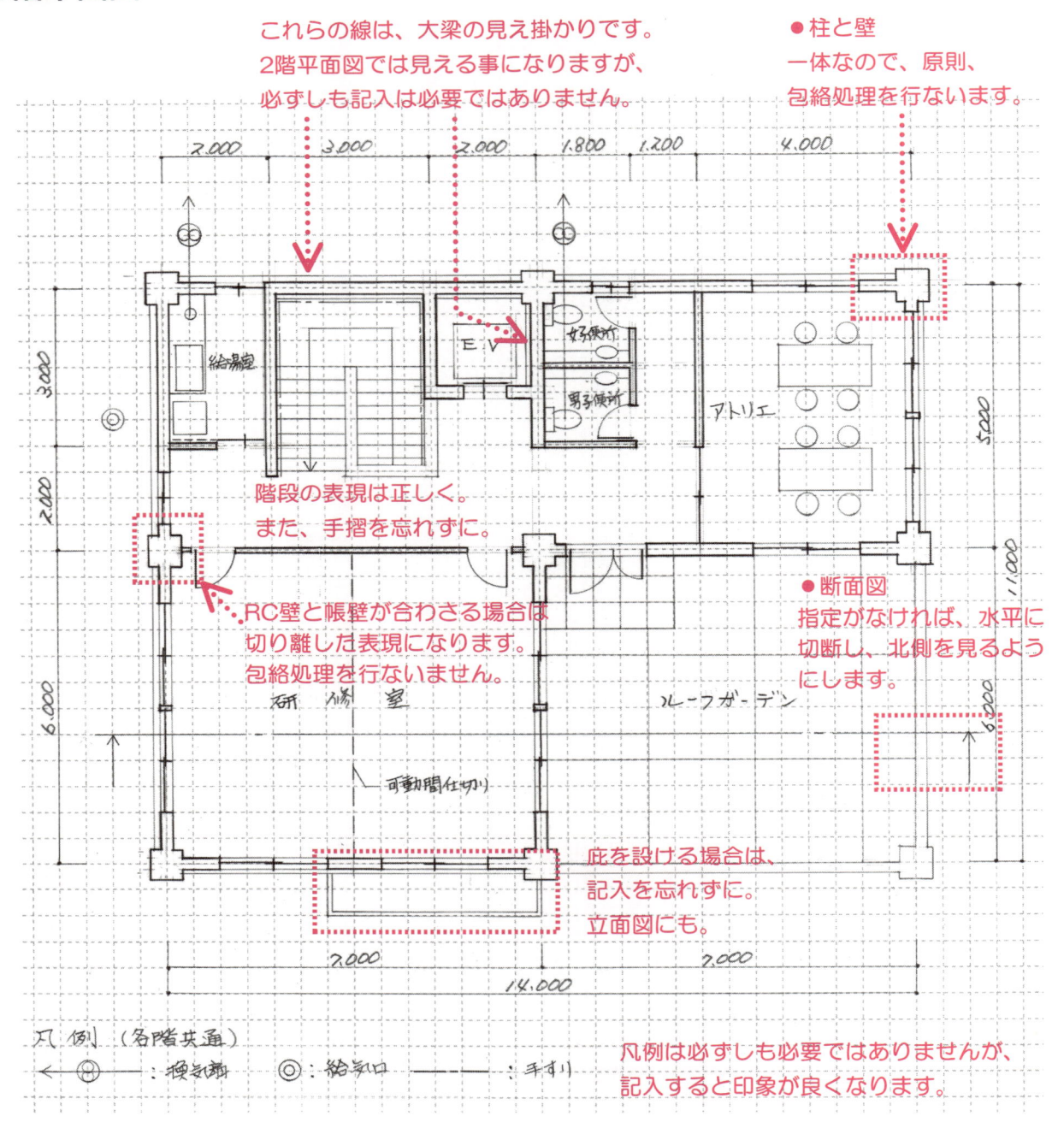

これらの線は、大梁の見え掛かりです。
2階平面図では見える事になりますが、
必ずしも記入は必要ではありません。

●柱と壁
一体なので、原則、
包絡処理を行ないます。

階段の表現は正しく。
また、手摺を忘れずに。

RC壁と帳壁が合わさる場合は
切り離した表現になります。
包絡処理を行ないません。

●断面図
指定がなければ、水平に
切断し、北側を見るよう
にします。

庇を設ける場合は、
記入を忘れずに。
立面図にも。

凡例は必ずしも必要ではありませんが、
記入すると印象が良くなります。

▶包絡処理

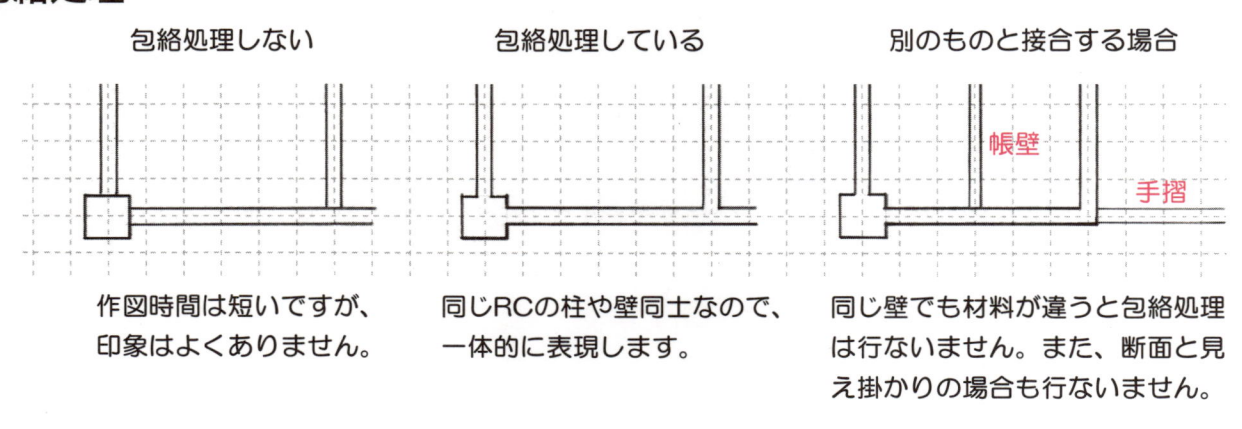

包絡処理しない
作図時間は短いですが、
印象はよくありません。

包絡処理している
同じRCの柱や壁同士なので、
一体的に表現します。

別のものと接合する場合
帳壁
手摺
同じ壁でも材料が違うと包絡処理
は行ないません。また、断面と見
え掛かりの場合も行ないません。

▶平面図―好ましくない例

▷階段・エレベーター

階段エレベーターは、決まった形のものを覚えて、それをそのまま作図するようにしてください。

また、配置に関しては、大梁の位置に注意する必要があります。

● エレベーターの位置
このラインには大梁が通ります。エレベーターを設置することはできません。
構造不適切で失格に近い減点を受けることになります。
階段についても同じです。必ず大梁を避けて設けるようにしてください。

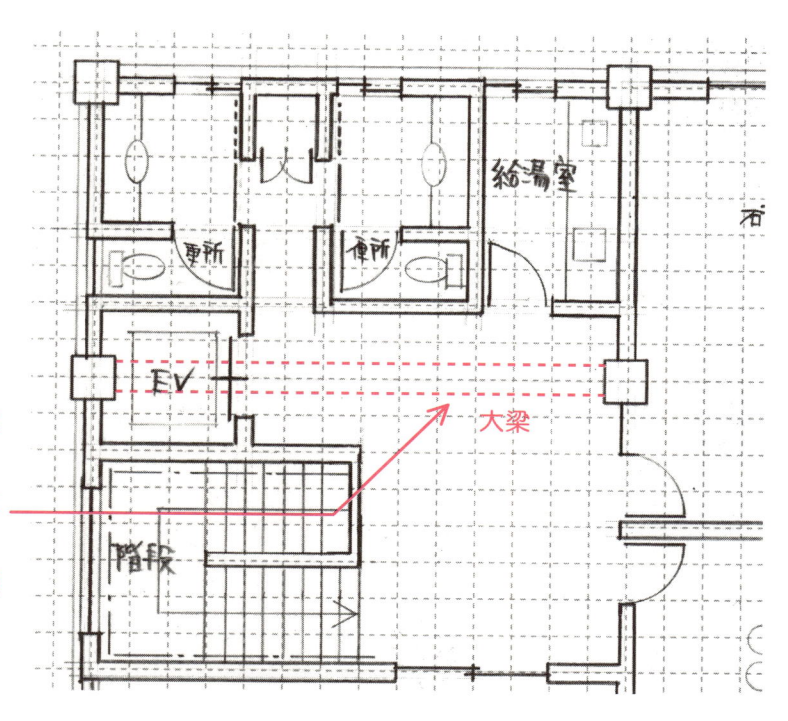

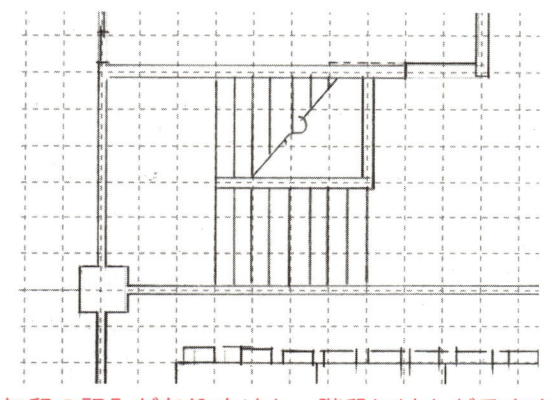

矢印の記入がありません。階段には上がる方向に矢印を記入します。2階平面図も上がる方向です。また、手摺も必要なので記入してください。壁はRC造としては少し薄い感じです。

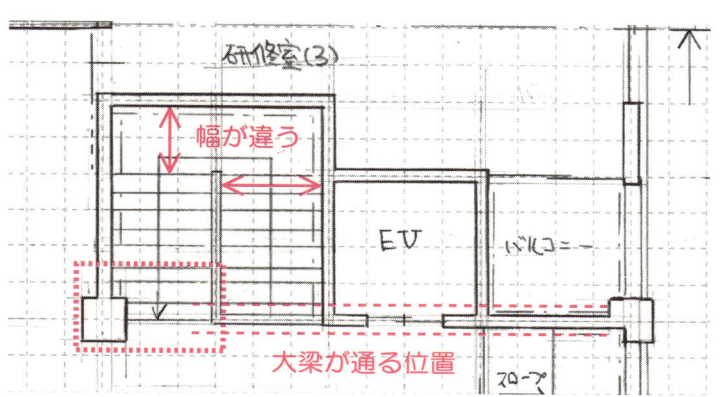

階段の一番上の段は、大梁の断面を欠損させることになるので、1段手前で止めておきます。それから、踊場の幅が、他と比べて狭いです。できるだけ統一しましょう。エレベーターはかごの記入を忘れていますね。

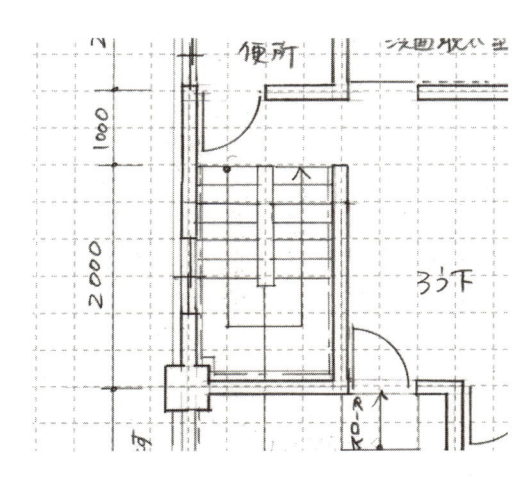

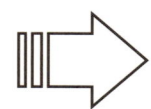

左の図面は、3階建て建物の2階平面ですが、階段の矢印の表現が違います。
1階から上がってくる部分と3階に上がる部分の、それぞれの矢印を記入する必要があります。

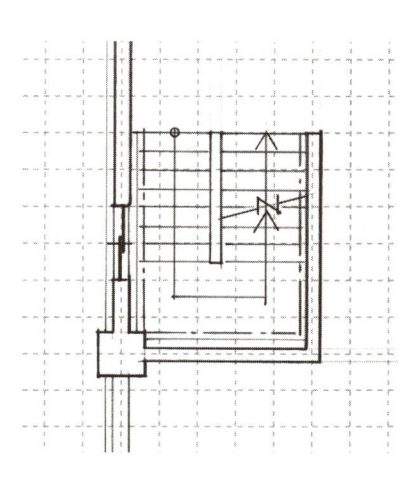

※事例図面は82ページの設計課題とは別になります。

▷バルコニー・ルーフテラスなど

線の強弱、包絡処理の有無などが不適切だと、構造を理解していないと判断されます。

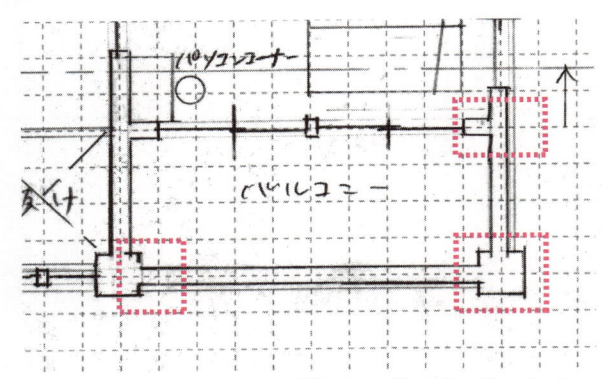

壁は断面なので強く太く

バルコニーの手摺が柱と包絡されています。これでは手摺ではなく壁になってしまいます。壁の線は断面、手摺は見え掛かりになりますので、包絡はせず、線の強弱をはっきりと付けましょう。

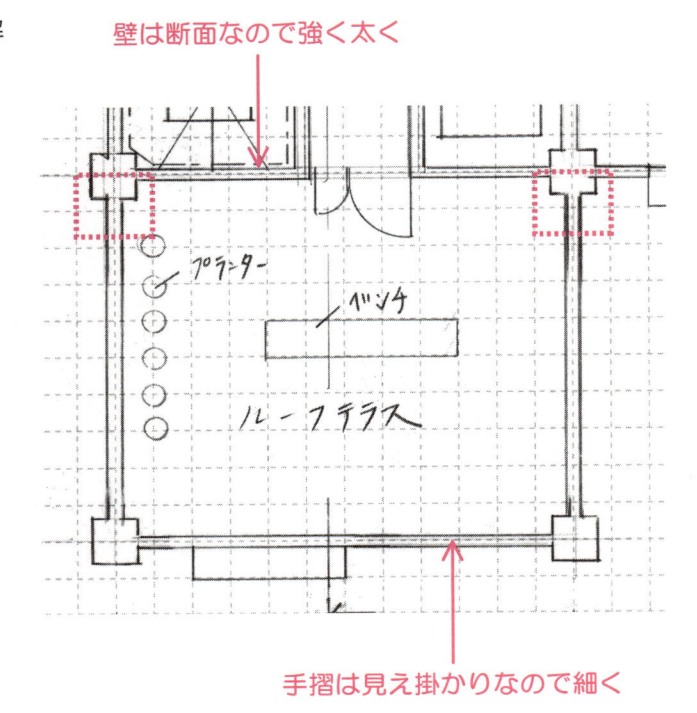

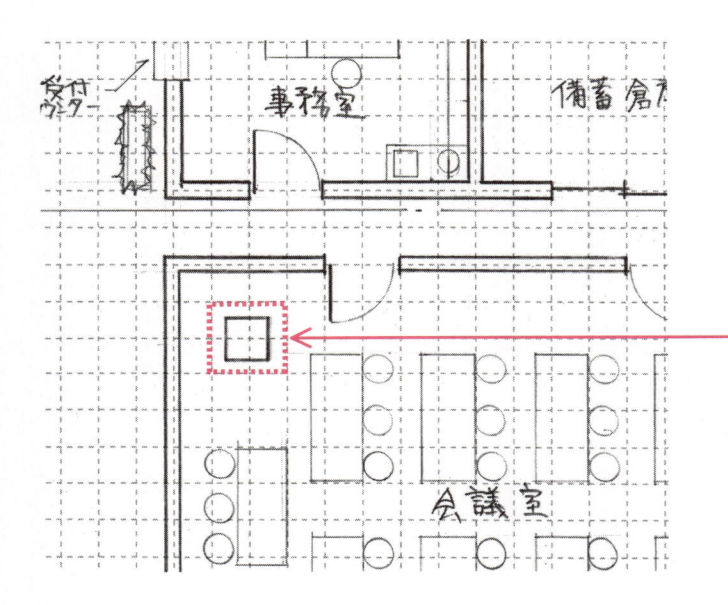

手摺は見え掛かりなので細く

▷部屋内の独立した柱

どうしてもできてしまった場合は仕方ありませんが、部屋の利用を考えると好ましくありません。

柱スパンを検討するときは、大きな室の面積を基準にするとこのようなことは起こりにくくなります

▷アプローチ

アプローチは、道路からまっすぐが基本です。右の図は、スロープを通れば売場に入ることができますが、正面からも入ることができるようにしてください。

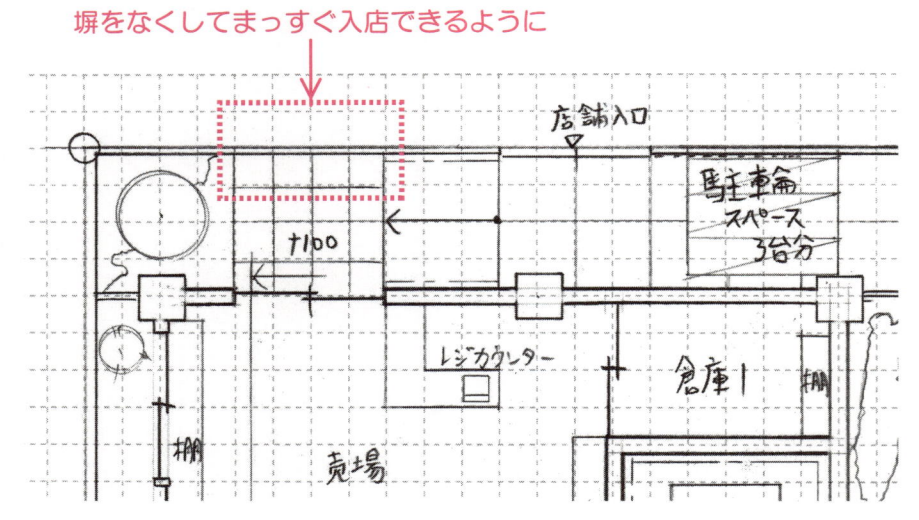

塀をなくしてまっすぐ入店できるように

▷ **吹抜け**

吹抜けの位置や表現にも注意しないと、思わぬ減点を受けることになります。

このプランは、店舗の上部が吹抜けになっていますが、住宅部分との間に窓を設けるのは好ましくありません。パブリックスペースとプライベートスペースは、きちんと分けるようにします。

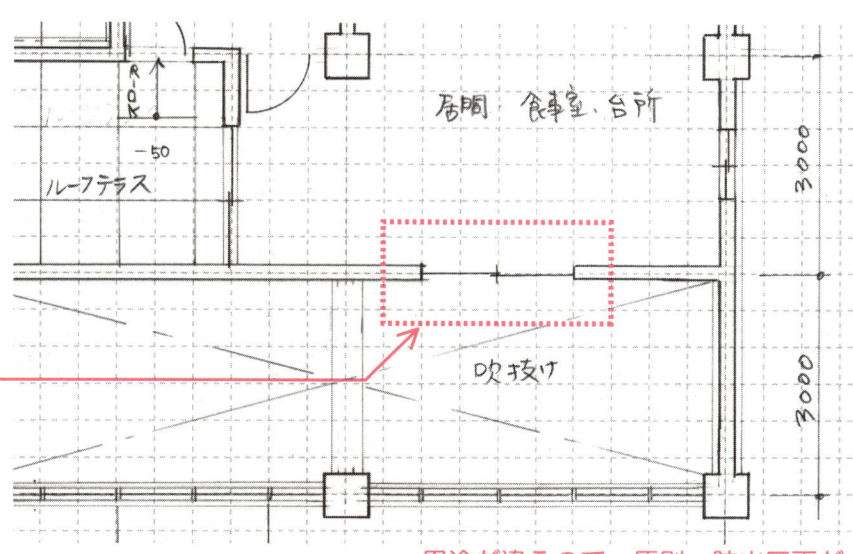

用途が違うので、原則、防火区画が必要です。窓や扉を設ける場合は、防火戸にする必要があります。

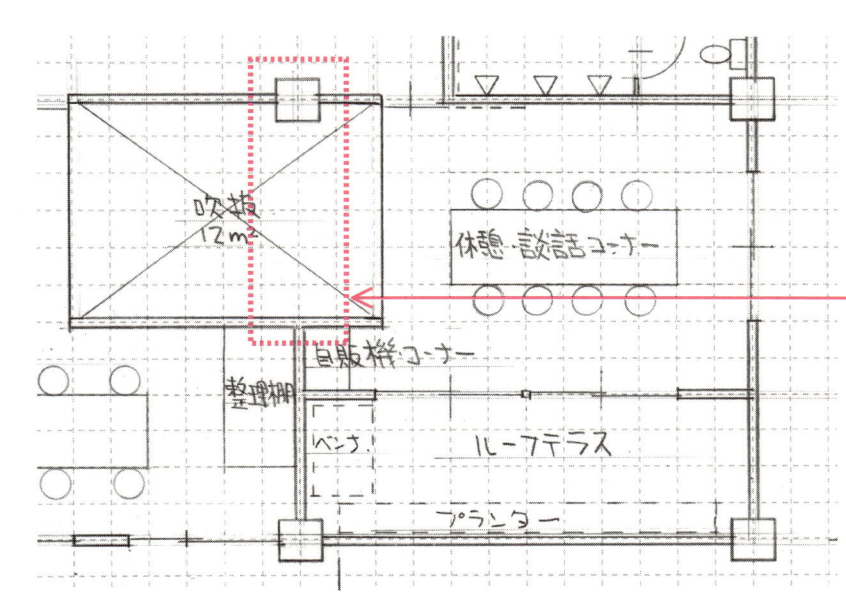

この位置には大梁があるはずです。実線で記入するようにしてください。また、吹抜と右側の休憩・談話コーナーとの境界部分の表現が曖昧です。壁か手摺をきちんと表現しましょう。

▷ **断面図の切断位置**

断面図の切断位置は、途中で曲げることが可能ですが、曲がっている部分で部屋が変わってはいけません。

曲げる場合は、同じ部屋の中で行なうようにします。

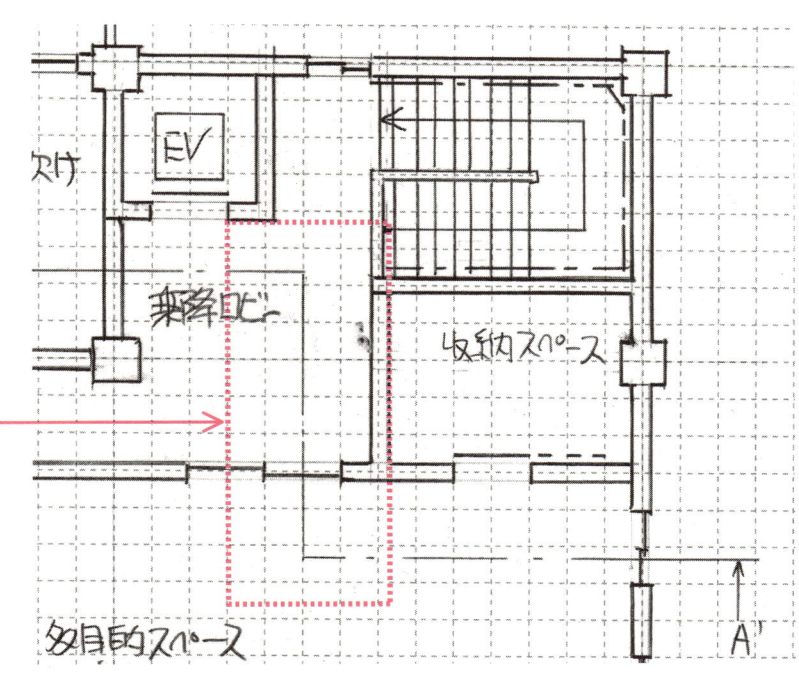

第7章　RC造課題 ― 要求図書の読み方　109

▷スロープの表現

　作図としては簡単なスロープですが、何気に描くと誤った表現になったり、好ましくない計画になったりします。

　スロープは、道路境界線から設けていはいけません。上がる場合はいいですが、下る時にいきなり道路に出る可能性があるので危険です。スロープと道路の間には、必ず平らなスペースを設けるようにしてください。道路境界に塀があるとベストです。

　また、このプランでは車いす使用者用駐車スペースからスロープを利用する時に、一度道路に出る必要があります。スロープは道路に出ないで利用できるように計画してください。

　曲がる場合は必ず踊場（平らなスペース）を設け、安全に上り下りできるようにします。手摺も忘れないでください。

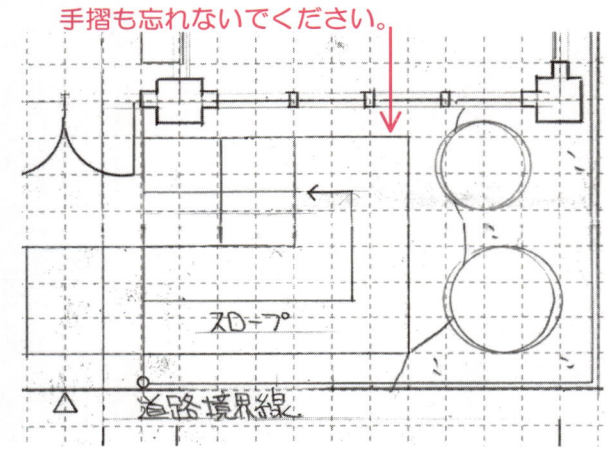

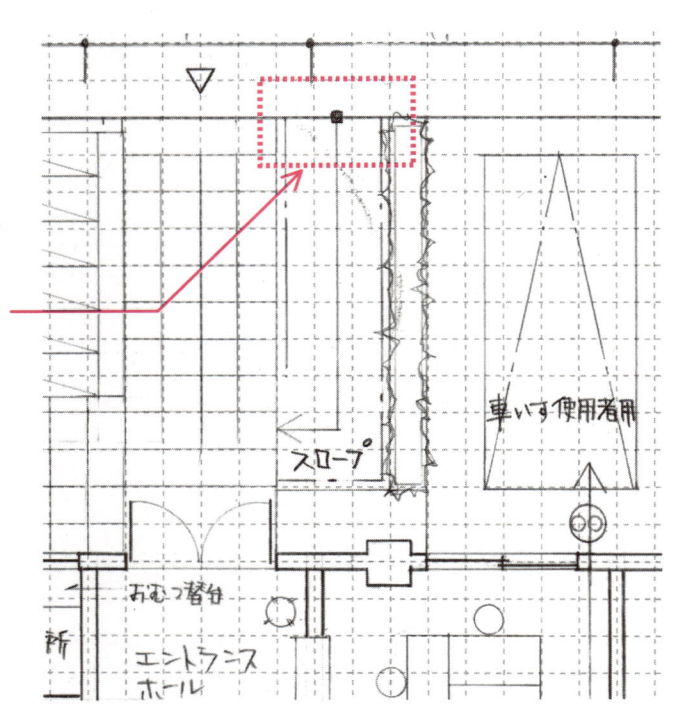

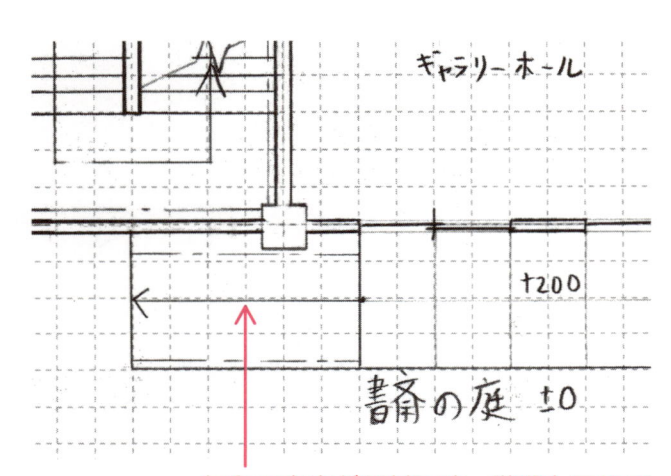

　矢印の方向が反対です。階段と同じで上がる方向に向けてください。

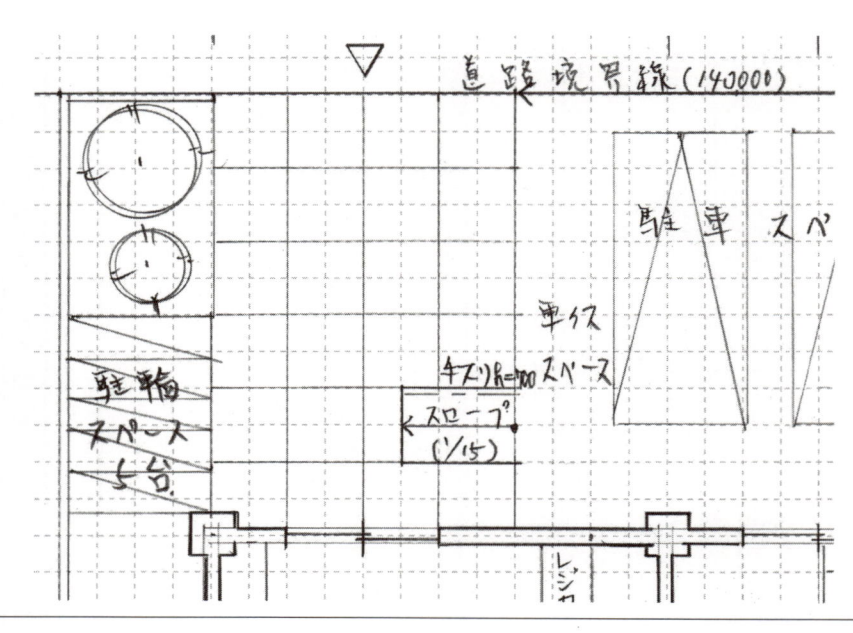

　左図のスロープは、駐車スペース専用のスロープになっています。建物に訪れるすべての人が安全に利用できる位置に設けてください。

　また、左図はポーチ部分の範囲がわかりません。スロープで上がったところは、少し高くなっているはずなので、それがわかるように表現しましょう。

◎断面図

要求図書 （　）内は縮尺	特　記　事　項
(4) 断　面　図 　　　（1/100）	ア．切断位置は、1階・2階それぞれの開口部を含む部分とする。 イ．建築物の外形、床面及び天井面の形状がわかる程度のものとし、構造部材（梁、スラブ、地中梁等）を記入する。 ウ．建築物の最高の高さ、軒高、階高、天井高、1階床高、開口部の内法寸法及び主要な室名を記入する。 エ．見え掛かりの開口部（室の対向面に見えるもの）を記入する。

ポイント

断面図は水平に切って北側を見る。そして、平面図と位置をそろえて描く。これが一番ミスが少ないです。
ただし、「南北方向に切断する。」という条件になる場合があるので、その場合は条件に従ってください。

ポイント

「階段やエレベーター部分では切断しないこと」
複雑なので間違えやすいです。切断位置は、いつも練習している自信のあるところにしてください。

断面図は建物の断面、つまり切り口の部分を表現した図面です。基本的に見え掛かり部分は不要ですが、近年では、見え掛かりの開口部を記入するという条件が出題されています。

断面図は、平面図と整合させることはもちろん、構造部材の有無や寸法を正しく描かないと、減点を受けることになります。また、寸法線が抜けているケースが多いので、正しく寸法を記入するようにしてください。

▶断面図

見え掛かりの開口部の記入が求められた場合。

最高の高さ　軒高　階高　軒高　階高　天井高さ　床高　開口部の内法寸法

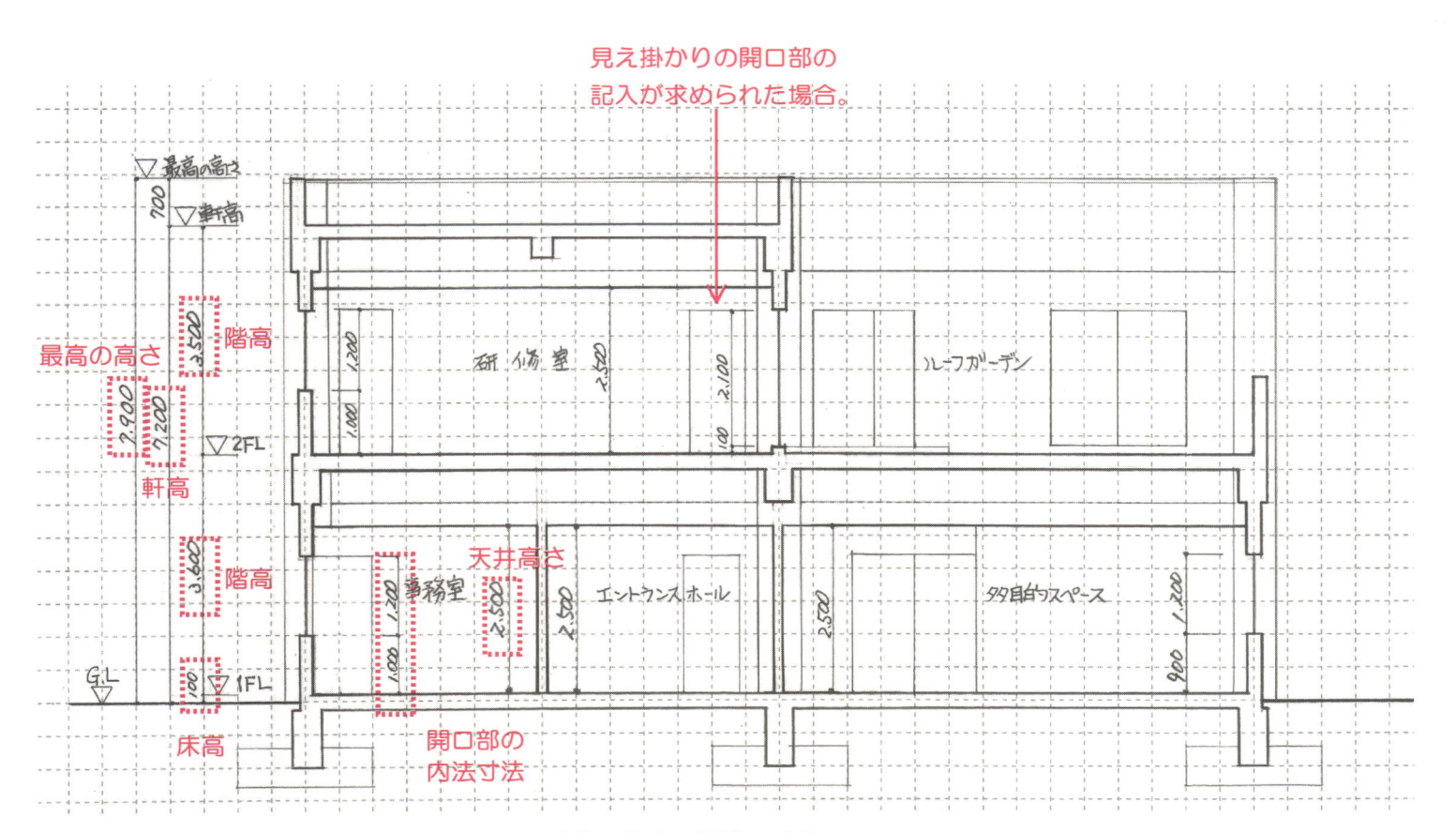

寸法線は、最高の高さ、軒高、階高、床高
開口部の内法高さ、天井高さが必要です。

▶断面図 ― 好ましくない例

▷適切な断面と必要な寸法

断面図は、平面プランと切断位置が決まれば、誰が描いても同じ図面になります。

正しく描いて、余計な減点を受けないようにしたいです。

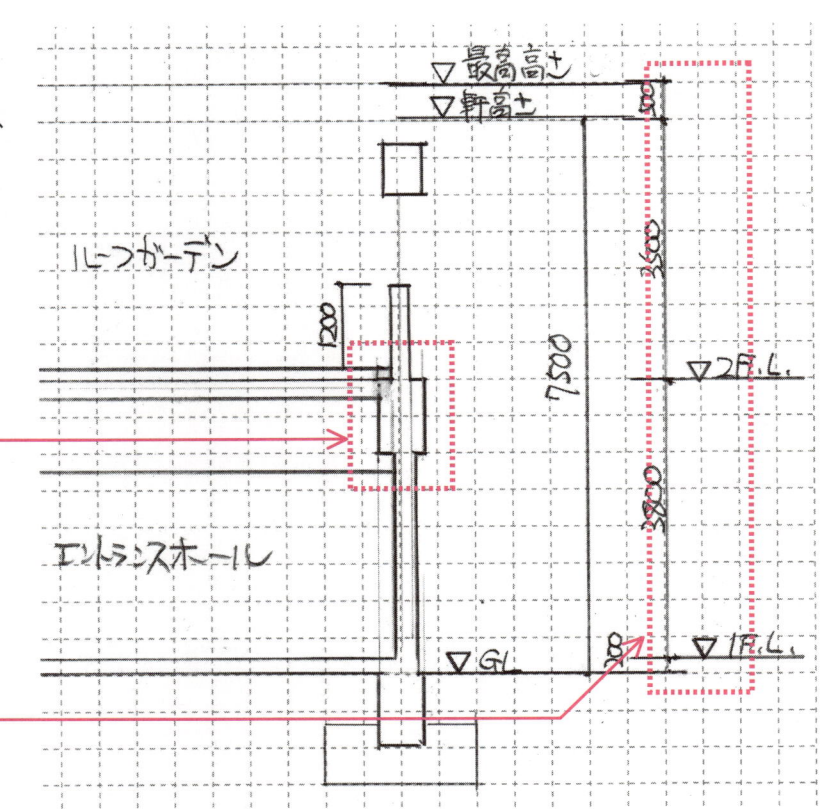

梁の断面が少し大きくなっています。

最高の高さの寸法がありません。
計算すれば求めることができますが、最高高さを直接記入するようにしてください。

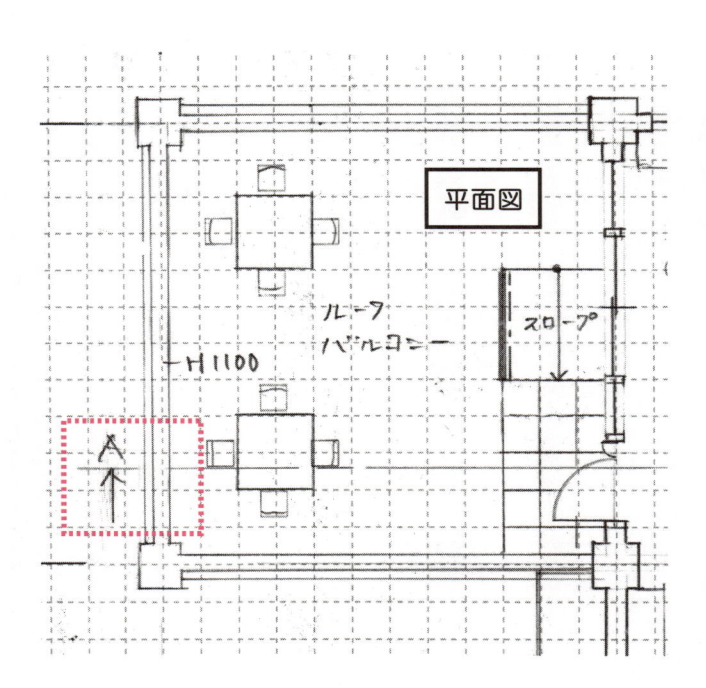

▷平面図と断面図の整合性

平面図と断面図は、見方が変わっても同じ建物です。位置や形が変わってはいけません。

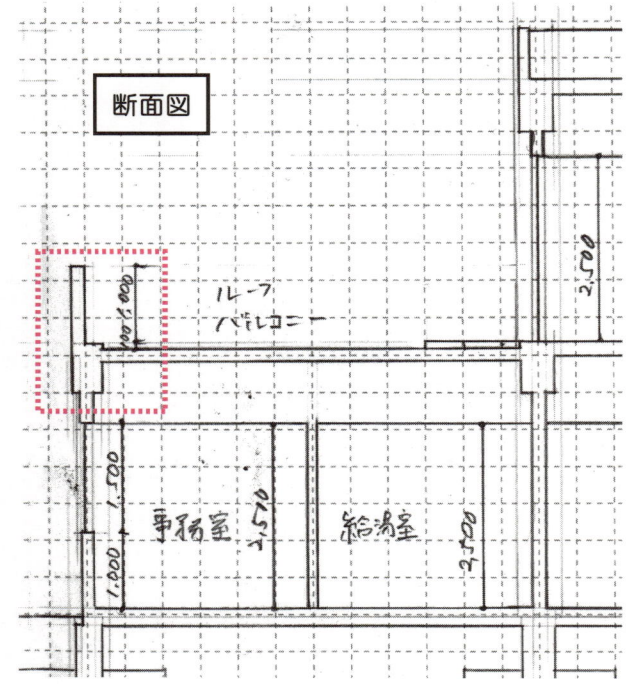

上の平面図では、手摺の中心が包含線と一致しており、大梁の見え掛かりが記入されていますが、右の断面図では、手摺は方眼からずれて、手摺の外面と大梁の外面を一致させています。この場合、平面図では大梁は見えません。

▷**小梁の設置**

小梁とは、大梁から大梁に架かる梁です。

X方向もしくはY方向の、いずれかの方向に設けますが、RCの壁や吹抜けがある場合は、それにそって入れるようにします。

何もなければ、断面図に表れない方向に入っていると想定して構いません。

壁や床の荷重を受けるために、この位置に小梁を設けます。
大きさは、300mm×500mmです。

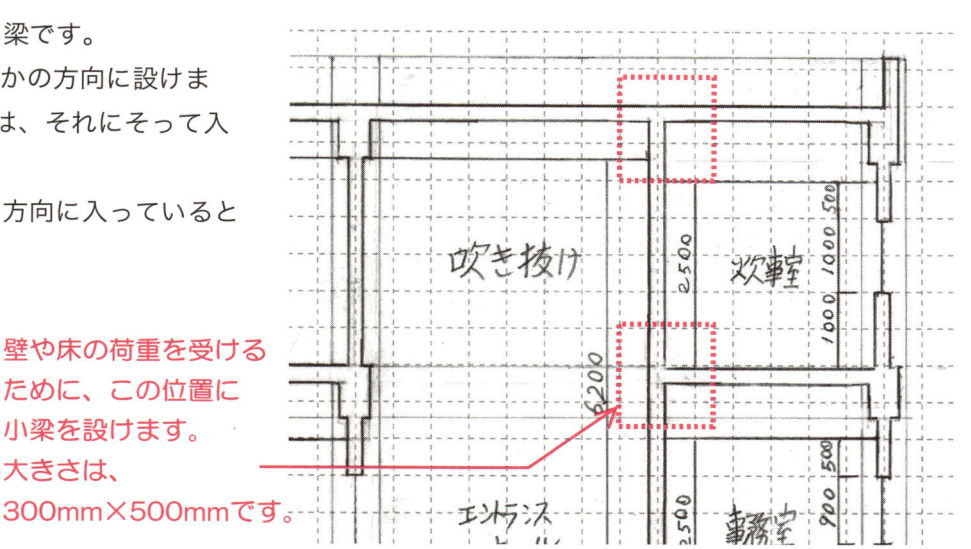

▷**勾配屋根**

勾配屋根の場合、屋根スラブは1ケ所でかまいません。また、スラブと梁は包絡処理させます。

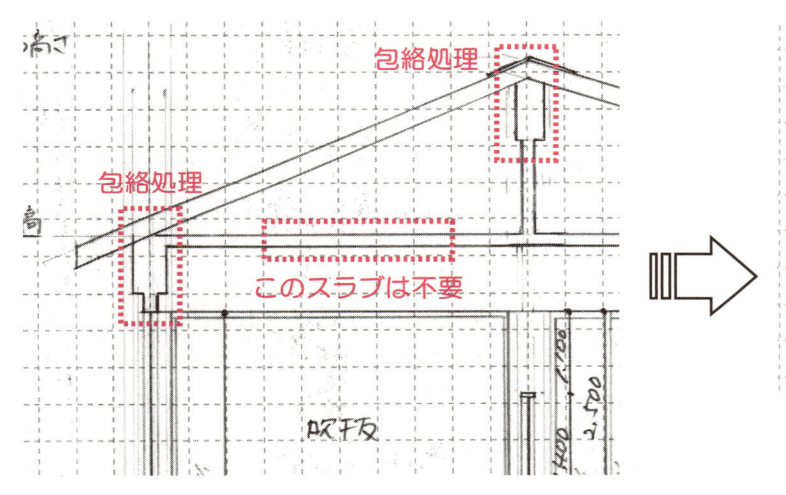

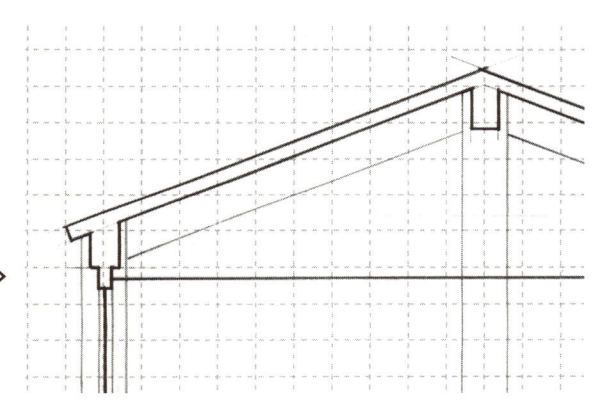

包絡処理
このスラブは不要

大梁の断面を確保したうえで屋根スラブを接続します。

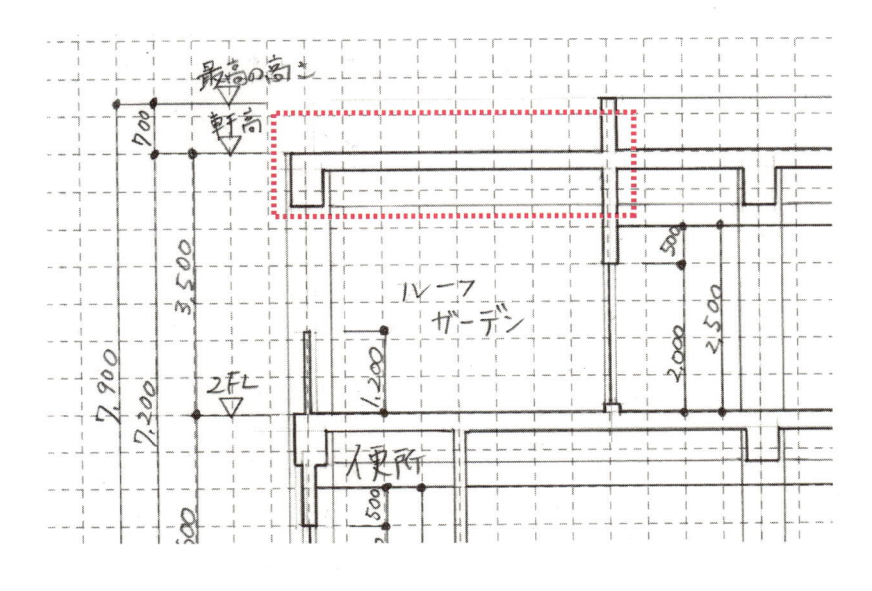

▷**ルーフガーデン**

ルーフガーデンとは、ルーフ（屋根）を利用したところに設けた庭です。上部に屋根スラブを設けると、そこはルーフではなくなってしまいます。ルーフガーデンからは、必ず空が見えるようにしてください。

通常のバルコニーの場合は、屋根は設けても設けなくても、どちらでも構いません。

▷柱・梁の有無

　柱や大梁の記入ミスは、作図上のミスでは済まされません。
　構造上、大きな問題となる場合があります。

下図の丸印部分には、柱が必要でしょうか？
それとも不要でしょうか？

この部分は吹抜けの扱いになります。
２階の床面積には含まれませんので注意してください。

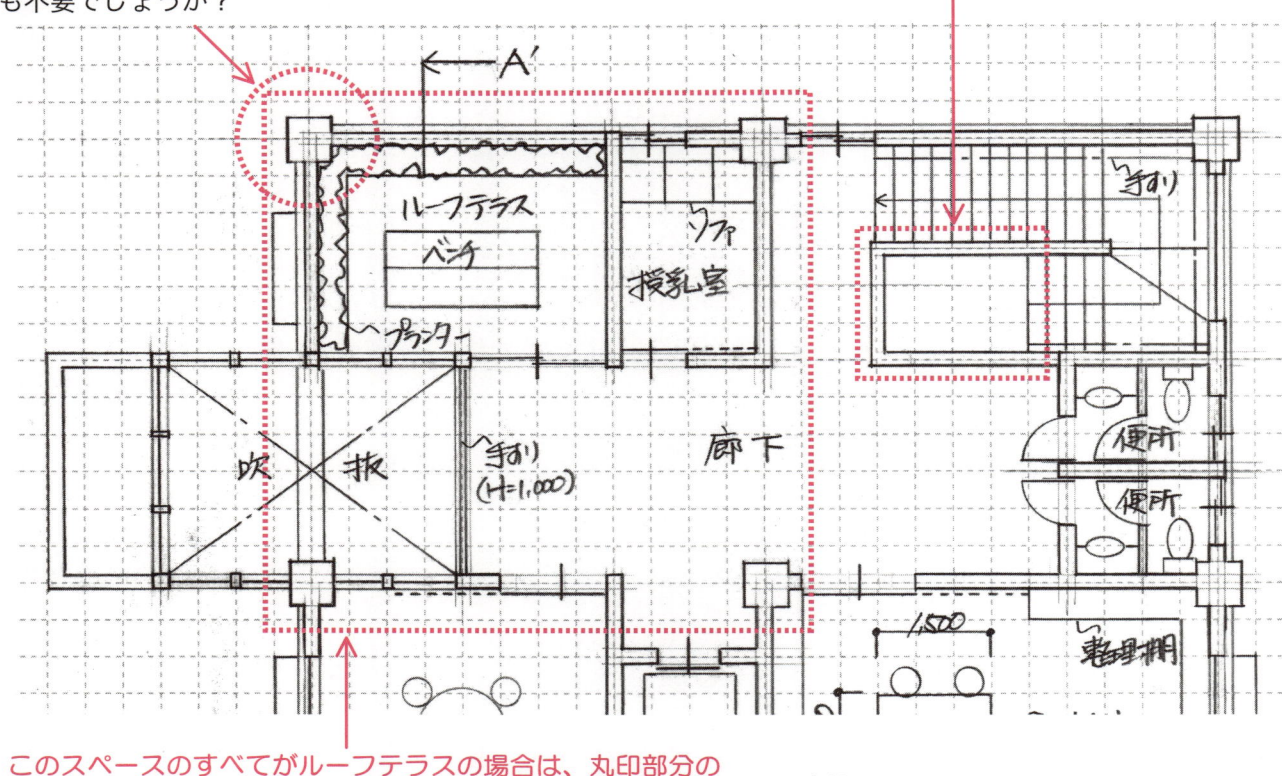

このスペースのすべてがルーフテラスの場合は、丸印部分の柱は不要ですが、このプランの場合は、授乳室や廊下があるので柱は必要です。柱がないと、授乳室や廊下部分はラーメン構造のフレームの外になってしまいます。
丸印部分に柱を設けて、大梁を架けてください。

つまり

断面図を描く場合は、この位置に梁の断面を記入する必要があります。

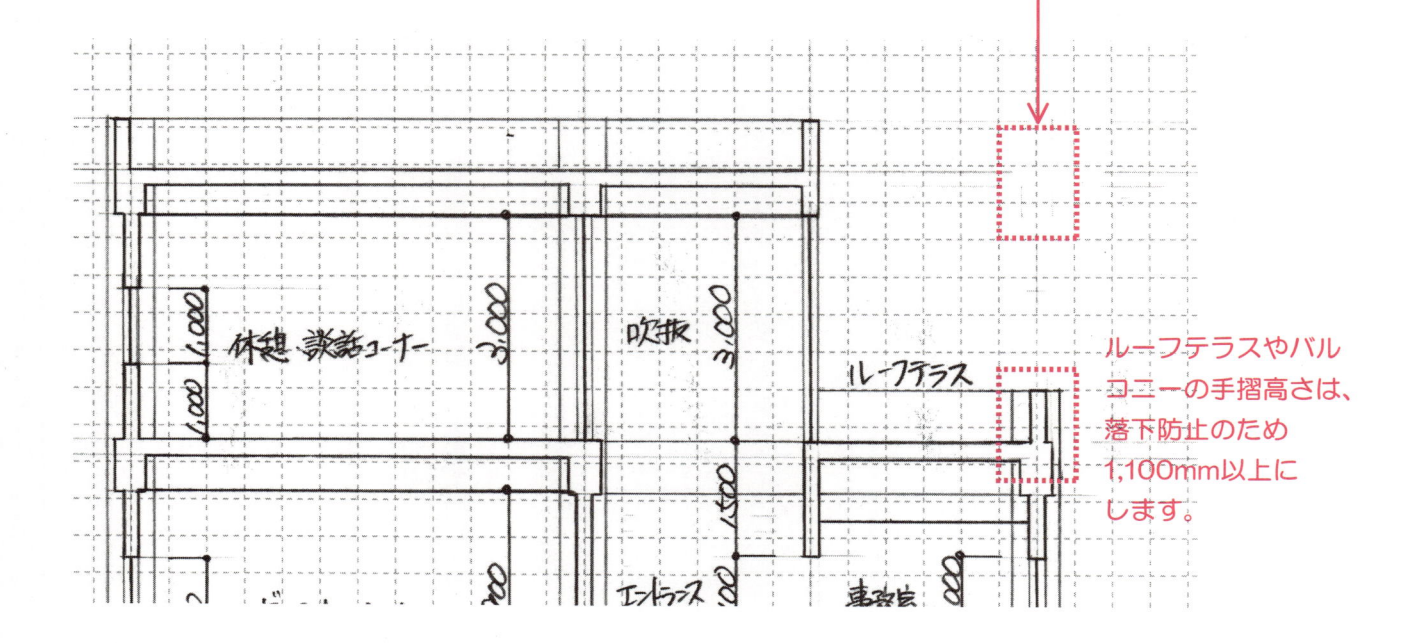

ルーフテラスやバルコニーの手摺高さは、落下防止のため1,100mm以上にします。

◎立面図

要求図書 （　）内は縮尺	特　記　事　項
(3) 立　面　図 　　（1/100）	ア．南側立面図とする。 イ．スロープについては、外観で見える場合に記入する。

　建物を外から見た図面です。南側立面図の場合は、建物の南側から建物を見た図面を描きます。通常は東西南北の4面になりますが、この試験においては、そのうちのいずれか1面が指定されます。

　一番多いのが南側で、南側でない場合は道路側、もしくは公園などが隣接している場合は、公園側などになります。

　計画上、スロープが必要になる場合は、スロープの記入が要求されることになると思います。記入の要求がなくても、スロープを設けた場合は、立面図にも表現しておくといいでしょう。

　立面図における寸法線は、要求がなければ、特に記入する必要はありません。

💡**ポイント**

屋根の高さや窓の高さは、必ず矩計図や断面図と合わせること。
食い違いがあると、減点の対象となります。
高さ関係は、常に決まった高さで練習しておくとミスが少なくなります。

💡**ポイント**

南側立面図の場合は、平面図と位置をそろえて描くと間違いが少なくなります。それ以外の面の場合は、建物の大きさや形、窓の位置など間違えないように注意しましょう。平面図と食い違いがあると、減点の対象となります。

▶立面図

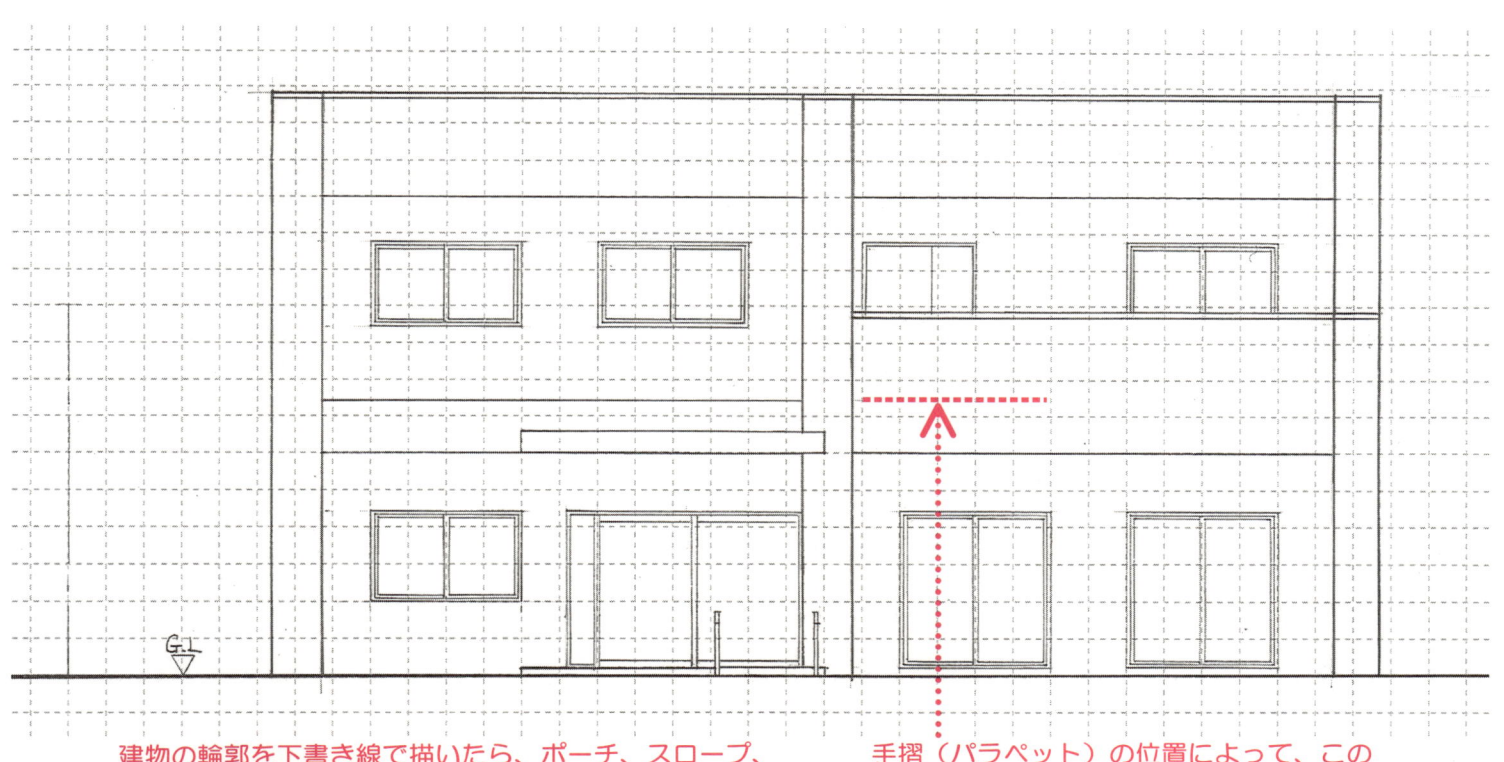

建物の輪郭を下書き線で描いたら、ポーチ、スロープ、庇などを先に仕上げます。その次に建物の輪郭、最後に窓を描いてください。

手摺（パラペット）の位置によって、この位置に梁の線が入るかどうかが変わります。106ページの平面図の位置では入りません。

▶立面図 ― 好ましくない例

▷平面図と立面図の整合性

立面図は、平面図と整合している必要があります。建物形状はもちろん、窓の位置などにも注意してください。

また、立面図は、一番手前の外壁面だけではなく、見える部分はすべて表現するようにします。

右の図面は、奥に見えている外壁面のパラペット部分を記入するのを忘れています。
外から見たらどのように見えるのか、きちんと確認しよう。

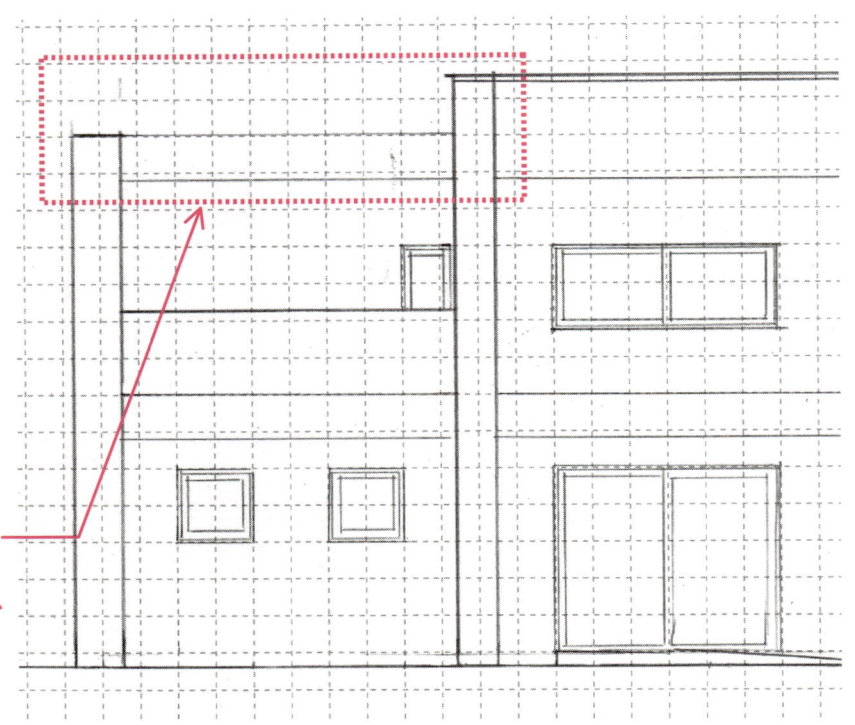

▷断面図と立面図の整合性

立面図は、窓の高さやパラペットの位置など、断面図とも整合している必要があります。

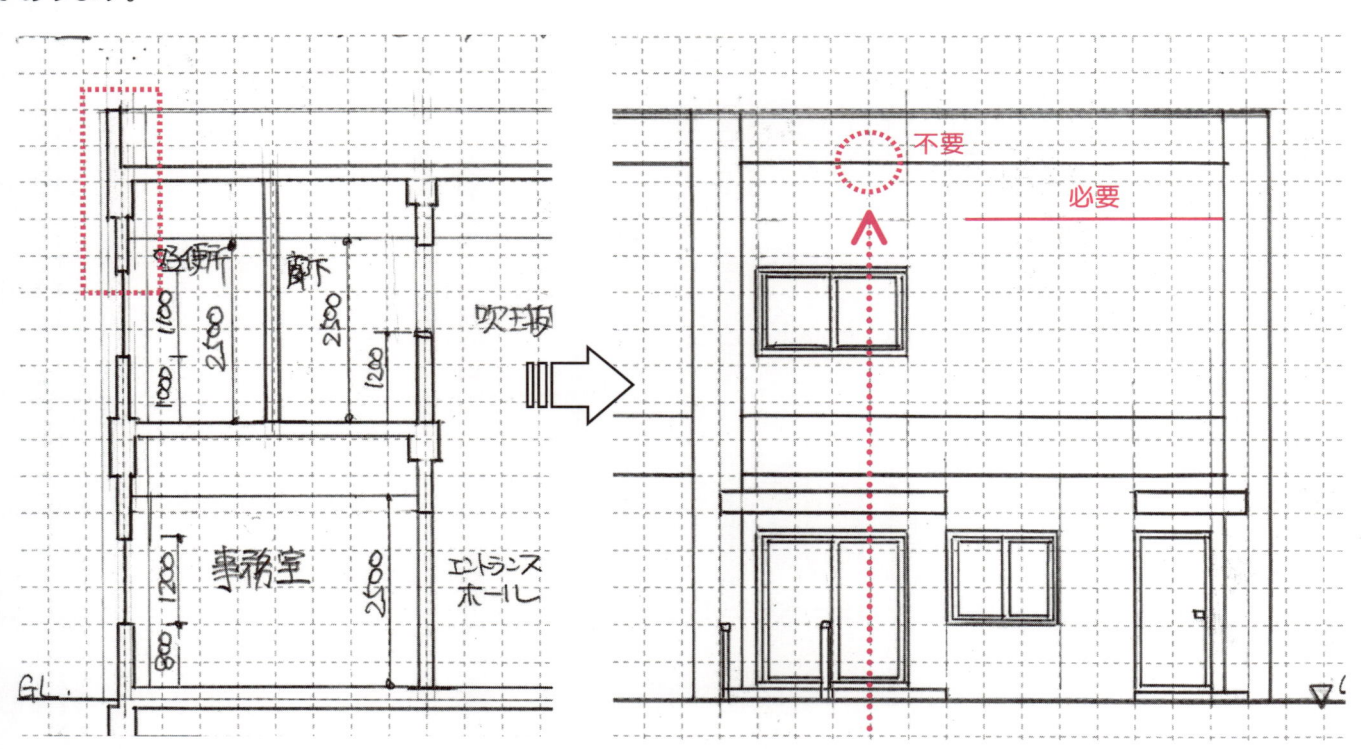

この断面図では、パラペットの外面と大梁の外面をそろえています。また、外壁は大梁から引っ込んだ位置にあります。

パラペットと大梁の外面はそろっていますので、立面図ではこの位置に線は入りません。反対に、大梁と外壁の境に線が必要です。

▷**作図不足**

線1本の有無も、間違えると減点されてしまいます。
立面図は、平面どおり正確に記入しましょう。

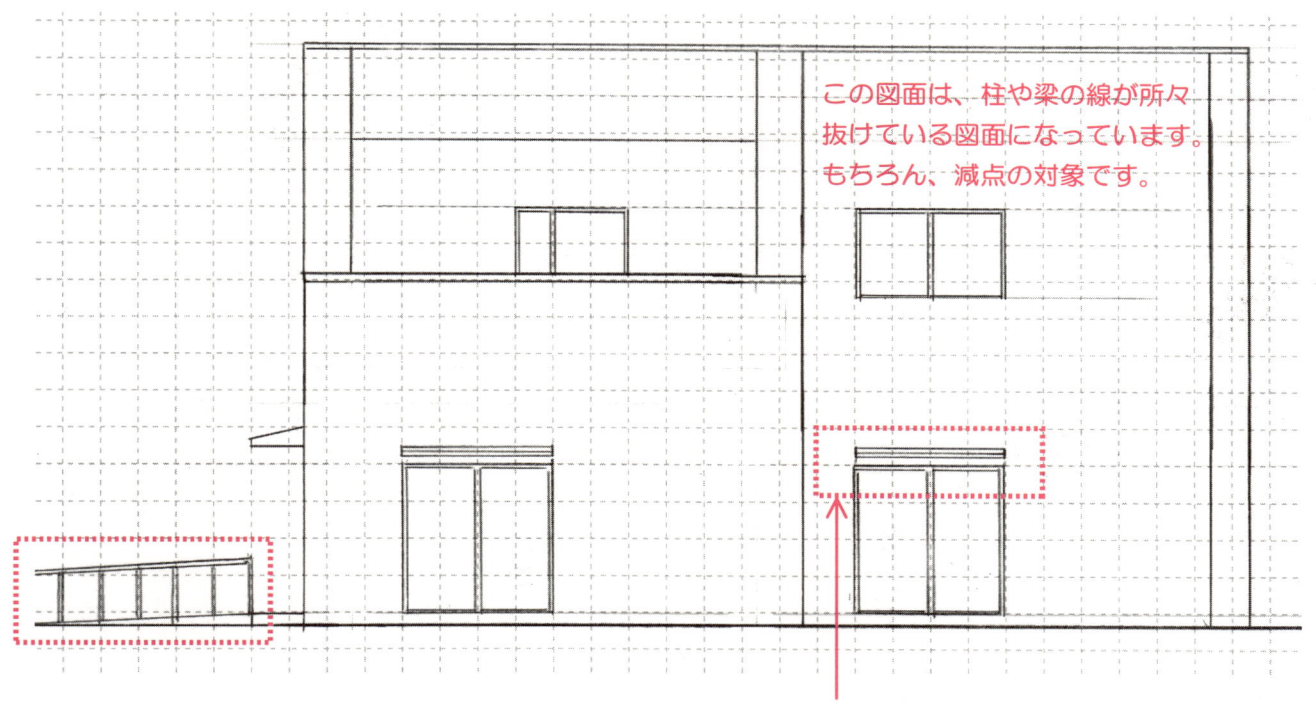

この図面は、柱や梁の線が所々抜けている図面になっています。もちろん、減点の対象です。

スロープの手摺は、単線でもOKです。
手摺の太さを表現するより、建物形状を正しく表現するほうが大切です。

庇はできるだけ設けたいですが、設けなくても減点にはなりません。見直しをしたうえで、時間に余裕がありそうなら設けるようにします。

バルコニーなどの奥の壁に窓がある場合、立面図で忘れるケースが多いので注意してください。

窓の表現は、時間がなければ単線表現でも構いませんが、引違窓の場合は、真ん中に線が必要です。

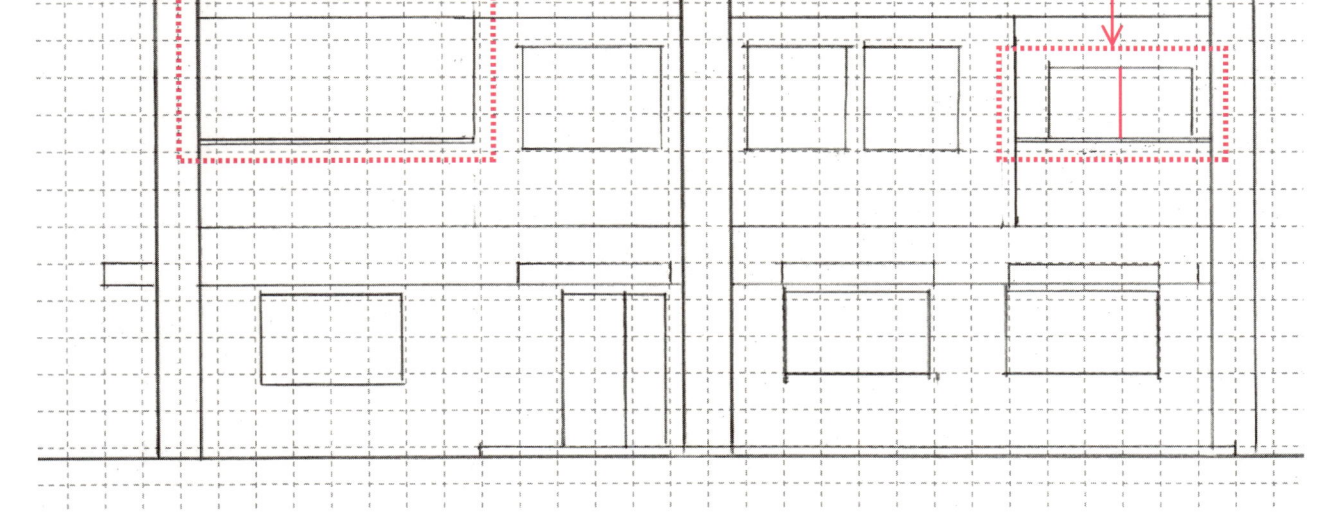

第7章 RC造課題 — 要求図書の読み方

■断面図・立面図の練習

　下の平面図（図は2階平面図）に対する、断面図と南側立面図を考えてみてください。窓は描かなくても構いません。ポイントは、柱や大梁がきちんと描けているかどうかです。階高や床高さは、自分で自由に設定してください。
（正解は119ページ）

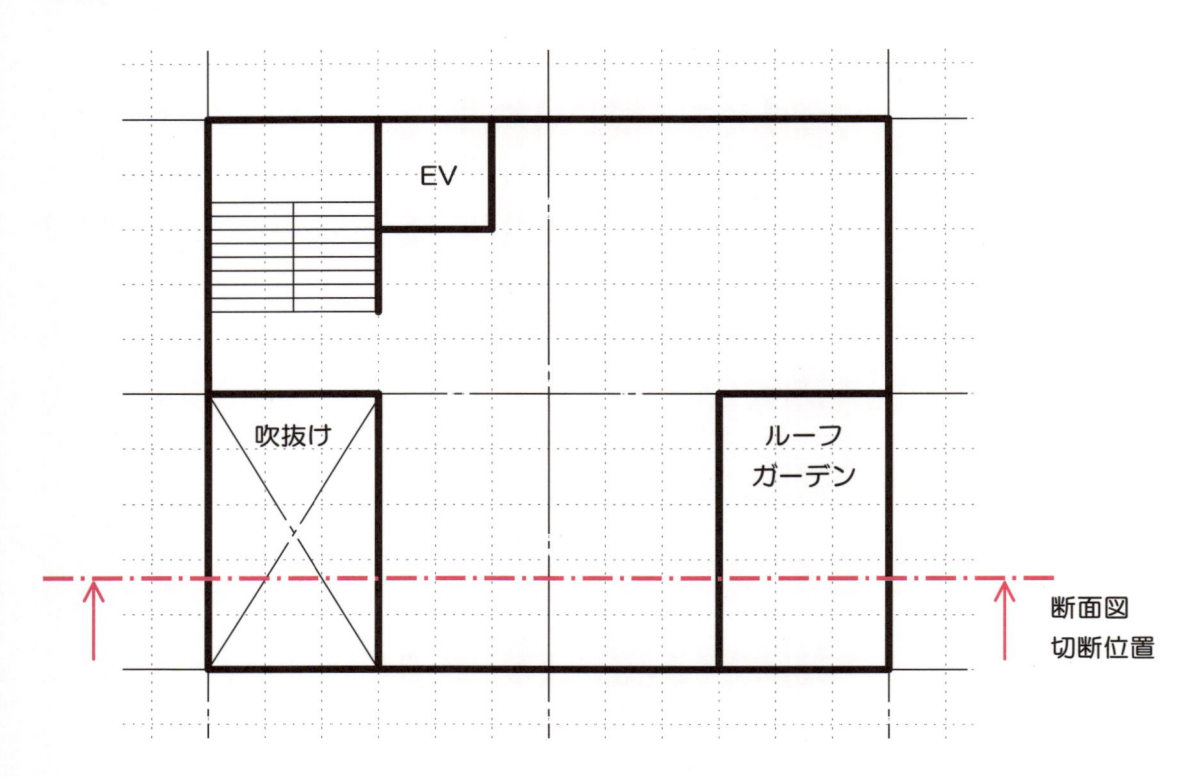

❏参考図（この程度の作図を行なってください）

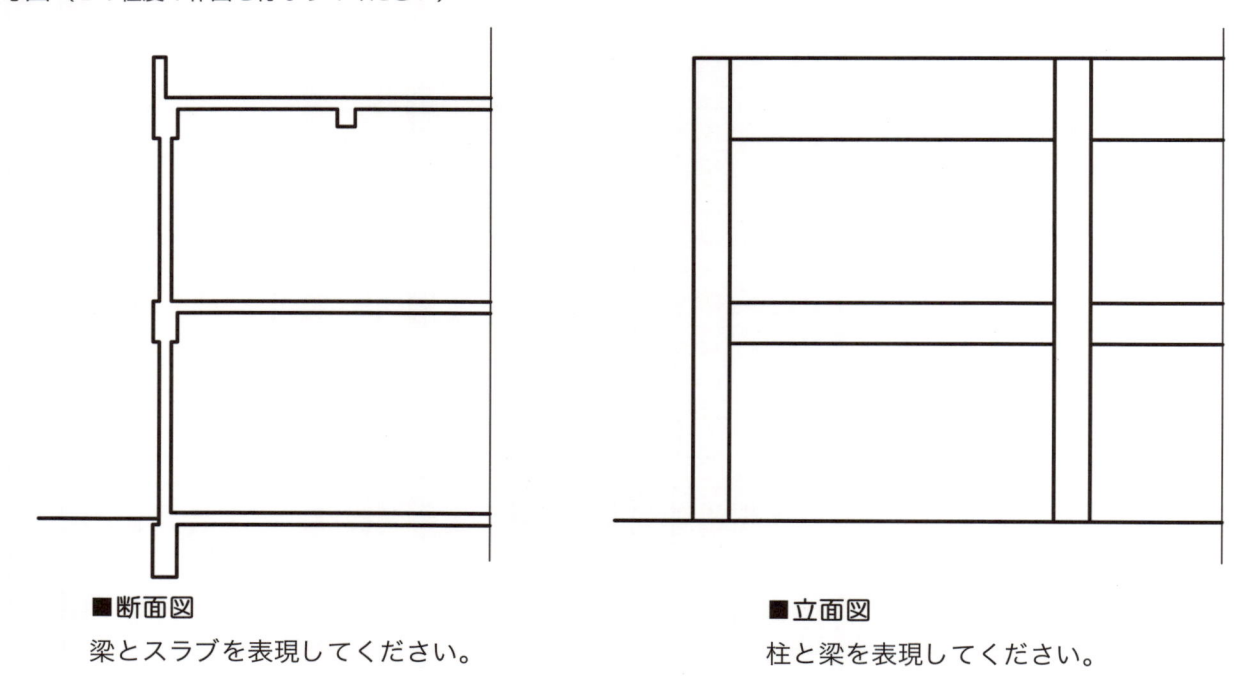

■断面図
梁とスラブを表現してください。

■立面図
柱と梁を表現してください。

❑ 118ページの断面図・立面図の練習〈正解〉

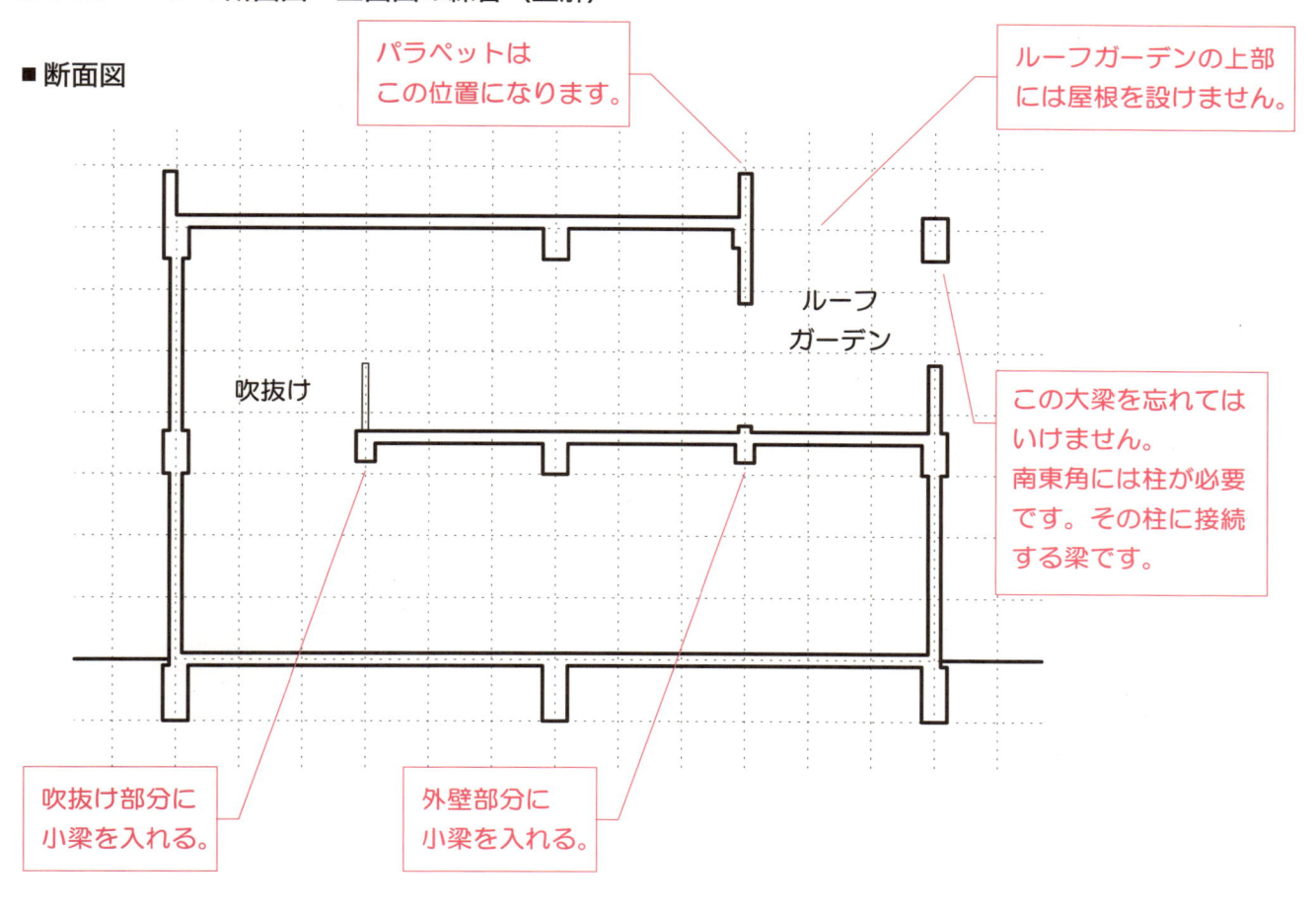

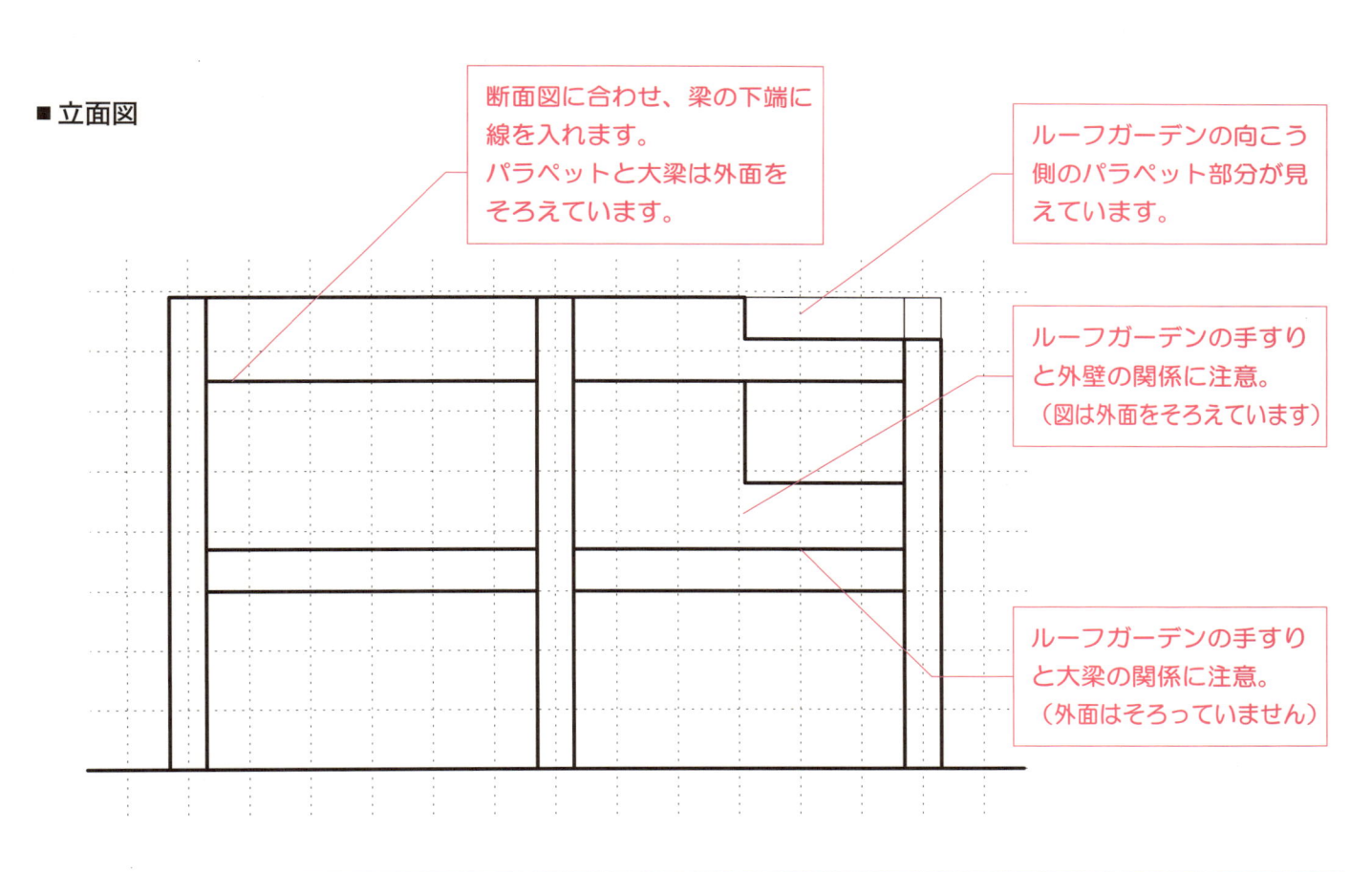

■ 断面図

パラペットは
この位置になります。

ルーフガーデンの上部
には屋根を設けません。

ルーフ
ガーデン

吹抜け

この大梁を忘れては
いけません。
南東角には柱が必要
です。その柱に接続
する梁です。

吹抜け部分に
小梁を入れる。

外壁部分に
小梁を入れる。

■ 立面図

断面図に合わせ、梁の下端に
線を入れます。
パラペットと大梁は外面を
そろえています。

ルーフガーデンの向こう
側のパラペット部分が見
えています。

ルーフガーデンの手すり
と外壁の関係に注意。
（図は外面をそろえています）

ルーフガーデンの手すり
と大梁の関係に注意。
（外面はそろっていません）

第7章 RC造課題 — 要求図書の読み方

◎部分詳細図・面積表・計画の要点等

要求図書 （　）内は縮尺	特　記　事　項
(5) 部分詳細図 （1/100）	ア．切断位置は、外壁を含む部分とする。 イ．作図の範囲は、2階屋根部分（屋上のパラペット天端から2階の天井仕上面より下方200mm以上）とし、外壁の壁心から1,000mm以上とする。 ウ．主要部の寸法等を記入する。 エ．主要部材（柱、はり）の名称・断面寸法を記入する。 オ．外気に接する部分（屋根、外壁）の断熱措置を記入する。 カ．主要な部位（屋根、外壁、内壁、天井）の仕上材料名を記入する。
(6) 面　積　表	ア．建築面積、床面積及び延べ面積を記入する。 イ．建築面積及び床面積については、計算式も記入する。 ウ．数値は、小数点以下第2位までとし、第3位以下は切り捨てる。
(7) 計画の要点等 （多目的スペースの計画）	・多目的スペースの計画に関する次の①〜②について、それぞれ箇条書きで具体的に記述する。 　①その配置とした理由 　②動線計画において工夫したこと

💡ポイント
計画の要点は最後に書かない！
時間に余裕があればいいですが、終了時間が迫ってきた場合は、手が震えて字が書けなくなります。書く内容をあらかじめ決めておくか、途中で書くようにしてください。プランができれば、計画の要点は書くことができるはずです。

💡ポイント
計画の要点は本番で考えない！
設計課題はあらかじめわかっていますので、要求される室は想定できます。練習問題を行なえば、いくつかの文章が身についてきますので、それを本試験で使えるようにしておきます。

▷ 部分詳細図

本書の例題では、2階の屋根部分（パラペット部分）の作図が求められていますが、床梁の部分や基礎部分の作図が求められる可能性もあります。また、令和3年度では、バルコニー部分の作図が求められました。これらの部分は一通り練習をしておく必要があると言えます。

▷ 面積表

所定の表に、計画した建物の面積を記入します。

建築面積と各階の床面積については、計算式も必要です。数値は、小数点第3位を切り捨て、第2位までとします。計算して154㎡となった場合は、154.00と記入してください。

▷ 計画の要点等

主な室において、計画の意図や工夫した点などを記入します。文字数は100字〜200字程度です。

計画の要点については、80ページを参照してください。

焦ると
ろくなことがありません

第8章　その他の設計課題

◎二世帯住宅課題

2つの世帯が同じ建物に住む住宅です。通常は親子が多いですが、平成22年度は、兄弟で住むという二世帯住宅でした。

その年の課題が二世帯住宅になるかどうかは、6月の発表時にわかる場合もあります。また試験当日に、問題の設定が二世帯になっているという可能性もあります。したがって、住宅課題である場合は、設計課題が二世帯住宅でなくても、基本的なことは頭に入れておきたいと言えます。

《二世帯住宅のタイプ》

□同居タイプ

玄関や居間、食事室、台所、浴室などを共同で使用し、寝室のみがそれぞれの世帯に要求されます。二世帯住宅としては最もやさしいタイプと言えます。

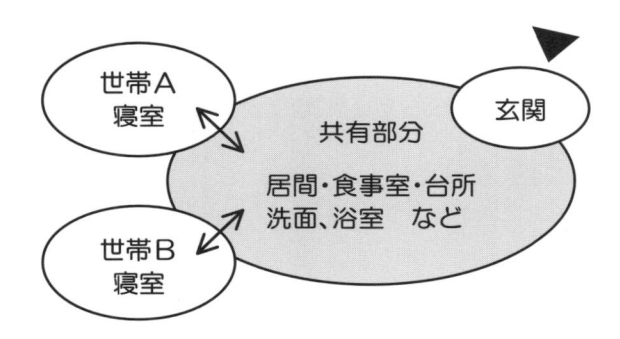

□部分独立（同居）タイプ

独立して使用する部屋があれば、共同で使用する部屋もあります。たとえば、玄関は別々で居間や食事室などを共同で使用するなど。

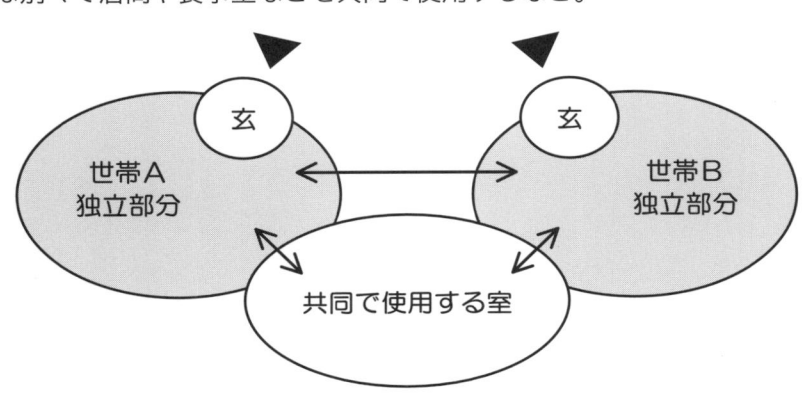

(5) 要求室

下表のすべての室は、必ず指定さ…

設置階	室	名	
1階	親世帯部分	夫婦室	・洋室13… さは、 納を設…
		和室	ア．8畳… イ．客間
		玄関	
	共用部分	居間・食事室・台所	ア．2階 イ．洋室 にま…
		浴室	・3m²以…
		洗面脱衣室	・3m²以…
		便所	・広さは…
		納戸	・4m²以…
		自動車車庫	ア．有効… イ．自動… ウ．住宅… する…
(注) 1階の廊下の幅は、心…			
2階	子世帯部分	夫婦室	・洋室13…
		子供室(1)	・洋室9…
		子供室(2)	・洋室9…
		洗面所	・コーナ…
		便所	・広さは…

（5）要求室の表（H17）
部分によって分けられています。この場合、計画は部分ごとにまとめて行なう必要があります。

なるほどね！

□独立タイプ
　共同で使用する部分はなく、それぞれの世帯にすべての機能が備わったタイプです。イメージとしては、2つの住宅がくっ付いた感じになります。ただし、内部では行き来ができるようにします。

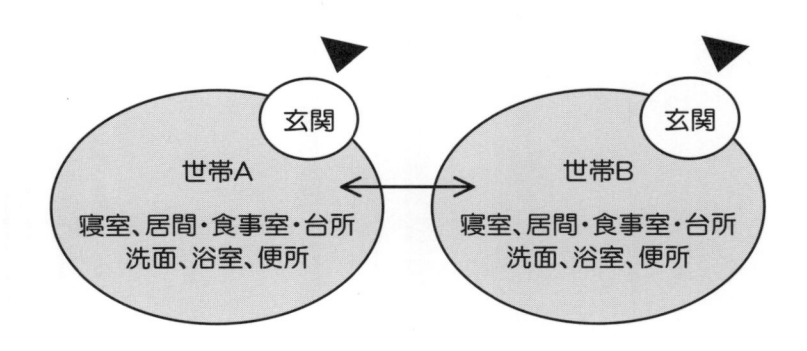

```
   ▼                    ▼
  玄関                  玄関
 世帯A                 世帯B
寝室、居間・食事室・台所    寝室、居間・食事室・台所
  洗面、浴室、便所       洗面、浴室、便所
        ←→
```

　この独立タイプは、構成によって、さらに2つのタイプに分かれます。1つは、1階と2階の上下に分かれるタイプで、もう1つは、それぞれが2階を有するタイプです。この場合は、階段が2か所必要となります。

■構成その1（上下に分かれるタイプ）
1階　世帯A＋世帯B（玄関・階段）　　2階　世帯B

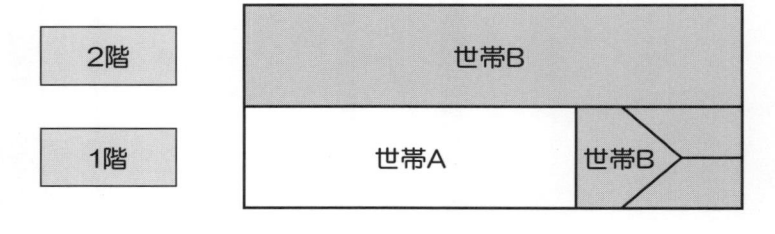

通常は、親世帯が1階になると考えられます。1階には世帯Bの玄関と階段があり、1階でそれぞれの世帯が行き来できるようにします。

■構成その2（左右に分かれるタイプ）
1階　世帯A＋世帯B　　2階　世帯A＋世帯B

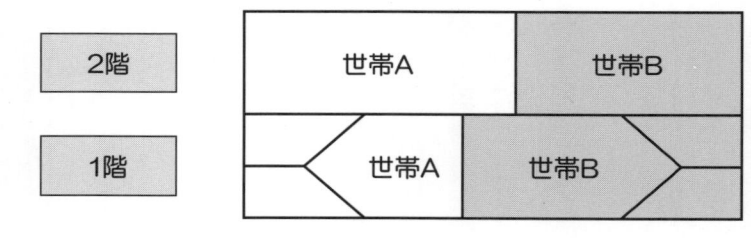

それぞれの世帯が2層になっています。玄関と階段はそれぞれの世帯に必要です。特に条件がなければ、1階で行き来できるようにしてください。

◎併用住宅課題

併用住宅とは、住宅と住宅以外の用途（店舗や事務所、教室、病院など）を併せ持つ建物を言います。

併用住宅課題の特徴は、問題用紙の「(5) 要求室」のところで、表の中に部分の欄があることと、出入口をそれぞれに設け、建物の内部で行き来ができるようにすることです。

▷「(5) 要求室」の表の「部分」

要求室の表は、併用部分と住宅部分など、2つの部分によって構成されています。これは単に表を分けているのではなく、プランニングにおいて、その諸室を分けて計画する必要があると認識してください。

▷出入口を明確に分離

道路から敷地内に入る出入口は、住宅用と併用部分用の2か所が必要になります。そして、敷地内（建物の外）においては、動線が交わらないようにすることはもちろん、互いの部分に行き来ができないようにすることを意識してください。店舗部分は、他人が自由に出入りできるエリアです。プライベート空間である住宅エリアに、侵入ができないようにします。

▷建物の内部で行き来ができる

原則、1階の廊下部分で行き来ができるようにします。何かの部屋を通じて行き来をするのは、好ましくありません。また、行き来する部分に床段差が生じる場合は、階段や式台などを設けてください。

行き来する人は、その建物に住む人です。原則、従業員などの行き来は考えません。

（5）要求室の表の中にある各室は、部分によって分けられています（H19）。

---

1. 設計条件

ある地方都市の住宅地において、夫の退職を機に、夫婦で始める喫茶店併用住宅を計画する。
計画に当たっては、次の①～④に特に留意する。
① 喫茶店部分と住宅部分とは、出入口を明確に分離し、屋内の1階部分で行き来できるようにする。
② 喫茶室については、多目的室及び屋外テラスと直接行き来できるようにする。
③ 住宅部分の1階の各要求室等については、将来の高齢化に備えて、高齢者が使いやすい配置・動線とする。
④ 建築物の耐震性を確保する。

設計主条件に、出入口の分離と屋内の1階部分で行き来という記述があります（H19）。

▷ 併用住宅の具体的な計画方法

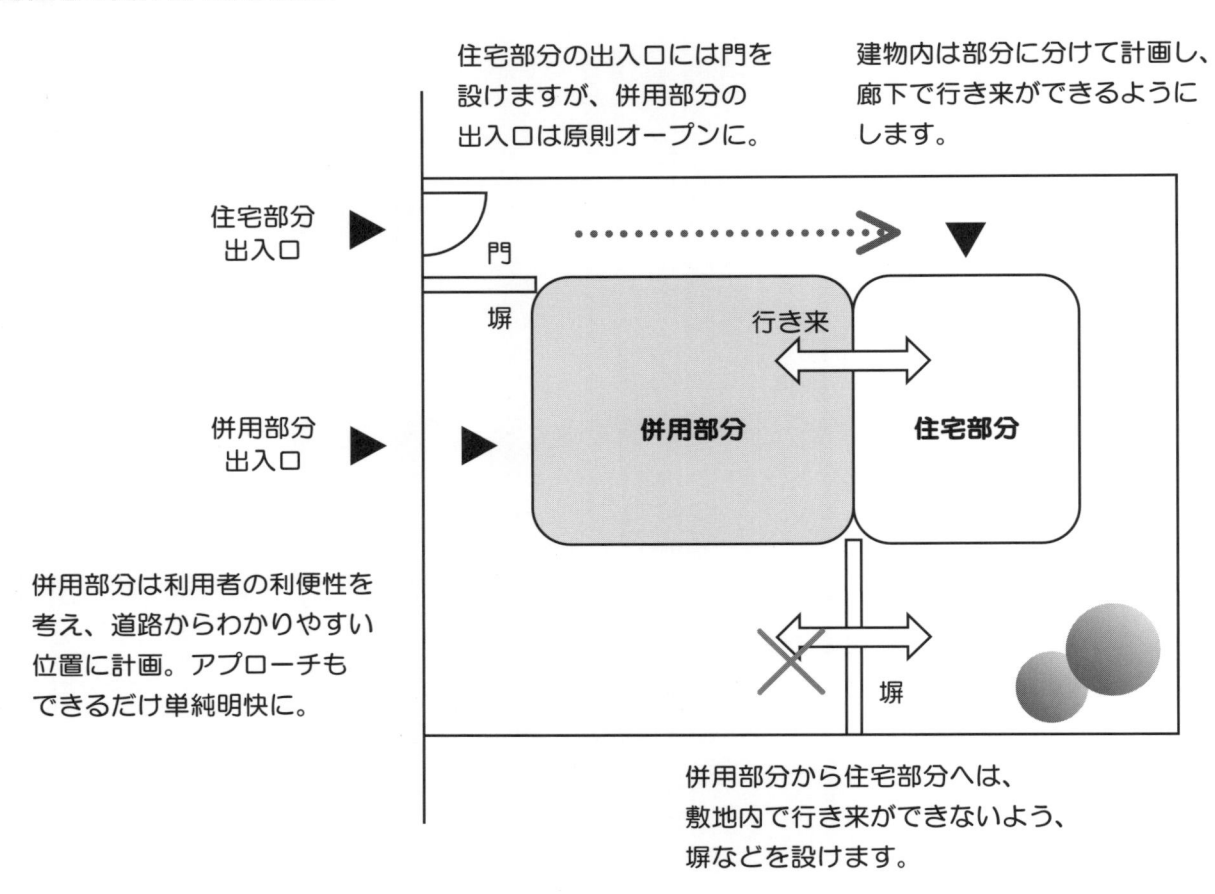

住宅部分の出入口には門を設けますが、併用部分の出入口は原則オープンに。

建物内は部分に分けて計画し、廊下で行き来ができるようにします。

住宅部分出入口

併用部分出入口

併用部分は利用者の利便性を考え、道路からわかりやすい位置に計画。アプローチもできるだけ単純明快に。

併用部分から住宅部分へは、敷地内で行き来ができないよう、塀などを設けます。

▷ 接道が 1 方向の場合

　併用部分の出入口は、初めての人でもわかりやすいように、接道部分のなるべく真ん中に設け、住宅部分の出入口は、店舗の出入口と紛らわしくないように、離して設けるようにします。

　住宅の出入口に対しては、原則、防犯のために門扉が必要になりますが、併用部分に関しては、問題条件を確認するようにしてください。基本的には、お客さんに気軽に訪れてもらうよう、オープンで考えます。

▷ 2 方向に接道している場合

　併用部分の出入口は、同じくわかりやすい位置、また、人通りが多いと考えられる広いほうの道路、もしくは、歩道がある道路側に設けるようにします。そして、住宅部分の出入口は、原則、もう一方の道路に設けるようにします。

▷ 併用部分と住宅部分、共に 2 層になる場合

　二世帯住宅の構成 その 2（122 ページ）と同じように、階段がそれぞれの部分に必要になります。

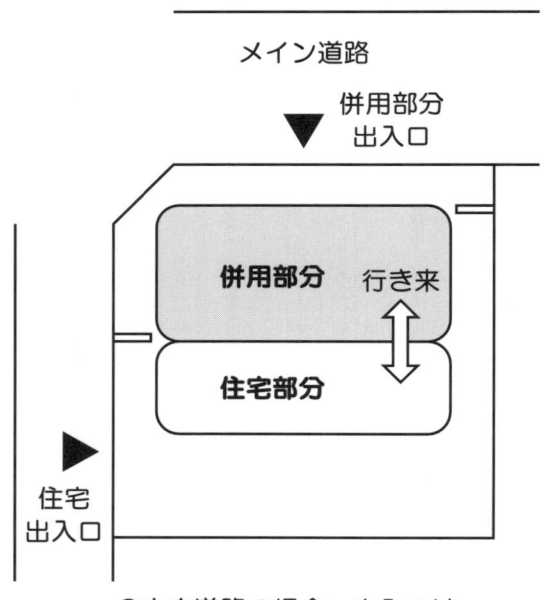

2 方向道路の場合、出入口は、それぞれ別々の道路に設けます。

第9章　試験対策とFAQ

(やるからには合格するために)

◎試験対策

▷先んじれば事を制す

　学科試験を受験した人にとっては、製図試験対策のスタートは学科試験が終わってからという人がほとんどです。また、少し休んで8月に入ってから、という人も少なくありません。ですが、最近では学科試験対策と並行に製図の練習をする受験生もいますし、学科試験が免除の受験生は、早くからスタートする人もいます。

　製図試験の対策は、6月に設計課題が発表されないとできないと考える人が多いですが、実は設計課題の発表前でも十分にできることがあります。極端な話、設計課題の発表までに合格レベルに達することも可能です。

　試験直前に追い込みで勉強をする人が多いなかで、少しでも早くから準備を行なっておくことは、この試験という戦いに臨むにあたって、圧倒的に有利であることを知ってください。

早いもの勝ち！

でおくれた〜

▷何枚描けば合格できるか

　よく聞かれる質問ですが、これは人によって違うと言えます。10枚描かずに合格する人もいれば、100枚描いても合格できない人がいます。

　この両者の違いは、一体何でしょうか？

　それは、合格できる図面が描けているかどうかです。

　間違った（合格できない）図面では、何枚描いても合格はできません。反対に、正しい（合格できる）図面が描ける人は、それ以上の練習は必要ないと言えます。作図時間を短縮するために練習することは必要ですが、枚数をこなすことよりも、正しい図面を描くこと。まずは、この点を意識してください。

　その時に問題となるのが、自分の描いている図面がいったい正しいのかどうかという点です。資格学校などで、添削を受けることができる環境にある人は問題ありません。そうでない場合は、本書に書いている作図における注意点を、守れているかどうか確認してください。そして、好ましくない例に該当しないかどうかを確認してください。また、建物の構造がきちんと理解できてない人は、構造に対する理解も必要です。

　作図の練習は、ただ闇雲に描くのではなく、自分の悪い点を確認し、それを克服しながら進めていくことが重要です。

▷復習の重要性

少しでもたくさんの問題を解きたい。

その気持ちはとてもよくわかりますが、1つ1つの課題を中途半端に消化しても、合格するための確かな力は身につきません。

問題を読んで、プランができなければすぐに解答プランを見てしまう。もしくは、考えもせずに答えを見てしまう。

これは、難しい数学の問題を、解かないで答えだけを見る。それと同じと考えてください。大切なのは、どのようにしてその答えを導きだすかです。導き方を身につけないと、本番の試験でもプランニングはできないでしょう。なぜなら、練習で行なった問題とまったく同じ問題は、本番の試験ではでてこないからです。

何のために練習問題を解くのか？

これは、解答するプロセスを身につけること。そして、自分の弱点を発見するためです。

答えにたどり着かない場合、どこかで先に進めなくなっている原因があるはずです。そこが、自分の弱点であり、克服すべき点です。それを見つけ、できるようになること、この作業が試験対策においては重要です。

したがって、問題を解いていて、わからないところがでてきた場合は、解答を見るのではなく、テキストを見るようにしてください。考え方が書いてあるはずです。もし書いてない場合は、その部分だけ解答のプランを参考にしてください。そして、自分のプランができたら、わからなかったところと、その解決方法をノートにでも書きだしておきましょう。この次、同じところで立ち止まらないようにするためです。

この繰り返しで、徐々に立ち止まらずに解答できるようになってきます。

それから、プランや図面が出来上がったら、解答プランとどこが違うのかを確認することも大切です。同じ間違いを繰り返し犯していては、練習の意味がないですし、成長もありません。

ただし、その時、注意してほしい点は、数学の問題と違って、自分の図面と解答は、完全に同じになることがないという点です。部分的に同じ点があれば、違う点もあります。同じ点は問題ないですが、解答と違う点、この取り扱いに注意が必要です。なぜなら、完全に自分の解答が間違っている場合と、自分の解答でも問題ない場合があるからです。

この違いは、独学ではなかなか判断できないところです。大きくは、問題条件に違反していないか、建築基準法に違反していないか、図面に不整合がないかどうかが判断基準になります。いずれにも該当していなければ、その答案でも大きな問題はないでしょう。

同じ間違いを次に犯さないこと。
試験対策において最も大切なことです。

ふむふむ

▷ 合格できるレベル

　学科試験には 60 点という明確な合格ラインがありますが、製図試験にはありません。わかっていることは、概ね半数強の人が合格するということくらいです。

では、その半数というレベルは一体どれくらいでしょうか？

　エスキースにおいては、すべての問題条件が完璧に守られているようなレベルではありません。大事なポイントはおさえておく必要はありますが、多少の減点（条件違反）は問題ありません。要求されている室面積が不足していたり、採光面積が足りないという法令違反をしていたり、駐輪スペースや便所が未計画というプランが、合格している事例もあります。

　作図においては、時間内に完成できるレベルであることは言うまでもありませんが、特別きれいに描ける必要はありません。構造を理解し、不整合や間違いのない図面を丁寧に描くこと。この程度のレベルが必要です。多少の抜けや小さい間違いは、合否には影響しません。

▷ 初見で問題を解くことの意義

　ほとんどの受験生は、同じ問題を 2 回目行なえば、その課題のポイントを掴み、合格できるレベルの解答ができます。ですが、この製図試験は年に 1 回の一発勝負です。「同じ問題をもう一度やらせてください」という願いは、決して通りません。

1 回目で、納得ができる解答をするには、どうすればいいのか？

　問題のパターンを覚えることを試験対策にしている。これでは、1 回目で納得ができる解答はできません。でも、これはある意味で仕方がないことかもしれません。学科試験を含め、これまで経験してきたすべての試験は、過去の問題や、たくさんの練習問題をこなすことによって、対応することができていたからです。

　でも、この製図試験は違います。数多く考えられる敷地条件や設計条件の組み合わせによって、問題のパターンは無限にあると言えます。そんな試験に対して、パターンを覚えるという練習方法では、とうてい太刀打ちができません。大切なのは、その時でてきた問題条件に適切に対応できること。この力が必要であり、練習において身につけていく必要があると言えます。

　つまり、問題の解答を見た後で、この問題がきたらこう解けばいいのか…、という学習方法は、この試験においては適しているとは言えないのです。

　では、1 回目で、納得ができる解答をするにはどうすればいいのか？

　この答えは、この第 9 章の中にあります。

あれまっ
学習方法間違っていたよ…

▶時間を意識する

　意外に思われるかもしれませんが、ほとんどの資格学校で、時間を意識させる練習を行なっていません。時間を計って行なっているのは、せいぜい最後の模擬試験くらいです。

　ご存知のとおり、この試験には制限時間がありますので、あえてそれを知らせる必要はないのかもしれません。また、はじめのうちは時間内に完成させることができないので、なるべく速くという指導方法になってしまうのでしょう。それは仕方がないことかもしれません。でも、最後までその考えで練習を行なって、試験本番を迎えるのは、あまり好ましいとは言えません。

　たとえば、これが料理対決だとしたらどうでしょうか。制限時間をいっぱいに使って、少しでもおいしいものを作ることを意識しますよね。そのために、手間をかけたり、反対に作業を省略したりすることを考えます。行なうことが決まっていて、単純にそれを速く行なうという方法ではないはずです。

　ですが、ほとんどの受験生は、どのような問題に対しても、同じようにプランニングし、同じように作図を行なおうとします。しかも、それをできるだけ速く行なおうとします。制限時間を有効に使って、少しでもおいしい…、いえ、減点のないプランや作図をしようと考えません。あくまで、やるべきことを少しでも早く終わらせようとします。また、できない場合は、未完成に終わったりします。

　この試験は、相対試験であることを第1章でお伝えしました。自分が早くできれば、他の受験生も早くできている。反対に、自分が時間ぎりぎりだとすれば、他の人もぎりぎりなわけです。そんななかで、半数に入るためにはどうすればいいのか？

　もう、おわかりですね。制限時間を有効に使って、できるだけ減点を受けない図面をつくる。この点を意識して、本試験に臨んでください。そして、本試験でこれを実行するためには、練習においてそれを行なっておく必要があるということを、最後にお伝えしておきます。

　この試験は、早さを競う試験ではありません。
　5時間という、平等に与えられた時間をいかに効率よく使うか。
　この点を意識して、練習を行なってください。

ポイント
練習でてきていても、本番ではできないことがあります。
練習でできていないことが、本番でできるはずありません。

ポイント
どうせやるなら効率よく
そして、楽しく

できるように
　なってきた〜

◎ FAQ（よくある質問）

◆◆◆◆◆◆◆◆◆◆エスキース編◆◆◆◆◆◆◆◆◆◆

Q 面積について
喫茶コーナーの面積が、指定の倍近くになったんですが、どうでしょうか？　広すぎると減点対象ですか？
A 広すぎても減点にはなりません。ですが、延べ面積の指定範囲を超えないように注意してください。延べ面積を超えると、減点を通り越して、失格になってしまいます。

Q 筋かい（ダブル）は 910 スパンのところでも入れていいですか？　ダブルとシングルと分けて描いたのですけど（木造課題）
A まったく問題ありません。もちろん 1,820mm や 1,365mm の柱間でも大丈夫です。455mm の柱間は、耐力壁としては認められません。

Q 洗面コーナーは、なるべく便所の近くとしたほうが良かったですか？
A 洗面コーナーは、便所の近くが一番無難ですし理想です。できるだけ近くに設けてあげましょう。ただし、そのような条件がなければ、離れていても減点にはなりませんので、無理な場合は、便所から離して計画しても大丈夫です。

Q 階段ですが、高齢者が使うと考えて 2×2.5 コマが無難ですか？　今回は 2×2 コマでも可能ですか？（木造課題）
A 階段は、高齢者が利用する場合、できるだけ緩やかで安全に上り下りできるほうがベターです。2×2 コマ階段は、基準法を違反するわけではないですが、蹴上寸法が大きくなったり、踊場のところで回り階段になったりしますので、あまり好ましくありません。できれば、踊場以外でもう少し段数を増やしたいです。2×2.5 マスもしくは 2.5×2.5 マスがベターと言えます。

Q 駐車スペースですが、道路境界線から奥行きを 5m 確保すれば大丈夫でしょうか。
A 最低 5m あれば大丈夫です。

Q 過去に二世帯住宅は何度か出題されていますが、タイトルに「親子」とついたものとそうでないものとがありますが、違いはありますか？
A 一般的に、二世帯住宅と言うと親子二世帯住宅と考えられますが、親子がついてないと、それ以外のケースも考えられます。実際に平成 22 年には、兄弟の二世帯住宅が出題されました。ただ特殊な課題の場合は、設計課題でわかるようになっていると思われますので、一般的には、二世帯と言えば親子二世帯と考えてよさそうです。

Q 1 階と 2 階の壁面、および柱位置は極力一致させる、ということがポイントかと思いますが、間取りに影響が出る場合は、ずれることを承知でエスキースを進めたほうが無難でしょうか？　（木造課題）
A 壁の位置は、1、2 階をそろえると構造上好ましいと言えますが、必ずしもその必要はありません。プランや問題条件を優先させてください。ただし、2 階の外壁の下には、できるだけ 1 階の壁を設けるようにしてください。

Q 廊下の不整形（L 型や Z 型の程度）は、必ず減点でしょうか。
A 廊下の形状は、L 型（一回曲がる）まではまったく問題ありません。2 回以上曲がったり、形状が複雑と判断されたりする場合は、減点の可能性があります。

Q 駐輪スペースにおける出し入れする部分ですが、最低必要な奥行は 1,820mm くらいでしょうか。それから、出し入れするスペースは、アプローチと重なっても大丈夫でしょうか？
A 自転車を出し入れするスペースは、基本的には駐輪スペースと同じ程度の大きさが必要と考えてください。1,820mm あれば大丈夫でしょう。また、アプローチ通路と兼ねることは、特に問題ありません。

Q 去年通っていた学校では、伏図が簡単になるので、廊下幅は2マス、水回り、階段も2マスにしなさいと指導されました。特に問題はないでしょうか？（木造課題）
A 問題はありません。確かに、1間（2マス）の廊下はちょっと広すぎて抵抗があるかもしれませんが、減点になることはありません。また、廊下を1.5マス、水回りを2.5マスで計画する方法もあります。作図量は多少増えるかもしれませんが、水回り部分が広くなりますので、プランニングにおいてはメリットがありますし、幅を統一すれば、伏図はそれほど複雑にはならないです。両方で対応できるようになっておくといいと思います。

Q 部屋形状で、間口×奥行の比率が1:2を超えてしまった場合、減点の度合いはどれくらいですか？
A それほど大きな減点にはなりません。時間に余裕があれば、別案を考えてもいいですが、余裕がない場合は、そのプランで作図に入るのも、作戦の1つと言えます。

Q 隣地境界線や道路境界線から建物は、どのくらい離して計画したらよいのでしょうか？
A この試験における適当な寸法は、木造課題で1,820mm、RC造課題で2,000mmと考えてください。道路境界からは、もう少し離れていてもいいでしょう。また、計画が厳しい場合は、910mmや1,000mmになっても構いません。ただし、南側に関しては、できるだけ広くなるように考えます（特に、住宅課題の場合）。

Q 駐車スペースの車椅子乗り降りスペースと、住宅の出入り口から玄関ポーチまでのアプローチ動線とが、重なるようになってはいけないのでしょうか？
A 原則的にはそうですね、あまり好ましくありません。乗り降りする部分も、駐車スペースとして確保するようにしてください。ですが、どうしてもスペースがとれなければ、仕方がないと言えます。減点はそれほど大きくありませんので、時間がなければ、そのままのプランで作図に入りましょう。

Q 屋外階段は、床面積に入りますか？
A 床面積には入りません。建築面積には算入します。

Q 駐車スペースから玄関まで敷地内通路を設ける場合の幅員は、いくらくらいがよいのでしょうか？ 910mmでは狭くてダメなのでしょうか？
A そうですね、910mmだと少し狭い感じです。理想は1,820mm、狭くても1,365mmは確保したいところです。

Q エレベーターの面積の取り方ですが、実際は構造的に吹抜けと同じだと思うのですが、床面積には含めるのでしょうか？ 吹抜けの場合は、2階床面積には含めませんよね？
A エレベーターのシャフトスペースですね。実際には吹抜けみたいになっていますが、床面積に含まれます。引かないでください。通常の吹抜けは床面積には含まれません。

　余談ですが、エレベーターがその階に停止しない場合は、その階に限り面積に含まれません。

　それから、吹抜け部分に階段を設ける場合、階段の面積を床面積に算入しない人がいますが、これは間違いです。階段部分の面積は、1階、2階共に、床面積に含まれます。

Q エスキースに、とても時間がかかってしまいます。どうすれば、時間内に完成させることができるでしょうか？
A 一言では難しいですが、まずはエスキースを行なううえで必要な考え方を身につけることです。迷った時にどうすればいいか、すぐに判断できるようになると、余計な時間を費やすことがありません。

　それから、エスキースの方法・手順を確立させることです。いつも違ったやり方で行なっていては、時間は定まりません。

　また、余計なこだわりや先入観を持たないことです。自分ではこうしたいと思っていても、問題や試験ではそれを求めていない場合があります。ああしなければいけない、こうしなければダメだ、と思うのではなく、これでも減点は受けないだろう。そう考えることもこの試験には必要です。実際に建てる建物を考えるわけではないですからね。

◆◆◆◆◆◆◆◆◆◆ 製図編（木造課題）◆◆◆◆◆◆◆◆◆◆

Q 耐力壁には△と▲がありますが、どう違いますか？ また、どのように使い分けたらいいでしょうか？
A これは、筋かいを片側だけに入れるか、もしくは、たすき掛けに入れるかの違いです。（△が片側。）
　ですが、この試験では特に区別する必要はありません。

Q 柱の大きさや壁の厚さが、ところどころで変わってきてしまい、きれいに見えないのですが、何かよい方法はないでしょうか。
A 時間に余裕がある人は、壁の厚みを測って描いてもいいですが、目分量でとれるようになると、かなりの時間短縮になりますので、できれば、測らないで描けるようになっておきたいです。
　はじめのうちは、1.5ミリを測って練習してもいいでしょう。壁のコーナーなどに、テンプレートを使って1.5ミリの四角を描き、その幅に合わせて壁の線を引きます。練習を重ねると、少しずつその厚みを覚えてくるようになります。
　また、目分量で描く場合、壁を表現する2本の線の1本目が少しずれた場合、2本目も同じように少しずらしてください。これで、壁の厚みは統一できます。この場合、方眼の線から中心が少しずれることになりますが、それほどおかしくはなりません。壁の厚みが不均一になるよりはましなので、試してみてください。
　用紙1枚、壁の厚みを目分量でとる練習を行なってみましょう。少し練習すれば、均一に描けるようになってくると思いますよ。

Q 火打梁を階段に入れてはいけないのはわかりますが、吹抜け部分には入れてもいいのですか？
A 吹抜け部分には、火打梁を入れても構いません。吹抜けに火打梁を入れると、建物が完成しても見えたままになりますが、それは構いません。構造的に必要と思われる場合は入れてください。記入は、床伏図と2階平面図にも必要になりますので、忘れずに描いてください。

Q 火打ち梁を、どこにどのように入れたらよいのか教えてください。6畳〜10畳を目安にと聞きましたが、よくわかりません。
A 火打梁の位置は、明確な決まりはありません。6畳〜10畳を目安にという言葉どおりでいいと思います。コツとしては、120㎡くらいの平面でしたら、その平面を8つくらいの四角に分けてください。その8つに分かれた四角の、それぞれのコーナーに入れるようにします。（階段には入れないように、注意してください。）

Q 寄棟屋根にしたほうがよい場合ってありますでしょうか？ 一応、描き方だけは確認したのですが。
A 2階の平面形状や平家部分が矩形にならなかった時などは、寄棟屋根にしたほうがいい場合があります。ただし、その場合でも、切妻で対応することは可能ですので、できるだけ切妻で対処するようにしてください。特に寄棟で小屋伏図を描くのはとても難しいですし、間違えやすいです。2階の屋根に関しては、立面図に影響するだけなので、それほど難しくはありません（ただし、間違える人は多いです）。

Q 柱から柱までの梁が飛ぶスパンは、二間（3,640mm）までと考えてよろしいでしょうか？
A 実務では二間までが多いですね、でも、どうしても二間半（4,550mm）になる場合は、梁のサイズを大きくすれば問題ありません。この試験においては、プラン上どうしても二間半にせざるを得ない時があります。伏図で適切な梁の寸法にしておけば大丈夫です。
三間のスパンになると少し難しくなりますが、その場合は、袖壁などを設けてスパンを短くするといいでしょう。

Q 立面図での「けらばの出」とは何でしょうか？
A 軒の出はわかりますよね、矩計図にもでてきます。
　軒の出は、建物の平側部分の屋根の出ですが、けらばの出というのは、妻側部分の屋根の出をいいます。ちなみに、この2つの出は同じ寸法でなくても構いません。

Q 立面図についてですが、地面から 400mm くらいのところにある線は何でしょうか？
A この線は水切りと言って、外壁にかかった雨などが床下に入らないように、土台の下部に設けます（矩計図に表現されています）。立面図は、この線が表現されていると考えてください。

　この水切り線から上は、吹付けなどの外壁仕上げ、下は基礎になり仕上げが変わる位置でもあります。また、換気用の基礎パッキンはこの位置に入りますので、基礎パッキンを表示する場合は、引き出し線をこの水切りに当てるようにします。

Q 店舗部分など床が土間コンクリートの場合は、立面図の水切りや基礎パッキンの表現はどうなりますか？
A 水切りは、床が土間コンクリートになっても必要ですので、立面図にも表現してください。

　基礎パッキンは、床下の換気のために入れるものなので、土間床などで床下が無い場合には必要ありません。ただし、部分的に基礎パッキンがないと、土台の高さが変わってしまいますので、必要がなくても基礎パッキンを設置する場合があります。そう考えると、描いた場合でも減点にはならないと言えます。ですが、基礎パッキンと記入するところは、床下がある部分を選んだほうが無難でしょう。

Q 矩計図ですが、妻側で切らざるを得なくなった時、屋根はその場所での高さを計算した位置に地面に平行に書くということで大丈夫でしょうか？また、屋根の勾配は書かなくてもよいのでしょうか。
A 考え方としてはそれで正しいですが、この試験においては、妻側部分では切らないでください。必ず平側部分のどこかで切ることができると思います。

Q 矩計図ですが、1階の大引と根太は、特に方向を考えて描く必要はないのでしょうか？
A 1階部分の根太の向きに関しては、1階の床伏図の作図がなければわかりませんので、原則、どちらでも減点にはなりませんが、根太の断面が見える向きで描くのが一般的です。

Q 矩計図で、1FL は 500㎜、軒高は 6,100㎜ で覚えていましたが、他のテキストでは違っていました。どちらが正解でしょうか？
A 床高さや軒高は、テキストや学校によって寸法が違いますが、どれが正解でどれが不正解というのはありません。立面図や断面図と高さが整合していれば、すべて正解です。練習をする時は、どれかに決めて行なってください。ただし、過去に1度だけ、床高さの指定がされたことがありますので、その対応はできるようになっておく必要があると言えます。

Q 矩計図で、切断する部屋の指定がある場合で、その指定された部屋が平家部分になっている場合、2階部分は隣の部屋とかを切断したらよいのでしょうか？
A 通常は、1階と2階の開口部を含む部分という指定なので、そのようなケースになることはないと考えられます。もしそうなってしまった場合は、もう一度、問題条件を確認してください。設計条件上、平家部分にならないか、作図条件上、平家部分でも可能となっている可能性があります。どちらでもない場合は、指定されている部屋の上部には、2階部分を計画する必要があると考えるのが無難です。

　作図条件も、エスキースを行なう時に確認しておきたいですね。

Q 矩計図のなかで、根太の向きを伏図と一致させるとの記述がありますが、意味がわかりません。根太に書かれている斜線の向きのことでしょうか？　それとも、根太を入れる間隔 @303 を一致させるということでしょうか？
A 根太の断面（切り口）が見えるのか、それとも側面が見えるのか、その違いです。2階の根太は、伏図には描きませんが、実際には床梁と直交する方向で並んでいます。つまり、床梁の方向によって根太の向きが変わるということですが、矩計図を描く時は、その根太の方向を確認する必要があります。その方向に応じて作図を行なってください。ちなみに、全ての根太を同じ向きに揃える必要はありません。

◆◆◆◆◆◆◆◆ 製図編（木造・RC造共通）◆◆◆◆◆◆◆◆

Q シャーペンの芯は、何を使えばいいでしょうか？
A 基本は、HBをお勧めしています。筆圧の弱い人はBでもいいですが、HBでしっかり描くほうが、図面を汚さずに、シャープな線が引けます。また、太さは0.5ミリ1本で、下書き線から太い線まで引き分けることができるのがベターです。太さや濃さを変えるために、シャーペンを持ち替える人がいますが、その分の時間がもったいないと言えます。1本のシャーペンで、すべての線が引けることが理想と言えるでしょう。ただし、紛失に備えて、同じものを複数本、持参するようにしてください。

Q 出来上がった図面が、最悪に汚い！ 自分で見直しても、涙がでるほど汚いです。これじゃ、プランができても「印象点悪ろし！」で不合格となりそうです。少しでも綺麗に書ける方法はないでしょうか？
A まず、道具をきれいにすることと、作図中は刷け（ブラシ）で図面を払うことです。図面を汚さずに作図する方法は、17ページに詳しく掲載しています。

Q テンプレートについて。試験本番はテンプレートのチェックってありましたよね？ 使っている物のうち、五角形が入っているのがあるのですが…。
A 製図試験では、試験中に製図板や道具のチェックが行なわれます。通常は試験官が見て回る程度ですが、場合によっては、手にとって確認されることもあります。

質問の五角形部分ですが、通常はその部分にテープを貼って使えないようにすれば、そのテンプレートは使用可能になります。ただし、試験官の判断によっては、それでも使用が認めてもらえない可能性もあります。定規類は、最悪の事態に備えて、100％問題がないものも用意しておくと安心と言えます。

Q 建具は、扉でも引違いでもいいのでしょうか？
A そうですね、どちらでも構いません。ただし、高齢者対応として、引戸や引違いに指定される場合がありますので、その場合は、条件に従う必要があります。

Q 今日のブログを拝見しましたが、作図が早いですね。どうしたらあんなに速くカナバカリ図や平面図を描くことができるのでしょうか？ いちおう作図手順は確立しているのですが…。
A 作図は、速く描くというよりも、作図時間を短くするにはどうすればいいかという考え方が重要です。この2つは、一見同じように感じますが、同じ作図方法ではいくら手を速く動かそうとしても限界があります。

考え方としては、その線や動作は本当に必要なのか？ 省略することや、効率よく描くことはできないか、などを検討してみます。また、線を引く順番を考えることによっても、作図時間は短くなります。無駄のない動作で、次に引く線を迷わないようにすれば、必ず短時間で描くことができるようになります。

具体的には、
①表現方法や大きさを覚えてしまう。
②縦線、横線を繰り返さず、なるべく縦なら縦線をまとめて引く。
③定規（三角定規とテンプレートなど）の持ち替える回数を少なくする。また、定規の移動を少なくする。
④線を引きながら、次に引く線を考える。
⑤できる限り、スケールを使わずに寸法がとれるようになる（方眼を利用したり、目分量で測る）。

②に関しては、次に引く縦線を考えるくらいなら、わかっている横線を引いてください。また、平面図において、1、2階を同時に作図するのは、かえって時間がかかる場合があります。

手が止まっている時間。それが作図時間を長くしている原因です。なぜ止まっているのか、それを考えてみてください。

作図方法に関しては、作図手法DVD（← 139ページを参照）が参考になると思いますので、よかったら購入を検討してみてください。この手順どおりに描くことはできないかもしれませんが、時間短縮につながるヒントは必ずあると思います。

Q 図面を描いているとき、時々、寸法線が枠外にはみ出しそうになるレイアウトになる場合があります。実際の試験では、普通に描いていればそのようなことは無いのでしょうか？　見栄えが悪くならないように気を付けたいので。宜しくお願いします。

A 本試験では、枠線が印刷されていますので、レイアウトに悩むことはあまりなさそうです。配置図を描くスペースには、敷地図も印刷されています。立面図や断面図も、GLが設定されている場合が多いです。注意してほしいのは、2階平面図のレイアウトです。平家部分の屋根伏図も考えてレイアウトしないと、枠からはみ出してしまう可能性があります。

　ちなみに、寸法線は、はみ出しても記入しても構いません。

Q 敷地図は印刷されており、なぞればいいですか？　方位の印も印刷されているでしょうか？

A 本試験の答案用紙（製図用紙）には、敷地図も方位も両方とも印刷されています。敷地図はなぞるようにしてください。方位はどちらでも結構です。枠線や図面タイトルなども、なぞる必要はありません。

Q 今回の課題で「洗面所を設ける。コーナーでもよい。」というのがありました。図面に洗面コーナーを設けた場合の室名の表記ですが、洗面所？　洗面コーナー？　どっちでもいいのでしょうか？

A そうですね、その場合はどちらでもいいでしょう。

Q 境界線を描く時、隣地・道路境界線を実線、フェンスを一点鎖線にしていましたが、テキストでは境界線を一点鎖線、フェンスが実線でした。どちらが適正でしょうか？

A 境界線は、隣地境界線が一点鎖線、道路境界線を実線で表現します。フェンスや塀は実線です。

　ただ、隣地境界線上に塀を設けると、隣地境界線上に実線を引くことになりますので、隣地境界線を実線で引くことは間違いではありません。したがって、隣地境界線はどちらでも構いません。

Q テンプレートの四角や丸のところに、ドアとか母屋とかイスなどの文字（使う物の名称）を書いても大丈夫でしょうか？　あと三角定規にメモリを入れたり字を書いたり、自分なりにカスタマイズしてもいいのでしょうか？

A テンプレートや定規などに印を付けたりシールを貼ったりするのは禁止されています。何もカスタマイズせず、そのままの状態で使用してください。

Q 網入りガラスを入れなければならない条件は、何があるのでしょうか？

A 敷地が準防火地域という設定だと、延焼ラインにかかっている部分に網入りガラスが必要になります。ですが、木造課題で準防火地域が指定されたことはありませんので、それほど気にする必要はないと思います。RC造課題では、準防火地域の指定が時々ありますが、作図上、記入するところは特にありません。

Q 外壁に面して便所を設置することができない場合、窓を設けることができないのですが、問題ないでしょうか？

A 問題ありません。法規上も違反にはなりません。その場合は、換気扇を設ければいいでしょう。ただし、住宅の場合は、できるだけ窓を設けることができる位置に考えたほうがベターと言えます。

Q 立面図を描く時ですが、サッシの枠などはきちんと表現する必要があるのでしょうか？　目が悪いせいもありますが、線の間隔が狭すぎて、きちんと描くことができません。

A サッシ枠の幅は、きちんと表現すればそれだけ図面の印象は良くなります。ですが、表現しなくても減点の対象にはなりません。立面図の窓は、平面図と平面位置や建具の種類（引違いやフィックスなど）が合っているかどうか、矩計図や断面図と高さが一致しているかどうかが採点のポイントです。描けない場合や時間が無くなった場合は、単線で表現してください。

◆◆◆◆◆◆◆◆◆◆試験当日編◆◆◆◆◆◆◆◆◆◆

Q 本試験では、問題用紙とエスキス用紙は1枚ずつ別々になっているのでしょうか？ それとも1枚の用紙に問題とエスキスのマスが書かれてあるのでしょうか？
A 問題用紙は、A2の大きさで1枚になっています。切り離しに関しては、最近では禁止されているところが多いです。どうしても切り離して行ないたい場合は、試験官に質問してみるといいですが、不可になることは想定しておいてください。

Q 解答用紙は、試験開始前に製図板にセットできるのでしょうか？
A 解答用紙のセットも会場によります。原則的には、試験が開始されてからセットを行なうと考えてください。

Q 試験は、100円ショップのストップウォッチの持込みは可でしょうか？
A まったく問題ありません。ただし、音がでるものは使用ができません。

Q 5時間の間に、飲食をしてもよいのでしょうか？
A 飲み物は大丈夫です。水筒やペットボトルがベターです。食べ物も簡単に食べることができるものなら大丈夫です。ちなみに、トイレも途中で行くことができます。
　いずれの場合も、当日の試験官の指示には従ってください。

Q 試験会場には、少し早めに到着して軽く食事をとったほうがいいでしょうか。
A そうですね、早めに行って会場の雰囲気に慣れておくといいでしょう。また、試験時間は長いので、あらかじめ軽く食事を取っておくといいでしょう。ただし、おなかいっぱいになりすぎないように注意してください。

Q ガムテープを持って行ったほうがいいですか？
A 製図板などを固定するのにあると便利ですので、使っている人はいます。試験後、きれいに剥がすことができるタイプのものがいいでしょう。ただし、ごく一部の会場では使用が禁止されたこともありました。

Q 座布団はいりますか？
A 必要に応じて持参してください。試験中は腰を浮かして作図することが可能ですが、長い時間腰を浮かしていると疲れますので、座布団やクッションなどがあると楽になると思います。

Q 試験会場の空調はどうなっていますでしょうか？
A 最近では、エアコンが効いているところがほとんどですので、暑さ対策はあまり心配なさそうですが、反対に、寒すぎるという感想をよく聞きます。冷房の対策も必ず行なっておいてください。

Q 試験のとき、ウェットティッシュは使えますか？
A 大丈夫です。タオルなども使えます。

Q 先生は今年も試験を受けられるのですよね？ エスキスや製図は、どれくらいの時間でできるのですか？
A エスキースは、どんな問題であっても60分使います。それ以下にすることはありません。それ以上にすることも原則的にはありません。作図は2時間強くらいです。

Q 作図120分ですか、ものすごいスピードですね。フリーハンドはやっぱり速いですか？
A 部分的には速いかもしれませんが、基本的には定規を用いたほうが速く描けると思いますよ。時間が短いのは、作図の手順が決まっているのと、余計なものを極力描かないようにしているためです。

Q サプライズがでてきたら、どうすればいいでしょうか？
A まずは、大きく深呼吸してください。そして、もう一度落ち着いてその問題条件を確認しましょう。ただ初めてなだけで、難しいことは言ってないはずです。素直にその条件に従えば大丈夫です。なるべく減点にならないことを意識して、解答してください。
　初めての条件に驚いているのは、自分だけではありません。他の受験生も同じでなので、自分だけ必要以上に動揺しないようにしてください。

◎合格のおたより

合格発表
神無先生、 ありがとうございます。
合格しました ☆ *:.｡.o(≧▽≦)o.｡.:* ☆
ダメだったらどうしよう。。
と、仕事が手につかなくなりそうで、番号見れませんでした。
さっき帰ってきて確認しました。
建築士という資格以外に、集中力や、あきらめない気持ち、
たくさん得るものがありました。
私の力を信じてくださり、自信をつけさせてくれた先生にとても
感謝しています。 試験受けてよかったなぁと思います。
もう勉強しなくていいと思うと、ちょっと寂しいくらいですね。。
ありがとうございました。

---

miu です。やりました。
神無先生。おかげ様でおかげ様で　合格できました。
もう、緊張して心臓がバクバクして、
なかなかパソコンの前に座れなかったです。
今、番号を確認しました。良かったぁ。
本当に。ホッとしました。
パタパタ G にも早速、うれしいメールします。

お陰様でぶじに合格することが出来ました。
ほんとにありがとうございます！
独学者の神ですね。H・N

２年間の長きに渡り、ご指導いただき誠に有難うございました。
本日、合格通知を受け取りました。やっと合格できたのも
最端製図の神無先生他各先生方のご指導の賜物と感謝しています。
これからも大勢の人が最端で学び合格することをお祈り致します。
まずはご一報まで・・・・・・・　　K・T

かなり、、お久しぶりです。
合格できてました。ほっとしています。
先生方をはじめ、先輩方、講習会、忘年会、
メンバーズサイトや掲示板の方々、　有意義な
情報と温かい言葉に救われました。感謝です！
ありがとうございました。住処

神無先生，最端製図の皆様
後半戦からお世話になった K・Y です。
合格しました！
学科に引き続き一発合格，うれしいです。
本当にありがとうございました！
仕事中ですので（＾＾;），取り急ぎご連絡まで。
K・Y

最端と出会って二年弱、勉強してよかった！頑張ってよかった！
最端製図と先生に出会えてよかった！
こんなにご縁を感じ、感謝したのは初めてかも知れません。
さっき、次女に「頑張れば叶うんだね・・・」って言ったら、
「うん！！」って、満面の笑みで答えてくれました。　　未夏

神無先生
３年目にして合格する事ができました。
ありがとうございます。
こちらのサイトに出会っていなかったら
きっと受かっていなかったと思います。
浮かれて飛び跳ねるか、落ちて泣くか、
を想像していたのですが、
うれし過ぎて泣いちゃいました！

おはようございますー。 おかげ様で、合格してました ☆
目標通り、ストレート合格できて、とっても嬉しいです。
学科試験の前に講習会に申し込もうか悩んでいた時に
「製図もがんばっているんだから、学科も合格するよう
頑張って下さい」 と言われたのが、心にグッときまして、
学科もスレスレ合格できて、今があるのだと思います。
今夜は祝杯です！！
PS.
会社（所属部署）の中心で
「合格しました！今日から二級（建築士）です！！」
と叫んでみました。　　　　　　　　　　　　けい

なななんと、合格してました！！ あんな図面で！
９９％落ちてると思っていたので、どうしてなのか不思議です (^_^;)
とってもうれしいけど、来年こちらにお世話になるつもりでいたので
仲間に入れないことが、ちょっぴりさみしいです。。どんな質問にも
誠意を持って答えてくれている最端さんには頭が下がりました ☆
９歳のうちの娘が建築士を目指しているのでたのみますよ (^^)/
それまでず〜っとがんばってくださいね ☆

最端製図 .com 神無様
お世話になっております。
先程、帰宅し、ポストにハガキが？
二級建築士合格通知がきました
　☆ *:.｡.o(≧▽≦)o.｡.:* ☆
先生方のおかげで無事合格できました？
本当にありがとうございます m(_ _)m

利用者の声はホームページにもたくさん掲載しています。　次は、あなたの番です。

【角番から脱出！】
こんな日が訪れるなんて　夢のようです。
表現する言葉が見つからないくらい嬉しくて・・・
本当に諦めなくて良かったー！
最端製図さんに出会えて良かったー！

うちの事務所では３人が最端で受けたんですが、
なんと３人共合格！！
合格率１００％ですよ！！
ほんっとうにありがとうございました。
自分が１級受ける時は１級の最端出来てると良いなぁ。。。。

あった！あた。あたたたたたよ〜
やりましたぁ！
I GOT IT!! GOT IT!アガリっガリっガリっガリっ！！
みんなおめでと〜！
最端ありがと〜！　マジ泣けてくる。　　　　Dio

あっ...ありましたぁ番号!!
ハガキ来るまで待とうかと思いましたが、
やっぱり気になって、恐る恐る見ました!!
全然自信なかったので信じられません(T＿T)
この合格は最端のおかげです！！
本当にありがとうございました＼(＾∀＾)/

先生ッ！！！！
ミ、ミラクルがおこりました。
多分ないだろーなーって、ＨＰみたのよね。
でも　らしき番号　あるじゃない！！
ほんとにミラクル。　　　　　　　ぷうた

先生どうしよう　合格してました。　号泣中です (ToT)
震えが止まりません　何とお礼を言えばいいのかわかりません。
本当にありがとうございます (＾＾)

番号ありました！ドキドキしすぎて心臓おかしくなるかと思いました。
先生方、本当にありがとうございました。
最端に出逢えて、本当に本当によかったです！

番号ありましたーーーー＼(＾o＾)／
先生方ありがとうございました！
仕事手に付けれません。
本当にこの半年間ありがとうございました！！
pon

合格でした。
ｋａｎｎａ先生、Ｙ・Ｋです。
うかってました。
手が震えて、字がにじんで、キーボードが打てません。
本当にありがとうございました。
すみません、今から泣きます。ありがとうございました 。

試験当日大失敗したので半分以上あきらめて いましたが、
合格してました。　(＾o＾)(＾o＾)(＾o＾)
神無先生本当にありがとうございました。

先生 !! アッチョンブリケ !!!
受かりましたぁ〜 (>_<)
先生のおかげです !! ありがとうございました (＾-＾)/
ぴのこ

（ｎ＇∀＇）η　　ﾔｯﾎｵｰ！
神無先生。∵・(ノ∀｀)∵・。受かってました！
ありがとうございました ＿(．．)＿
未だに半信半疑ですが、番号ありました〜。
最端製図、感謝です〜 (´；ω；｀)

皆様に　お疲れ様でしたと、
自分自身に　おめでとうを。
はぁ〜、良かった。
さいたんと最端生の皆様、
どうもありがとうございました。
たくさんパワーをいただきました。
さくら

合格しました！！！
断面図に寸法を入れ忘れに気づいたときには、　もうダメかと思いまし
たが 神無先生の言ったとおり 大した減点にはならなかったようです。
添削して頂いたのはもちろんですが、 テンプレート定規の力はすごか
ったです。　ありがとうございました。　(＾_＾)

おわりに

・その先にある本当の目標に向かって

　建築士になることを目指して、この本を手に取られたと思います。でも、あなたの本当の目標は建築士になることではなく、その先にあるのではないでしょうか？

　そんな本当の夢を叶えるために、少しでも早く建築士になってほしい、少しでも効率よく試験対策を行なってほしい。そんな思いで、今回筆を執らせて頂きました。合格してほしいという気持ちももちろんありますが、それよりも、一日も早く建築士になって、その夢をぜひ叶えてください。それが私たちの願いでもあります。

・初心を忘れるべからず

　試験対策においては、モチベーションが維持できなくなってくる時が来るかもしれません。そんな時はぜひ、はじめて建築士を志した時の気持ちを思い出してみてください。何のためにこの試験に挑むのか、建築士になって何をするのか。少しでも早く自分の夢を叶えるために。

・学ぶほど楽しくなる

　何回も練習をして、できるようになるとそれが楽しくなってくる。楽しいから、さらに練習する。誰しもこのような経験はお持ちだと思います。この製図試験も同じようなことが言えます。

　エスキースがわかるほど、作図ができるようになるほど、試験対策は楽しくなってきます。そうなれば合格はもう半分は手に入れたようなもの。はじめは大変かもしれませんが、諦めなければ必ずできる日がやってきます。その時を信じてぜひ頑張ってください。

　最後になりましたが、この本が出版できましたのは、村田譲氏をはじめとする学芸出版社の方々、そして、図面を提供してくださいました最端製図.comの卒業生の皆さんのおかげです。この場をお借りして厚く御礼を申し上げたいと思います。本当にありがとうございました。

皆さんの合格を心よりお祈りしています。

最端製図.com　神無 修二

＊図面を提供してくださった皆さん
　ありがとうございます。
藤井奈津子さん、中川善之さん、
設備屋さん、中越裕一さん、
疋田聡一さん、佐野茜さん、
岡田安正さん、大島律子さん、
K.Kさん、東川正樹さん、渡達也さん、
ike05さん、mocchiさん、高橋誠治さん、
吉澤梓さん、おやじこさん、SORAさん、
サンクスさん、hiroさん

■ 最端製図.com のアイテム紹介 （2023年6月時点）

□ 最端製図.com　通信添削講座
https://saitanseizu.jp/
1月から5月までの前半戦講座と6月から試験日までの後半戦講座があります。
最端製図という名前は、他の多くの資格学校とは違った切り口（最もエッジが効いている）で指導を行なうということから命名しました。

□ 最端製図　学科クラブ（二級）
学科試験の合格を目指す人を応援するサイトです。（合格までの費用は2.7万円）
わかりやすい講義ノートと20年分以上の過去問題と解説を閲覧することができます。
メンバー専用の掲示板やメールで24時間いつでも質問を行なうことが可能です。

□ 最端製図　学科クラブ（一級）
二級と同じく学科試験の合格を目指す人を応援するサイトです。（費用は3.5万円）
講義ノートと14年分の過去問題と解説を閲覧することができます。
メンバー専用の掲示板やメールで24時間いつでも質問を行なうことが可能です。

□ 最端製図.com 製図学習アイテム
・オリジナルテンプレート定規（1/100と1/200スケール）

テンプレート定規は1/100をメインに使ってください。矩計図の作図やプランニングを1/200でする人は、1/200もあると便利です。

■ 学芸出版社より全国の主要書店で販売中

□ 二級建築士 はじめの一歩
これから建築士試験を志す人のためのテキスト
いろんなテキストを見る前に、まずはこの1冊。

□ 動画で学ぶ二級建築士（学科編）
受験生が苦手とする問題を集約したテキスト
詳しい解説の掲載はもちろん、動画を見て学ぶことができます。

□ 動画で学ぶ二級建築士　合格図面の製図法
二級建築士設計製図試験にフォーカスした作図の方法を一から順に解説しています。
図面の描き方を書面ではもちろん動画でも学んでいただくことができます。
初めて製図に取り組む方や、時間短縮を図りたい方にもお勧めです。

過去11年分の試験問題の解説動画と、16人の合格者が描いた図面を、こちらも解説付きの動画で見ることができます。

* 著者紹介

神無 修二（かんな しゅうじ／本名：小笠原 修二）
1969年大阪生まれ、日本建築専門学校卒業。
建設会社を退社後、専門学校や資格学校、大学などの非常勤講師を経て、平成18年度に最端製図.comを設立。
二級建築士の受験指導をしながら自身も受験し、平成27年度で通算7度目の合格を果たす。毎年1,000枚以上の図面に赤ペンを入れる。
一級建築士。
著書『二級建築士 はじめの一歩』『動画で学ぶ二級建築士 学科編）』『動画で学ぶ二級建築士 合格図面の製図法』

* 執筆協力

鈴木 順一（すずき じゅんいち／ハンドルネーム：じゅんぺい）
佐渡 祐友（さわたり ゆうすけ／ハンドルネーム：雨造）

二級建築士設計製図試験　最端エスキース・コード

2013年 5月 1日　第1版第1刷発行
2024年 4月20日　第2版第1刷発行

著　者　神無修二＋最端製図.com
発行者　井口夏実
発行所　株式会社学芸出版社
　　　　京都市下京区木津屋橋通西洞院東入
　　　　〒600-8216　電話 075-343-0811
　　　　http://www.gakugei-pub.jp/
　　　　info@gakugei-pub.jp
　　　　イチダ写真製版／新生製本
　　　　装丁：KOTO DESIGN Inc. 山本剛史

© Kanna Shuzi+Saitanseizu.com 2013
ISBN978-4-7615-3204-8　Printed in Japan

JCOPY 〈(社)出版者著作権管理機構委託出版物〉
本書の無断複写（電子化を含む）は著作権法上での例外を除き禁じられています。複写される場合は、そのつど事前に、(社)出版者著作権管理機構（電話 03-5244-5088、FAX 03-5244-5089、e-mail: info@jcopy.or.jp）の許諾を得てください。
また本書を代行業者等の第三者に依頼してスキャンやデジタル化することは、たとえ個人や家庭内での利用でも著作権法違反です。

木造用 4.55mm グリッド

RC造用 5.0mm グリッド

わたしたち、この本を推薦します！

製図受験生の必携バイブル！！　tk

製図試験の**減点ポイント**が全て記載してあります。
絶対合格したい人は必読！！　　　　　　コバヤシ

この本一つで他の参考書はいりません！
実戦より先に実践を磨くのにすごく重宝し
他の参考書はいりませんでした。
最端に出会えてよかったです（＾＾）　さく

神無先生はのび太の私に戦い方を教えてくれた、
ドラえもんのような先生です。　　　　ハタ

製図試験を受ける受験生は、読んで下さい。
この本は良いです。　Rストーン

ついに資格学校を越えた一冊！　ニューロン

強敵…に見える二級建築士製図試験が丸裸、
敵を知るにはまずこの本から！
全貌が全くわからない製図試験の漠然とした不安から、
この本を読んで救われました (^^)　　つりびと

エスキースの五輪書！
読まずして、戦えません　sono

参考書はたくさん買いましたが、
結局このエスキース・コード１冊で十分でした。
tanisan

昨年この本を読んでおけば良かった！
初回不合格者・kojiより

試験対策のエッセンスが全部詰まっていました！
初心者には最適だと思います。　hu

エスキースコードのおかげで製図の楽しさを知りました。
fumita

> 最初の一冊でしたし、試験開始前の最後の一冊でしたし、
> いろいろと助けられました！
> 考え方を知り、注意点を復習するのは
> **間違いなくこれです！** ぞの

> **独学者の為の独学者の本**
> kazu

> 試験本番、この本に書いてある事を
> 思い出して助かりました(^^) みき

> どんなに努力しても、やり方を
> まちがえていたら合格はつかめない。
> この本と神無先生が、わたしに**戦い方**を教えてくれました。 ゆこ

> 独学で右も左も分からない私を、
> **この本が救ってくれました。**
> tunatu

> 疑問に思った事のほとんどがこの本に載ってました。
> **価値ある一冊でした。** yymy

> 資格学校で落ちこぼれだった自分がこの本に救われました。
> 資格学校では教えられない情報とコツ、そして愛情が詰まってます。
> ミー

> この本に出会えたことに感謝。
> ずっとずっと気になっていたことがあちこちに書かれてありました。
> かゆいところに手が届いてしまう本です！ シナモン

> なるほど！
> **読めば衝撃の連続でした！**
> ゆうや

> 二級建築士を取るにはいくらかかるの？
> **資格学校だと40万ぐらいかな？**
> イエイエそんなに掛かりません！
> まずは【最端エスキースコード】
> **これ一冊で3456円** osaruu3

これで製図対策は万全。
さあ、挑みましょう！